国家卫生健康委员会"十四五"规划教材

全 国 高 等 学 校 教 材

供养老服务管理专业用

养老政策法规

養老
服務管理

主　　编　田　侃

副 主 编　石　悦　闫娟娟　沙　莎

主　　审　沙维伟

编　　委　（按姓氏笔画排序）

马　丽（河南中医药大学）　　　　许永成（山东女子学院）

王　华（安徽中医药大学）　　　　沙　莎（成都中医药大学）

王冠英（贵州中医药大学）　　　　邵　振（太仓市中医医院）

王晋芳（山东中医药大学）　　　　范　薇（乐山师范学院）

石　悦（大连医科大学）　　　　　欧阳静（陕西中医药大学）

田　侃（南京中医药大学）　　　　赵　易（安徽医科大学）

由建辉（齐鲁医药学院）　　　　　赵法政（浙江中医药大学）

朱晓卓（宁波卫生职业技术学院）　胡　烨（广西医科大学）

任　潇（沈阳医学院）　　　　　　阎　婷（上海中医药大学）

刘维维（首都医科大学）　　　　　喻小勇（南京中医药大学）

闫娟娟（山西中医药大学）

学术秘书　皇甫慧慧（南京中医药大学）

人民卫生出版社
·北京·

图书在版编目（CIP）数据

养老政策法规 / 田侃主编 . -- 北京 ：人民卫生出版社，2024. 7（2025. 9重印）. -- ISBN 978-7-117-36634-2

I. D669. 6 ；D922. 182. 3

中国国家版本馆 CIP 数据核字第 20240Y01R1 号

| 人卫智网 | www.ipmph.com | 医学教育、学术、考试、健康，购书智慧智能综合服务平台 |
| 人卫官网 | www.pmph.com | 人卫官方资讯发布平台 |

养老政策法规
Yanglao Zhengce Fagui

主　　编：田　侃
出版发行：人民卫生出版社（中继线 010-59780011）
地　　址：北京市朝阳区潘家园南里 19 号
邮　　编：100021
E - mail：pmph @ pmph.com
购书热线：010-59787592　010-59787584　010-65264830
印　　刷：三河市宏达印刷有限公司
经　　销：新华书店
开　　本：850 × 1168　1/16　　印张：12
字　　数：314 千字
版　　次：2024 年 7 月第 1 版
印　　次：2025 年 9 月第 3 次印刷
标准书号：ISBN 978-7-117-36634-2
定　　价：59.00 元
打击盗版举报电话：010-59787491　E-mail: WQ @ pmph.com
质量问题联系电话：010-59787234　E-mail: zhiliang @ pmph.com
数字融合服务电话：4001118166　E-mail: zengzhi @ pmph.com

◇◇◇ 出 版 说 明 ◇◇◇

人口老龄化是今后较长一段时期我国的基本国情。习近平总书记强调，有效应对我国人口老龄化，事关国家发展全局，事关亿万百姓福祉。养老服务管理专业作为新兴专业于 2020 年开始招生，专业建设亟待加强。为贯彻落实习近平总书记关于养老服务工作重要指示精神和党中央国务院决策部署，响应实施积极应对人口老龄化国家战略，补齐养老服务管理专业教材建设短板，加快推进养老服务管理专业建设，提升养老服务管理人才培养质量。在教育部、民政部和国家卫生健康委员会的领导下，人民卫生出版社和南京中医药大学依托全国养老服务管理专业高质量建设联盟，联合全国相关院校组织和规划了国家卫生健康委员会"十四五"规划教材全国高等学校养老服务管理专业规划教材的编写工作。

为了贯彻落实党的二十大报告关于"加强教材建设和管理"的要求，做好首轮全国高等学校养老服务管理专业规划教材的出版工作，人民卫生出版社在南京中医药大学和全国养老服务管理专业高质量建设联盟的大力支持下，成立了首届全国高等学校养老服务管理专业规划教材评审委员会，以指导和组织教材的遴选、评审和出版、选用工作，确保教材的编写质量。在充分调研论证的基础上，根据养老服务管理学专业人才培养目标和人才培养方案，确定了第一批《养老服务管理学》《养老政策法规》《中国传统养老文化》《居家社区养老服务管理》《老年健康管理》《养老机构运营管理》6 种规划教材。在全国 33 所高等院校 400 余位专家和学者申报的基础上，经过教材评审委员会遴选，近 200 位专家教授参与了教材的编写工作。

本套教材致力于满足当前养老服务管理学专业本科层次的教学需求，主要编写特点如下：

1. **面向老龄社会，服务国家战略** 本套教材贯彻积极应对人口老龄化国家战略，力求编写出符合我国国情，适应我国养老行业发展需求，紧跟养老服务管理学人才培养教育教学改革步伐，促进学生综合素养提升的适宜教材，致力于培养"厚知识、融人文、懂服务、精管理"的高素质复合型养老服务管理人才。

2. **坚持立德树人，注重价值引领** 牢牢把握正确的政治方向和价值导向，融入思政元素，把立德树人贯穿教材建设全过程、各方面，发挥中国优秀传统养老文化育人优势，促进传统和现代养老文明与专业教育有机融合，指导学生树立正确的世界观、人生观、价值观，帮助学生确立投身养老行业的职业信念和理想。

3. **汇集专家智慧，坚持质量第一** 本套教材的编者不仅包括开设养老服务管理学专业院校一线教学专家，还包括本学科领域行业协会、养老机构的权威学者，充分发挥院校、行业协会、养老社会机构合作优势，凝聚全国专家智慧，打造具有时代特色、体现学科特点、符合教学需要的精品教材。

4. **以学生为中心，体现发展理念** 注重教材编写对教学改革和课堂革命的适应性、引领性，体例设置和内容编排坚持以"学"为主导，体现学生在教学中的主体性，注重培养学生自主性学习和终身学习的习惯和能力。

5. **坚持与时俱进，打造融合教材** 本套教材采用纸质教材和数字资源融合的编写模式，教材使用者可通过移动设备扫描纸质教材中的"二维码"获取更多的教材相关富媒体资料，包括教学课件、

出 版 说 明

复习思考题答案、模拟试卷、拓展资料等,为广大师生提供了丰富的教学资源和广阔的互动空间。

　　本套教材的编写,得到了相关部门的指导和大力支持,凝聚了全国养老服务管理高等教育工作者和行业学者的集体智慧,谨向有关单位和个人致以衷心的感谢!希望本套教材的出版能够助推高等学校养老服务管理专业建设与教学改革创新,为我国养老事业和养老产业高质量发展提供有力的人才支撑。

　　尽管在编写过程中各位编者和工作人员尽心竭力、精益求精,但本套教材仍可能存在不足之处,敬请各相关院校广大师生在使用过程中能够多提宝贵意见和建议,以便今后修订和完善。

人民卫生出版社

2024 年 7 月

前　言

我国的人口老龄化是在"未富先老、未备先老"、社会保障制度不完善、城乡和区域发展不平衡、家庭养老功能弱化等形势下发生的。伴随人口老龄化的不断加剧，养老服务体系建设、运营、发展、监管以及老年人权益保障、优待等领域的政策法规问题层出不穷，养老服务管理以及相关专业的学生亟须掌握专业领域相关政策法规的知识和拥有应对相关问题的能力。

作为全国高等学校养老服务管理专业规划教材，本教材主要根据我国现行《宪法》《民法典》《老年人权益保障法》《养老机构管理办法》等法律法规，以及《中华人民共和国国民经济和社会发展第十四个五年规划和2035年远景目标纲要》《国家积极应对人口老龄化中长期规划》《中共中央国务院关于加强新时代老龄工作的意见》《"十四五"国家老龄事业发展和养老服务体系规划》等政策文件，结合《养老机构基本规范》《养老机构服务质量基本规范》等行业标准进行编写。本教材不仅可供高等院校、职业院校各层次养老服务管理以及相关专业教学使用，也适合养老机构作为培训教材使用，相关内容也可为政府部门开展养老服务政策制定以及立法提供一定参考。

本教材共十三章，具体编写分工为：第一章由田侃、喻小勇编写，第二章由许永成、范薇、石悦编写，第三章由马丽、阎婷、石悦编写，第四章由刘维维、由建辉编写，第五章由王晋芳编写，第六章由朱晓卓、邵振编写，第七章由欧阳静、赵易编写，第八章由任潇编写，第九章由石悦、赵法政编写，第十章由胡烨编写，第十一章由闫娟娟、沙莎编写，第十二章由王冠英、闫娟娟编写，第十三章由王华、闫娟娟编写。

本教材在表述我国某一具体法律文件名称时，一般统一采用约定俗成的简称，以求简明。如《中华人民共和国老年人权益保障法》简称为《老年人权益保障法》，在正文中不再一一括注说明。其他编写体例问题并循往例，亦不加以特别说明。

本教材在编撰过程中，得到了南京中医药大学、大连医科大学、山西中医药大学、成都中医药大学、宁波卫生职业技术学院及各参编单位的大力支持，各位编者付出了辛勤的劳动。全书由田侃、石悦、闫娟娟、沙莎、朱晓卓、喻小勇统稿，由沙维伟审阅、田侃定稿。皇甫慧慧承担了繁重细致的秘书工作，张译心、宗霏、洪立信、贾宇衡、杨晞雅等亦参与了教材编写的辅助工作。

本版教材全体编者皆竭尽全力，参阅有关专家学者丰富的学术思想成果，希望编出高质量的教材。但仍难免存在疏漏和不妥之处，敬请专家、学者、同仁提出宝贵意见，以便再版时修订、完善。

编　者

2024 年 6 月

◇◇◇ 目　　录 ◇◇◇

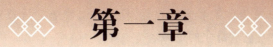

第一章
养老政策法规概述

学习目标

知识目标

掌握人口老龄化、养老、养老法律政策以及养老政策标准的概念,熟悉各类养老模式和养老保障,了解养老法律体系、养老政策体系及养老标准体系。

能力目标

熟悉我国人口老龄化的特征,能够阐述养老法律体系和养老政策的主要内容,理解养老法律、养老政策与养老标准之间的联系。

素质目标

认识到我国人口老龄化的紧迫性,深刻理解政策法规在应对人口老龄化过程中的重要作用。

课程思政目标

体会养老事业和养老产业的重要性,树立正确的职业观。

随着人口老龄化的加剧,养老问题已经成为一个全球性的挑战。为了应对这一挑战,各国政府纷纷出台了一系列养老政策法规,涵盖养老保险、医疗保障、康复护理、社会福利等方面,旨在为老年人提供全方位的支持和关怀。同时,社会各界也在积极参与养老事业,通过提供志愿者服务、开展公益活动等方式,为老年人创造更加美好的生活环境。

思政元素

建立健全养老政策法规体系

"法治兴则国兴,法治强则国强"。党的十九大作出实施健康中国战略的重大决策部署,党的十九届五中全会明确提出实施积极应对人口老龄化国家战略,运用政策法规制度来调节老龄健康背景下的社会生活与社会秩序,是国内外采取的通用手段。近年来,中共中央、国务院发布《国家积极应对人口老龄化中长期规划》《关于加强新时代老龄工作的意见》等,对积极应对人口老龄化作出系统部署,明确新时代老龄工作的发展目标和重点任务。全国人民代表大会常务委员会不断健全养老法律体系,修订《老年人权益保障法》,将"养老服务法"列入第二类立法项目,《民法典》以及公共文化、基本医疗、公共卫生等领域法律也增加涉老条款。国务院先后发布"十三五""十四五"国家老龄事业发展和养老服务体系规划,明确了老龄工作阶段性目标和任务。以国务院或国务院办公厅名义印发多个政策文件,围绕发展养老服务、完善养老保险和医疗保险制度、发展健康服务业、推进医养结合等作出安排部署。加快建立健全相关养老政策体系和制度框架,推动老龄事业高质量发展,我国走出了一条中国特色积极应对人口老龄化的道路。

第一节　养老概述

一、人口老龄化

(一) 人口老龄化概述

1. 人口老龄化的内涵　人口老龄化是指人口生育率降低和人均寿命延长导致总人口中年轻人口数量减少,年长人口数量增加,从而致使老年人口占总人口比例相应增长的动态过程。人口老龄化是社会发展的重要趋势,是人类文明进步的体现,也是今后较长一段时期我国的基本国情。人口老龄化对经济运行全领域、社会建设各环节、社会文化多方面乃至国家综合实力和国际竞争力,都具有深远影响,挑战与机遇并存。

老年型人口和人口老龄化是既有区别又有联系的两个概念。老年型人口是人口老龄化发展的结果,是人口中老年人口比重超过一定界限的状态。人口老龄化是人口总体在向老年型人口演变或者在老年型人口基础上进一步发展的过程。人口学上一般把 15 岁以下的人口称为"青少年人口",把 60 岁或者 65 岁及以上的人口称为"老年人口"。

2. 人口老龄化的界定标准　人口老龄化反映的是一个国家或地区一定时期内人口结构的发展趋势,表明的是一个动态发展的过程。人口老龄化表示该国或地区的人口总体上是在向老年型转变,或者在现有的老年型的基础上进一步发展。

关于人口老龄化的界定标准划定,一些学者或机构曾经给出不同的标准。1900 年,瑞典人口学家桑德巴创立的桑德巴模式是划定"老年人"年龄起点和"老龄化"参量标准的发端,桑德巴提出"50 周岁以上人口占总人口的 30%"是人口老龄化的标准。此后有不同的标准相继提出。1956 年,联合国人口司确定以 65 周岁为老年人的年龄起点,并以达到该年龄及以上的老年人口占总人口(即老年人口系数)的 7% 作为老龄化的指标。1975 年,美国人口咨询局在沿用联合国人口司老年人年龄起点的同时,将老龄化标准提升至 10%。1977 年,波兰人口学家爱德华·罗塞特把老年人的年龄起点定在 60 岁及以上,以 60 岁及以上人口占总人口 12% 以上作为老龄化的标准。1982 年,维也纳老龄问题世界大会上重新确立了人口老龄化的标准,规定 60 岁以上老年人口占总人口 10% 以上的国家是老龄化国家。

经过不断的探索和研究,目前世界上对老龄化的标准基本趋于统一,即 60 岁及以上的老年人口占总人口的 10% 以上或 65 岁及以上老年人口占总人口的 7% 以上的国家或地区为老龄化社会。当一个国家或地区 65 岁及以上老年人口占到总人口的 14% 以上时,称其为深度老龄化社会。

3. 人口老龄化的主要原因　人口老龄化是一个不以人们意志为转移的客观规律,是社会进步的表现,促使人口老龄化的直接原因是生育率和死亡率的降低,但根本原因是社会生产力的发展。随着科学技术进步,医疗水平提高,先是死亡率下降,人的寿命延长,然后是生育率的下降。二者从相对高的水平降到相对低的过程称为人口转变,人口转变的结果既可以表现为人口年轻化,也可表现为人口老龄化。但在人类历史的发展中,人口年轻化只是相对短的一个阶段,而人口老龄化则是一个漫长的发展过程。当今世界,发达国家基本都已经进入老龄化社会,有些国家的老龄化程度还很高;没有进入老龄化社会的一般都是发展中国家。

4. 不同国家或地区的人口老龄化情况　不同国家或地区人口状况不同,其老龄化的时间、速度及发展趋势等也是不同的。例如,不同国家 65 岁及以上人口占总人口的比例从 7% 上升到 14% 用时不等,美国大约用了 72 年,德国用了 40 年,日本只用了 24 年。世界上第一个进入老龄化社会的国家是法国,随后的 20 世纪初中期,瑞士、英国、德国等国家也相继进入老龄化社会。据联合国统计,2020 年,全球 60 岁及以上老年人达到 10.4 亿,占全球总人口的 13.4%,该年龄段人口数比 2015 年增长了 13.3%。目前,世界老龄化速度正在加快,到 2030 年,全球老年人口将达到 14 亿,2050 年将达到 21 亿,预计到 2050 年,除非洲以外,全球绝大多数地区 60 岁及以上人口均将超过 1/4。

(二) 我国人口老龄化的特征

按照人口老龄化的标准,我国于 1999 年步入老龄化社会。据统计,1999 年我国 60 岁及以上老年人达到 1.32 亿,占总人口的 10%。随后,从历次全国人口普查结果看,我国人口老龄化的步伐不断加快。与其他国家相比,我国人口老龄化具有以下明显的特点。

1. 老年人口规模巨大　2023 年末,我国 60 岁及以上人口有 29 697 万人(占 21.1%),其中 65 岁及以上人口 21 676 万人(占 15.4%),我国已进入深度老龄化社会。1990 年到 2000 年,中国 60 岁及以上老年人口数增长 3 446 万人,2000 年到 2010 年,增长 4 600 万人,2010 年到 2020 年,增长 8 637 万人。预计 2020 年到 2030 年,将净增 12 000 万人,老年人口总量 2030 年将达到 40 000 万人。

2. 老龄化发展迅速　发达国家大多用了 45 年以上的时间才实现从老龄化社会向老龄社会的转变,而我国仅用 22 年就完成了这个历程并且在今后一个很长的时期内都保持着很高的递增速度,相比较而言,属于老龄化速度最快的国家之一。自我国进入老龄化社会以来,老年人口数量和比例快速攀升。第五次全国人口普查数据表明,2005 年年底全国 1% 人口抽样显示,我国总人口数达到 130 756 万人,其中 65 岁及以上人口达到 10 055 万人,占总人口的 7.7%。第七次全国人口普查数据显示,2020 年我国的人口总数为 141 177 万人,从人口的年龄构成来看,15~59 岁的劳动年龄人口为 89 437 万人,占总人口的 63.35%;60 岁及以上人口为 26 401 万人,占总人口的 18.7%,其中 65 岁及以上人口为 19 036 万人,占总人口的 13.5%。与 2010 年第六次全国人口普查相比,我国 60 岁及以上老年人口数增长了 8 636 万人,占总人口的比例从 13.3% 上升至 18.7%。随着我国人均预期寿命的增加,老年人口的占比还将进一步提高。

3. 未富先老情况明显　发达国家一般是在基本实现现代化的条件下进入老龄化社会的,属于先富后老或富老同步,而我国则是在尚未全面实现现代化、经济尚不发达的情况下提前进入老龄化社会的,属于未富先老型国家。发达国家进入老龄化社会时,人均国内生产总值一般都在 5 000~10 000 美元,而我国进入老龄化社会时人均国内生产总值尚不足 1 000 美元,属于中等偏低收入国家行列,应对人口老龄化的经济实力比较薄弱。

4. 老龄化地区发展不平衡　我国东部沿海经济发达地区老龄化速度明显快于西部经济欠发达地区。同时,城镇和农村地区老龄化也不平衡,农村地区老龄化程度比城镇地区更为严峻。

二、养老和养老保障

(一) 养老概述

1. 养老的概念　养老是指个体或社会为了满足老年人在晚年阶段的生活需求,提供相

笔记栏

应的经济、医疗、社会关爱和文化等支持的一种社会现象和国家制度。养老关注的范围涉及老年人的身体健康、精神幸福、社会融入以及经济独立等多个方面。

养老包括以下两个层面的关怀和支持：①个体层面。养老涉及老年人自身和家庭的努力，包括合理的财务规划、健康的生活方式、积极的社会融入与社交参与等，支持老年人在晚年阶段过上有尊严、有质量的生活。②社会层面。养老涉及国家和社区的养老政策和服务体系，包括社会养老保险制度、医疗保障、老年人活动中心、养老院等，旨在为老年人提供全方位的支持与保障，满足其多样化的需求。

2. 养老模式　我国养老模式主要包括以下三种：①居家养老。居家养老是我国最传统、也是最普遍的养老方式之一。在这种方式下，老年人在家庭中依赖家庭成员的支持和照顾，包括子女、配偶以及其他亲属。这种方式强调亲情和家庭的作用，老年人在熟悉的环境中感受到更多的情感关怀，同时也能保持对家庭的依赖和参与感。然而，随着我国社会结构的快速变化，家庭养老也面临着人口老龄化、家庭结构单一等挑战。②社区养老。社区养老强调老年人在社区中的生活和参与。社区设施和服务的建设，如老年活动中心、医疗服务站等，为老年人提供了更为便利和多样化的服务。社区养老强调老年人的社会参与和自主性，通过逐步健全完善的服务体系、社区活动和组织，老年人可以与同龄人建立联系，分享经验，保持社交生活，获得服务保障，提高生活质量。③机构养老。机构养老是在专业机构中为老年人提供全方位服务的养老方式。包括养老院、护理院等机构，提供医疗、生活照料、康复等服务。机构养老强调专业护理和医疗支持，适用于那些需要更高水平护理的老年人，尤其是患有慢性病或行动不便的人群。然而，机构养老也可能带来老年人社交孤立感和支付能力的挑战，因此需要综合考虑老年人的个体需求。

（二）养老保障概述

1. 国家保障　国家保障主要是国家通过制定政策及其相应立法行为来实现的。国家利用掌握的有效资源，采取多种手段实现养老保障，往往是从全方面考虑，具有全面性，具有不可替代的作用。在国家保护方面，我国主要是运用立法、行政和司法等三种手段进行。

（1）立法手段：立法通常是指特定国家机关依照一定程序制定或者认可反映统治阶级意志，并以国家强制力保证实施的行为规范的活动。立法是国家保护的基础。

（2）行政手段：行政权力是政治权力的一种，它是国家行政机关依靠特定的强制手段，为有效执行国家意志而依据宪法原则对全社会进行管理的一种能力。行政权力由于具有执行性，所以实际上表现为对政策及立法文件当中规定的政府在养老方面的职责的贯彻执行。

（3）司法手段：司法又称法的适用，是指国家司法机关及其工作人员依照法定职权和法定程序，具体运用法律处理案件的专门活动，是从事后权利救济的角度出发的，无救济即无权利。

2. 社会保障　社会保障是指各社会团体，企事业组织和其他组织及公民，对老年人实施的保护和提供的服务。社会各界对老年人提供的保护是国家保护的有益补充，甚至可以成为国家保护的基础。社会保护的方式更加多样，手段更加灵活，但保护的根本要建立在社会敬老、爱老的良好风尚的基础上。国家难以包办一切，如果各社会单位、公民在日常生活中能做好老年人权益保护工作，其影响是十分深远的。当然，社会保护不同于国家保护之处是缺少强制力做后盾，只能以道德规范来进行调节。

3. 家庭保护　无论是我国的养老传统，还是当前老年人的实际生活状态，大多数老年人是在家庭环境下生活的。当老年人权益受到侵害时，家庭成员提供的保护是直接的和第一位的。老年人家庭成员，包括子女、配偶、孙子女、外孙子女、兄弟姐妹甚至其他亲属，应当主动承担起对家庭老年人保护的责任,在日常生活、精神生活等方面给予老年人充分的照料,当老年人权益受到侵犯时,应承担起保障老年人合法权益的责任,履行赡养人应当承担的赡养义务。

4. 自我保护　自我保护,是指老年人自己主动地对侵犯其权益的行为,向有关机关、团体或组织提出请求或诉求加以解决,目的是使其合法权益得到保障。老年人作为中华人民共和国的公民,享有宪法和法律规定的权利,有向有关国家机关提出申诉、控告或者依法诉讼的权利。作为外部条件,国家和社会对老年人的保障,即便依法向人民法院提起诉讼也必须要通过老年人自我保护这个内在驱动力才能实现。老年人不可消极地等待来自国家、社会、家庭的保护,也应主动地进行自我权益保护,提高自我维护意识。因此,依法自我保障是老年人维护自己合法权益的必要手段,普遍意义上的老年人自我保护是国家保护和社会保护的前提。

(三) 养老管理体制

2018 年国务院机构改革后,民政部设置养老服务司,承担老年人福利工作,拟订老年人福利补贴制度和养老服务体系建设规划、政策、标准,协调推进农村留守老年人关爱服务工作,指导养老服务、老年人福利、特困人员救助供养机构管理工作。2019 年国务院批准建立由民政部牵头的养老服务部际联席会议制度,主要职能是在党中央、国务院领导下,统筹协调全国养老服务工作,研究解决养老服务工作的重大问题,完善养老服务体系;研究审议拟出台的养老服务法规和重要政策,拟订推动养老服务发展的年度重点工作计划;部署实施养老服务改革创新重点事项,督促检查养老服务有关政策措施落实情况;加强各地区、各部门信息沟通和相互协作,及时总结工作成效,推广先进做法和经验;完成党中央、国务院交办的其他事项。2023 年《中共中央办公厅　国务院办公厅关于调整国家卫生健康委员会职责机构编制的通知》,将国家卫生健康委员会的组织拟订并协调落实应对人口老龄化政策措施,承担全国老龄工作委员会的具体工作等职责划入民政部。

第二节　养老法律

一、法律概述

(一) 法律的内涵

法在现代汉语中主要有三种称谓:法、法律、法规。法、法律、法规都在广义、狭义两种层面上使用。广义使用时,指抽象的、整体意义上的法,是对法的泛指或统称,如"依法办事""公民在法律面前一律平等""中华人民共和国法律汇编"等,包括有权的国家机关制定的所有法律、法规、规章等。狭义使用时特指某种具体法的形式、某个部门法或某个具体的法,如《宪法》《老年人权益保障法》等。通常情况下,法所指范围更笼统、更抽象,依次是法律、法规等。

(二) 法律的特征

1. 规范性　法律是调整社会关系的规范,具有规范性。法律的规范性,是指法律所具有的规定人们的行为模式、指导人们行为的性质。法律所规定的行为模式包括三种:①人们可以怎样行为(可为模式);②人们不得怎样行为(勿为模式);③人们应当或者必须怎样行为(应为模式)。

2. 国家意志性　法律是由国家制定或者认可的,体现了国家对人们行为的评价,具有国家意志性。国家的存在是法存在的前提条件。一切法律的产生,大体上都是通过制定和认可这两种途径。法律的制定,是指国家立法机关按照法定程序创制规范性文件的活动。法律的认可,是指国家通过一定的方式承认其他社会规范(道德、宗教、风俗、习惯等)具有法律效力的活动。

3. 国家强制性　法律是以国家强制力为最后保证手段的规范体系,具有国家强制性。法律不同于其他社会规范,它具有特殊的强制性,即国家强制性。法律是以国家强制力为后盾,由国家强制力保证实施的。在此意义上,法律的国家强制性就是指法律依靠国家强制力保证实施、强迫人们遵守的性质。也就是说,不管人们的主观愿望如何,都必须遵守法律,否则将招致国家强制力的干涉,受到相应的法律约束或制裁。国家的强制力是法律实施的最后保障手段。

4. 普遍性　法律在国家权力管辖范围内普遍有效,具有普遍性。法律的普遍性,也称"法的普遍适用性""法的概括性",是指法作为一般的行为规范在国家权力管辖范围内具有普遍适用的效力和特性。具体而言,它包含两方面的内容:其一,法的效力对象的广泛性。在一国范围之内,任何人的合法行为都无一例外地受法律的保护;任何人的违法行为,也都无一例外地受法律的约束制裁。法律不是为特别保护个别人的利益而制定,也不是为特别规范个别人的行为而设立。其二,法律的效力的重复性。是指法律对人们的行为有反复适用的效力。在同样的情况下,法律可以反复适用,而不是仅适用一次。

法律具有普遍性,在国家权力管辖范围内普遍有效,这是从法律属性上来讲的。就一个国家的具体法律的效力而言,则呈现出不同的情况,不可一概而论。有些法律是在全国范围内生效的(如宪法、民法、刑法),有些则是在部分地区或者仅对特定主体生效(如地方性法规)。而那些经国家认可的习惯法,其适用范围则可能更为有限。因此,不能将法的普遍性作片面的理解。

5. 程序性　法律是有严格的程序规定的规范,具有程序性。法律是强调程序、规定程序和实行程序的规范。也可以说,法律是一个程序制度化的体系或者制度化解决问题的程序。程序是社会制度化最重要的基石。

(三) 法律效力

法律效力是指法律的适用范围,即法律在什么领域、什么时期和对谁有效的问题,也就是法律规范在空间上、时间上和对人的效力问题。

空间效力是指法律在什么地方发生效力。由国家制定的法律和经中央国家机关制定的规范性文件,在全国范围内生效。地方性法规只在本地区内有效。

时间效力是指法律在何时生效和何时终止效力,以及新法律颁布生效之前发生的事件或者行为是否适用该项法规的问题。时间效力一般包括三个原则:不溯及既往原则;后法废止前法原则;法律条文到达时间的原则。

对人的效力是指法律适用于什么样的人。对人的效力又分为属地主义、属人主义和保护主义。属地主义:不论人的国籍如何,在哪国领域内就适用哪国法律。属人主义:不论人在国内或国外,是哪国公民就适用哪国法律。保护主义:任何人只要损害了本国利益,不论损害者的国籍与所在地如何,都要受到该国法律的制裁。

(四) 法律的效力冲突及其解决

由于法律本身是有层次或等级划分的,因而其效力当然具有层次或等级性。法律效力的层次是指规范性法律文件之间的效力等级关系。法律的效力和冲突解决原则包括不同位阶法的渊源之间的冲突原则、同一位阶法的渊源之间的冲突原则、位阶出现交叉时法的渊源之间的冲突原则。

1. 不同位阶法的渊源冲突解决原则　上位法的效力高于下位法,宪法至上、法律高于法规、法规高于规章、行政法规高于地方性法规。按《立法法》的规定,下位法违反上位法规定的,由有关机关依照该法规定的权限予以改变或者撤销。

2. 同一位阶法的渊源冲突解决原则 特别规定优于一般规定,新的规定优于旧的规定。《立法法》规定,同一机关制定的法律、行政法规、地方性法规、自治条例和单行条例、规章,特别规定与一般规定不一致的,适用特别规定;新的规定与旧的规定不一致的,适用新的规定。法律之间对同一事项的新的一般规定与旧的特别规定不一致,不能确定如何适用时,由全国人民代表大会常务委员会裁决。行政法规之间对同一事项的新的一般规定与旧的特别规定不一致,不能确定如何适用时,由国务院裁决。

3. 位阶出现交叉时法的渊源冲突解决原则 地方性法规与部门规章之间对同一事项的规定不一致时,由国务院作出裁决,国务院认为应当适用地方性法规的,应当决定适用地方性法规;认为应当适用部门规章的,应当提请全国人民代表大会常务委员会裁决。部门规章之间、部门规章与地方政府规章之间对同一事项的规定不一致时,由国务院裁决。根据授权制定的法规与法律规定不一致时,由全国人民代表大会常务委员会裁决。同一机关制定的新的一般规定与旧的特别规定不一致时,由制定机关裁决。

二、养老法律概述

(一) 养老法律的概念及其渊源

养老法律,是指由国家制定或认可并由国家强制力保证实施的,旨在调整公民在养老活动中形成的各种社会关系的法律规范的总和。养老法律有狭义和广义之分。狭义的养老法律,仅指由全国人民代表大会及其常务委员会制定的各种养老有关的法律。广义的养老法律,还包括被授权的其他国家机关制定颁布的从属于养老法律的,在其所辖范围内普遍有效的养老法规和规章,以及宪法和其他规范性法律文件中涉及养老法律的内容。本书所指的养老法律是指广义的养老法律。

1. 宪法 宪法是国家的根本法,具有最高法律效力,是养老立法的依据。《宪法》第四十五条第一款规定,中华人民共和国公民在年老、疾病或者丧失劳动能力的情况下,有从国家和社会获得物质帮助的权利。国家发展为公民享受这些权利所需要的社会保险、社会救济和医疗卫生事业。第四十九条第三款、第四款规定,父母有抚养教育未成年子女的义务,成年子女有赡养扶助父母的义务。禁止破坏婚姻自由,禁止虐待老人、妇女和儿童。由于《宪法》有关养老方面的规定较为宏观,需要制定专门的养老法律、行政法规等予以具体化。

2. 法律 包括由全国人民代表大会制定的基本法律和全国人民代表大会常务委员会制定的非基本法律。目前我国还没有全国人民代表大会制定的养老基本法律,由全国人民代表大会常务委员会制定的养老非基本法律主要为《老年人权益保障法》。此外,《民法典》《社会保险法》《基本医疗卫生与健康促进法》《人口与计划生育法》《无障碍环境建设法》《反家庭暴力法》等领域法律也有相关涉老条款。

以《老年人权益保障法》为例,该部法律自 1996 年 8 月 29 日第八届全国人民代表大会常务委员会第二十一次会议通过,并经 2009 年 8 月 27 日、2015 年 4 月 24 日、2018 年 12 月 29 日三次修正以及 2012 年 12 月 28 日修订。《老年人权益保障法》包括总则、家庭赡养与扶养、社会保障、社会服务、社会优待、宜居环境、参与社会发展、法律责任、附则共九章八十五条,为新时代老年人权益保障提供了具体指引。

拓展阅读

养老服务立法

目前民政部已形成《养老服务法(文本建议稿)》,《十四届全国人大常委会立法规划》也将养老服务法纳入立法计划。国家通过制定养老服务专项法律,以明确法律框架下养老服务设施规划建设、居家社区养老服务、机构养老服务、养老服务从业人员、扶持优惠政策、养老服务监管和法律责任等,推进全国养老服务工作有法可依、有章可循。

养老服务立法需要处理好以下几层关系。

一是处理好政府与市场的关系。当前养老服务产业发展还处于初级阶段,市场主体培育不够充分,产业辐射、联通作用有待发挥,智慧养老等新兴产业发展步伐不够快。而且养老服务业投资周期长、运营成本高、回报率较低。养老服务立法既要重视充分发挥政府对养老服务的主导和引领作用,也要注重新兴养老服务市场的培育。

二是处理好服务与监管的关系。养老服务立法应当树立"监管是最好的服务,服务是为了实现更好监管"的理念。坚持行政监管和刑事惩处协调联动,推动形成严密的监管网络,从严惩处少数养老服务机构欺老、虐老和不法分子诈骗老年人等行为,补强养老服务监管短板,有效维护老年人合法权益。

三是处理好机构养老与居家、社区养老的关系。居家社区养老是目前绝大多数60~75岁行动正常老年人的首选,是符合我国基本国情的养老方式。养老服务立法应围绕优化居家、社区养老环境和建立健全居家社区养老服务体系精准发力,通过统筹发挥政府、市场、社会作用,解决好老年人面临的助餐、助洁、助浴、助急、助行、助医等问题,加快推进适老化环境改造,消除老年人面临的"数字鸿沟"。另外,机构养老是老年人需求无法通过居家、社区养老满足之后才会采纳的选项,其需要提供深度养老服务。养老服务立法应当通过突出服务机构硬件设施配备规范化、服务内容标准化、服务人员技能专业化、服务机构设置专业化等,来推动养老机构提供高效优质服务。

四是处理好城乡养老关系。我国老年人口集中在乡(镇)村,其人口老龄化的进程显著先于城市老龄化。但是多数农村地区养老服务的资源要素投入相对不够,农民养老保障不足、养老服务设施不健全等问题较为突出。因此,养老服务立法应当针对农村养老问题进行更多科学、合理、细化、可操作、刚性的制度设计。

3. 行政法规　行政法规是国务院依宪法授权制定的规范性法律文件。它的法律效力低于法律而高于地方性法规。同法律一样,养老法律规范也大量存在于非专门的行政法规中。包括:《农村五保供养工作条例》《全国社会保障基金条例》《社会救助暂行办法》《社会保险费征缴暂行条例》《社会保险经办条例》等。

4. 地方性法规　地方性法规可以根据本行政区域的实际情况就执行卫生法律、行政法规作出具体规定,也可以对属于地方性的卫生事务作出具体规定。《立法法》规定,省、自治区、直辖市的人民代表大会及其常务委员会根据本行政区域的具体情况和实际需要,在不同宪法、法律、行政法规相抵触的前提下,可以制定地方性法规。设区的市的人民代表大会及其常务委员会根据本市的具体情况和实际需要,在不同宪法、法律、行政法规和本省、自治区的地方性法规相抵触的前提下,可以对城乡建设与管理、环境保护、历史文化保护等方面的事项制定地方性法规;法律对设区的市制定地方性法规的事项另有规定的,从其规定。设区的市的地方性法规须报省、自治区的人民代表大会常务委员会批准后施行。目前已有 20 多个省(自治区、直辖市)针对养老服务出台了地方性法规。其中,广东、山东、江西、贵州、陕西、海南、甘肃、上海、河北、安徽、河南、江苏、福建、内蒙古、广西等地出台了养老服务条例,天津、宁夏制定了养老服务促进条例,河北、北京、山西对居家养老进行了立法,浙江出台了社会养老服务促进条例。

5. 规章　规章分部门规章和地方政府规章,两者也统称行政规章。国务院民政、卫生健康等行政部门和具有行政管理职能的国务院直属机构,可以根据法律和国务院的行政法规、决定、命令,在本部门的权限范围内制定规章。涉及两个以上国务院部门职权范围的事项,应当提请国务院制定行政法规或者由国务院有关部门联合制定规章。如民政部制定的《养老机构管理办法》《农村五保供养服务机构管理办法》《城市生活无着的流浪乞讨人员救助管理办法实施细则》等部门规章。此外,省、自治区、直辖市和设区的市、自治州的人民政府,可以根据法律、行政法规和本省、自治区、直辖市的地方性法规,制定规章。设区的市、自治州的人民政府制定的地方政府规章,限于城乡建设与管理、环境保护、历史文化保护等方面的事项。规章不得与宪法、法律、行政法规相抵触,地方政府规章还不得与地方性法规相抵触。

6. 法律解释　有关机关对养老法律、行政法规、规章所作的解释,通常也视为养老法律体系的一部分。根据全国人大常委会《关于加强法律解释工作的决议》的规定:①凡关于法律、法令条文本身需要进一步明确界限或作出补充规定的,由全国人大常委会进行解释或用法令加以规定。②凡属于法院审判工作中具体应用法律、法令的问题,由最高人民法院进行解释;凡属于检察院检察工作中具体应用法律、法令的问题,由最高人民检察院进行解释。两院解释如果有原则性的分歧,报请全国人大常委会解释或决定。③不属于审判和检察工作中的其他法律、法令如何具体应用的问题,由国务院及主管部门进行解释。④凡属于地方性法规条文中本身需要进一步明确界限或作出补充规定的,由制定法规的省、自治区、直辖市人大常委会进行解释或作出规定。凡属于地方性法规如何具体应用的问题,由省、自治区、直辖市人民政府主管部门进行解释。

(二) 养老法律的调整对象

养老法律的调整对象,是指各种养老法律所调整的社会关系,包括由国家养老行政机关、养老服务组织、企事业单位、个人、国际组织之间及其内部,因满足老年人的生活需求、促进养老服务的发展、保障老年人的基本权益等所形成的各种社会关系。养老法律的调整对象具有多层次、多形式的特点,调整的具体社会关系各异,形成了不同调整范围的法律规范性文件。一般来说,养老法律主要调整以下三个方面的社会关系:

1. 养老服务组织关系　养老法律明确了各级养老行政部门、养老服务组织的法律地位、组织形式、隶属关系、职权范围以及权利义务等,以确保养老服务有序运行,保障老年人的基本需求。例如,在《养老机构管理办法》等法规中,规定了相关组织的备案办理、服务规范、运营管理、监督检查等方面的规范。

2. 养老管理关系　养老管理关系是指国家养老行政机关及其他相关机关,根据法律的规定,在进行养老服务组织、领导、监督、评估等活动时,与企事业单位、社会团体或者公民之间形成的权利义务关系。这是一种纵向的行政关系,受养老法律的调整。例如,养老行政机关与养老服务机构之间的监督管理关系,以及在养老服务评估中形成的评估关系。

3. 养老服务关系　养老服务关系是指养老行政机关、养老服务组织、有关企事业单位、社会团体和公民在向社会提供养老服务过程中,与接受服务者所结成的一种平等主体间的权利义务关系。这包括老年人与养老服务提供者、志愿者之间的互动关系,确保服务质量和

笔记栏

老年人的合法权益。养老服务关系是一种横向的社会关系,最为常见的是老年人与养老服务提供者之间的关系。

(三) 养老法律的基本原则

养老法律的基本原则,是指贯穿于各种养老法律和法规中,对调整保障老年人权益、促进养老服务发展等活动过程中所发生的各种社会关系具有普遍指导意义的准则。

1. 保障老年人权益原则　保障老年人权益的原则,是指养老法律的制定和实施都要从老年人的全面需求和合法权益出发,将维护老年人的尊严、权利、福祉作为养老法律的最高宗旨。此原则确保每位老年人都依法享有基本养老服务,得到尊重、关爱和社会支持,以提高老年人的生活质量。我国各类养老法律法规的总则部分,均将保障老年人权益作为立法目的;养老行政执法过程中的监督检查、行政处罚、强制执行以及按照《老年人权益保障法》对老年人权益的维护等,其根本目的都是维护老年人的合法权益。

2. 社会化服务原则　社会化服务原则是指养老法律倡导建立社会化、多元化的养老服务体系,充分发挥社会各方的作用,为老年人提供多样化、贴心的养老服务。此原则强调社会各界共同参与养老服务,包括政府、社区、企事业单位、志愿者等,共同为老年人提供全方位、优质的服务。在养老法规中,如《养老机构管理办法》等文件,强调社会化服务的原则,鼓励社会各方共同努力,共同为老年人创造更好的养老生活环境。

3. 多元化服务原则　多元化服务原则是指养老法律主张提供多种形式、多层次、全覆盖的养老服务,满足老年人多样化的需求。此原则促使养老服务不仅涵盖基本的生活照料,还包括文化娱乐、心理关怀、医疗保健等方面的服务,以全方位地关照老年人的身心健康。

4. 家庭支持原则　家庭支持原则是指养老法律鼓励家庭在老年人养老过程中发挥重要作用,强调家庭的责任和义务,提倡建设和谐的家庭关系,使老年人在家庭中得到充分的关爱和支持。此原则强调家庭是养老最基本的社会单位,每一个家庭都应成为老年人的温馨家园。养老法律在相关法规中明确了家庭支持的原则,鼓励并规范家庭发扬我国传统孝道文化,更好地对老年人进行照顾和陪伴,为老年人提供温馨、舒适的居家养老环境。

第三节　养　老　政　策

一、政策概述

(一) 政策的概念

从政策研究的兴起至今,中外学者对政策的概念给予了不同的诠释,西方学者给政策下的定义主要有:政策学主要的倡导者和创立者哈罗德·拉斯韦尔(Harold Lasswell)与亚伯拉罕·卡普兰(Abraham Kaplan)认为,政策是"一种含有目标、价值与策略的大型计划"。公共政策的首创者之一,美国学者伍德罗·威尔逊(Woodrow Wilson)认为"政策是由政治家即具有立法权者制定而由行政人员执行的法律和法规"。卡尔·弗里德里希(Carl J Friendrich)认为:"政策是在某一特定的环境下个人、团体或政府有计划的活动过程,提出政策的用意就是利用时机、克服障碍以实现某个既定的目标,或达到某一既定的目的。"

政策学传入我国后,我国学者依据国情对其进行了本土化理解。孙光在《政策科学》中认为"政策是国家和政党为了实现一定的目标而确定的行动准则,它表现为对人们的利益进行分配和调节的政治措施和复杂过程"。王福生《政策学研究》将政策界定为"人们为实现某一目标而确定的行为准则和谋略","简言之,政策就是治党治国的规则和方略"。

笔记栏

综合以上的解释,本书将政策定义为:政策是为达到一定目的,各种组织(包括国际组织、国家、政党、部门、社会团体等)在特定时期用以规范或指导人们行动的一系列法律、法规、规章、规划、决定、意见等的总称。广义上的政策涵盖了各类法律法规和制度决定;狭义的政策则侧重于原则、决定、意见、规划、方案、计划等。本书对政策的界定侧重狭义的概念。

(二) 政策的分类

现实中,政策问题种类繁多,而且各种问题常相互交织在一起,所以也有不同的分类方式。常见的有以下三类:按照制定政策的出发点分类,政策可以分为问题导向型和未来导向型两种,其中问题导向型政策以解决社会存在的问题为切入点,未来导向型政策以适应社会发展、满足新需求为目标,而未来导向的设计和规划也是要以解决现实问题为基础的。根据问题的特性分类,可以将政策问题分成结构良好的问题、结构适中的问题、结构不良的问题三种。此外,政策问题亦可划分为实质性问题和程序性问题两种,实质性问题涉及人类活动所产生的实际后果,程序性问题则与政府如何组织和如何采取行动有关。

(三) 政策的特征

1. 应用性 政策既在实践中产生,又在实践中得到应用与发展,政策的应用性是政策价值的体现,也是政策的意义所在。政策的应用性体现在:应用决定了它的存在;政策的制定需要理论和实践的共同支撑;政策用于指导社会实践,反过来要接受社会实践的检验。

2. 周期性 任何一项政策都有其周期性。一项政策可能在规定的周期目标达成后自然终止,也可能随政策环境的变化而调整,还可能经实践验证不合理、无价值甚至负效应而被终止。一项高价值的政策,很有可能由于能改善或推动社会发展而被以法律的形式固定下来。

3. 潜在的价值取向性 政策的价值一般是政策制定者赋予,并通过政策功能的发挥来实现的。赋予政策哪种价值主要取决于政策制定者的选择意愿。如公共政策的本质在于政府通过对各利益群体间利益的权衡,在减少主观差距和减少客观差距之间做出选择,进而解决公共问题。公共政策既可能直接调整社会利益关系,减少客观差距,也可能仅仅减少公众的主观差距,降低或转移公众的期望值,缓和公众的不满情绪。

4. 跨学科性 政策作用的是各种复杂的社会现象和各领域的公共事务,在研究和制定过程中要保证政策的高价值性,多学科的吸收、交叉和融合是必需的。因此,政策除了遵循政策学本身的理论方法外,还必须吸收其他学科尤其是政治学、经济学、社会学、管理学、心理学、哲学、统计学和运筹学等学科的理论知识和研究方法。

二、养老政策概述

(一) 养老政策的概念

养老政策是国家或地区为应对人口老龄化和老年人需求而采取的一系列制度性、公共性的政策、规划和措施。这些政策旨在为老年人提供全面、多层次、可持续的支持,包括经济援助、医疗保障、社会服务、文化活动等,以确保老年人在晚年能够享受有尊严、安康的生活。

(二) 养老政策体系

1. 战略层面 应对人口老龄化的国家战略在整个老龄政策体系中属于最高层次,具有提纲挈领的作用,同国家其他领域的发展战略一起共同构成中国特色社会主义现代化建设战略。在内容上,应对人口老龄化的国家战略应当包括战略理念、战略定位、战略目标、战略规划、战略任务及重点、战略步骤和战略措施等一系列内容。如2019年11月,中共中央、国务院发布的《国家积极应对人口老龄化中长期规划》。2021年3月,第十三届全国人民代表大会第四次会议表决通过的《关于国民经济和社会发展第十四个五年规划和2035年远景目标纲要》,明确提出"十四五"时期实施积极应对人口老龄化国家战略的重点举措是"制定人口长期发展战略,优化生育政策,以'一老一小'为重点完善人口服务体系,促进人口长期均衡发展"。

2. 规划层面　我国养老规划包括中长期规划和五年规划,规划是应对人口老龄化国家战略的具体化路径,是指导一个时期内我国老龄事业发展和老龄工作开展的指导性原则,解决的是老龄事业发展所面临的一些重大、宏观、长远的问题,在整个老龄政策体系中处于承上启下的关键地位。我国养老规划一方面从属于应对人口老龄化的国家战略,构成我国养老政策体系的基本要素;另一方面又成为其他具体领域的养老政策的基础和行动指南。养老规划包括发展养老的基本理念、基本原则、指导思想、基本任务、保障措施等内容。如2021年12月,国务院发布的《"十四五"国家老龄事业发展和养老服务体系规划》。2021年6月,民政部、国家发展和改革委员会发布的《"十四五"民政事业发展规划》。2021年10月,工业和信息化部、民政部、国家卫生健康委共同印发《智慧健康养老产业发展行动计划(2021—2025年)》。

3. 操作层面　操作性养老政策包括针对某一具体养老问题而制定的具体措施、项目规划、行动计划、实施方案等,处于整个养老政策体系的最后一个层次,处于基础地位,也是构成养老政策的基本元素。在实践中,操作性政策通常以意见、通知、政府令、办法等形式存在,具有灵活性强、时效短、变化快等特点,能够根据实际情况的变化不断修正、充实或终止相关内容。如2016年12月23日国务院办公厅发布的《关于全面放开养老服务市场提升养老服务质量的若干意见》;2017年6月29日国务院办公厅发布的《关于加快发展商业养老保险的若干意见》;2020年11月26日国务院办公厅发布的《关于建立健全养老服务综合监管制度促进养老服务高质量发展的意见》;2020年12月14日国务院办公厅发布的《关于促进养老托育服务健康发展的意见》等。

第四节　养老标准

一、标准概述

(一)标准的概念

标准是指为了在一定范围内获得最佳秩序,经协商一致制定并由公认机构批准,共同使用和重复使用的一种规范性文件。标准化则是指在经济、技术、科学及管理等社会实践中,对重复性事物和概念通过制定、实施标准,达到统一,以获得最佳秩序和社会效益的过程。标准化管理是指机构以外部标准(法律、法规或其他相关规则)和内部标准(含企业所倡导的文化理念)为基础所建立的管理体系。为了促进经济发展、技术进步,改进产品和服务质量,我国早在1988年就颁布了《标准化法》。1990年,根据《标准化法》,国务院制定了《标准化法实施条例》。

(二)标准的分类

1. 根据适用范围划分　标准可以分为国家标准、行业标准、地方标准和团体标准、企业标准。对需要在全国范围内统一的技术要求,应当制定国家标准。国家标准由国务院标准化行政主管部门制定。对没有国家标准而又需要在全国某个行业范围内统一的技术要求,可以制定行业标准。行业标准由国务院有关行政主管部门制定,并报国务院标准化行政主管部门备案,在颁行国家标准之后,该项行业标准即行废止。对没有国家标准和行业标准而又需要在省、自治区、直辖市范围内统一的工业产品的安全、卫生要求,可以制定地方标准。地方标准由省、自治区、直辖市标准化行政主管部门制定,并报国务院标准化行政主管部门和国务院有关行政主管部门备案,在公布国家标准或者行业标准之后,该项地方标准即行废止。企业生产的产品没有国家标准和行业标准的,应当制定企业标准,作为组织生产的依据。企业的产品标准须报当地政府标准化行政主管部门和有关政府主管部门备案。已有国家标准或者行业标准的,国家鼓励企业制定严于国家标准或者行业标准的企业标准,在企业内部适用。此外,学会、协会、商会、联合会、产业技术联盟等社会团体协调相关市场主体共同制定满足市场和创新需要的团体标准,由本团体成员约定采用或者按照本团体的规定供社会自愿采用。

2. 根据是否具有强制执行的效力划分　标准可以划分为强制性标准和推荐性标准两类。保障人体健康,人身、财产安全的标准和法律、行政法规规定强制执行的标准是强制性标准;其他标准是推荐性标准。以下标准属于强制性标准:①药品标准,食品安全标准,兽药标准;②产品及产品生产、储运和使用中的安全、卫生标准,劳动安全、卫生标准,运输安全标准;③工程建设的质量、安全、卫生标准及国家需要控制的其他工程建设标准;④环境保护的污染物排放标准和环境质量标准;⑤重要的通用技术术语、符号、代号和制图方法;⑥通用的试验、检验方法标准;⑦互换配合标准;⑧国家需要控制的重要产品质量标准。国家需要控制的重要产品目录由国务院标准化行政主管部门会同国务院有关行政主管部门确定。省、自治区、直辖市人民政府标准化行政主管部门制定的工业产品的安全、卫生要求的地方标准,在本行政区域内是强制性标准。

从事科研、生产、经营的单位和个人,必须严格执行强制性标准,不符合强制性标准的产品禁止生产、销售和进口。

(三) 标准的识别

标准制定后,均须进行编号。国家标准的代号为大写的"国标"拼音首字母 GB,推荐性国家标准的代号为 GB/T。例如,《养老设施建筑设计规范》的代号为"GB 50867-2013",《养老机构基本规范》的代号为"GB/T29353-2012"。

行业标准代号由大写的汉语拼音首字母组成,再加上"/T"组成推荐性行业标准,如X/T。行业标准代号由国务院各有关行政主管部门提出其所管理的行业标准范围的申请报告,国务院标准化行政主管部门审查确定并正式公布该行业标准代号。例如,《养老机构安全管理》作为民政行业标准,标识为"MZ/T032-2012"。地方标准代号由大写的"地标"拼音首字母和省、自治区、直辖市行政区划代码的前两位数字(如北京市为 11,天津市为 12,上海市为 13,浙江省为 33 等)组成"DBXX",再加上"/T"组成推荐性地方标准"DBXX/T",不加"/T"为强制性地方标准。例如,浙江省制定的《养老机构服务与管理规范》的代号为"DB33/T926-2014"。

二、养老标准概述

(一) 养老标准的概念

养老标准是在一定范围内为了获得最佳秩序、提高老年人生活质量等,经协商一致制定并由公认机构批准的一种规范性文件。这一标准的建立旨在通过明确经济、技术、管理等方面的规范,使养老服务得到统一,以获得最佳秩序和社会效益。

标准化作为一种社会实践过程,在养老领域体现为通过制定、实施标准,对养老服务、老年医疗保障、社会参与养老等重复性事务和概念进行规范化管理。养老标准的制定需要经过广泛协商,确保充分考虑到老年人的多样性需求,以达到提高服务质量和效率的目的。

养老标准化管理体系则建立在外部标准(法律、法规或其他相关规则)和内部标准(含企业所倡导的文化理念)的基础上。在养老服务机构中,通过引入标准化管理,可以使养老服务更加科学、规范,确保老年人得到的服务具有一致性和可持续性。这也有助于提高服务的透明度,为老年人和其家庭提供信心支持和安全感。

养老标准的制定和实施不仅有助于提升服务质量,还有利于推动养老服务行业的发展。通过标准化的管理,可以促进行业的专业化、规范化,使得不同地区、不同机构的养老服务更具可比性,有助于形成更加统一和完善的养老服务体系。

(二) 养老标准体系

目前,民政部等部门推进养老服务领域标准的制修订,研究制定一批与国际接轨、体现中国特色、适应服务管理需要的养老服务标准。加快建立全国统一的养老服务质量标准、等级评定与认证体系,推动养老机构服务安全基本规范、服务质量基本规范、等级划分与评定等国家标准的实施,引导养老服务机构通过养老服务质量认证。包括:《老年人助浴服务规范》《老年人居家康复服务规范》《养老机构康复服务规范》《养老机构服务礼仪规范》《养老机构洗涤服务规范》《养老机构接待服务基本规范》《养老机构岗位设置及人员配备规范》《养老机构膳食服务基本规范》《养老机构预防老年人跌倒基本规范》《养老机构老年人营养状况评价和监测服务规范》《养老机构康复辅助器具基本配置》《养老机构生活照料服务规范》《养老机构社会工作服务规范》《养老机构老年人健康档案管理规范》《养老机构服务标准体系建设指南》《养老机构服务安全基本规范》《养老机构预防压疮服务规范》《养老机构顾客满意度测评》《养老服务常用图形符号及标志》《社区老年人日间照料中心服务基本要求》《老年社会工作服务指南》《老年人能力评估》《养老机构安全管理》等。

拓展阅读

养老法律、政策、标准的区别与联系

养老法律与养老政策的区别与联系:养老法律主要是以法规的形式存在,具有法律约束力,侧重于对老年人的权益进行法定规范。它通常包括有关老年人的权利、义务、福利、劳动、医疗等方面的法律规定。养老法律的实施需要相关的法律机构进行监督和执行。养老政策则是由国家或地方政府制定的一系列措施和政策,旨在解决老年人在生活、医疗、社会参与等方面的问题。养老政策的执行通常需要政府的财政支持,并通过行政手段推动相关政策的实施,以促进社会养老服务的全面发展。养老法律和养老政策之间存在着密切的联系。养老政策的制定往往需要依据相关法律的规定,而养老法律的制定也可能受到养老政策的引导。二者相互作用,形成了一个相对完整的法律与政策体系,共同服务于我国老年人的权益保障和养老服务的发展。

养老政策与养老标准的区别与联系:养老政策主要是由政府制定的一系列政府行为方案,旨在解决老年人的实际问题。这些政策通常具有明确的行动方向和政府支持,以推动养老服务的全面发展。养老标准则是对养老服务和管理的具体要求和规范,可以包括技术标准、服务标准等,其侧重点在于规范和提高养老服务的质量。养老政策和养老标准之间存在一定的联系。养老政策的制定通常会参考相关的养老标准,以确保政策的实施能够达到一定的质量水平。同时,养老标准的制定也会受到养老政策的引导,以适应政策的要求,确保养老服务的合规性和效果。

养老法律与养老标准的区别与联系:养老法律是具有法定约束力的法规,其主要目的是通过法律手段来确保老年人的基本权益。养老标准则是对养老服务和管理的具体要求和规范,其目的在于规范和提高养老服务的质量。养老法律和养老标准之间

存在一定的联系。养老法律的制定往往会参考相关的养老标准，以确保法律的实施能够达到一定的质量水平。同时，养老标准的制定也可能受到养老法律的指引，以适应法律的要求，确保养老服务的合法性和效果。两者共同为老年人的权益保障和养老服务的发展提供了法律和技术支持。

复习思考题

1. 如何理解积极应对人口老龄化。
2. 我国养老法律主要有哪些？
3. 简述养老法律、政策、标准的联系与区别。

第二章

老年人家庭保障政策法规

学习目标

知识目标

掌握老年人监护的种类及监护人职责,意定监护的设定,老年婚姻的缔结与夫妻关系,老年人离婚事由与法律后果;理解老年人赡养人和扶养人的范围,掌握受赡养、扶养权的内容;掌握遗赠扶养协议的概念及效力,法定继承、遗嘱继承的适用范围,代位继承与转继承的适用范围。

能力目标

能够为老年人离婚结婚、赡养扶养、继承、遗嘱等提供基本的服务保障。

素质目标

强化法治思维,参与维护老年人获得家庭保障合法权益的过程。

课程思政目标

培养学生继承弘扬尊老、敬亲、重视家庭的优秀传统价值观,依法自觉为老年人提供家庭保障。

家庭是一种以血缘为基础、具有情感纽带的基本社会单位,包括父母、子女及生活在一起的其他亲属。基于我国的养老传统和现实情况,家庭成员为老年人提供的保障往往是最直接的。家庭成员通过监护制度、婚姻制度、赡养和扶养制度、继承制度等为老年人提供家庭保障,有利于老年人晚年的身体与精神健康,保障老年人的合法权益。

第一节 概 述

一、老年人家庭保障的概念

家庭保障,是指由家庭提供的对家庭成员的生活保障,包括经济保障、服务保障和精神慰藉等内容,并且在很多方面较制度化的保障方式有更多的优势。与正式的社会保障制度中政府或者国家是责任主体不同,在家庭保障中,家长或家庭主要成员充当着责任主体,每个家庭成员有较为明确的分工,从而形成了家庭成员之间长期互惠的内生机制。

老年人享有法律规定的作为我国公民应当享有的一切权利。作为社会群体,老年人同时享有根据其自身特点和需要的特殊权益,如获得赡养扶助的权利,获得家庭、社会保障和优待等。《宪法》作为国家根本大法,宣示了对老年人权益的保障,其中第四十九条规定成年子女对老人有赡养义务、禁止虐待老人。《老年人权益保障法》作为专门法律对老年人享有的一般性权益和专属权益进行了细化规定,其中第二章对家庭赡养和扶养进行了规定,明确老年人养老主要依靠家庭,家庭成员应当关心和照料老年人。此外,《反家庭暴力法》第五条规定,对包括老年人在内的特殊群体遭受家庭暴力的,应当给予特殊保护。

二、老年人家庭保障的实施

老年人的家庭保障通过具体的制度,如监护制度、婚姻制度、赡养和扶养制度、继承制度等加以体现并得以贯彻落实,通过赋予老年人与其家庭成员享有的权利和应当承担义务的方式,强化和稳定老年人的家庭关系,保障老年人的合法权益。

(一) 监护制度

监护制度是针对家庭成员中的弱势方而设立的,弱势方通常因为年龄或者精神健康状况而导致生活不能自理。监护人一旦确定,需要对被监护人履行监护职责,对于被监护人权利的有效保护意义重大。当老年人因患有精神疾病等原因,不能辨认或者不能完全辨认自己行为,成为无民事行为能力人或限制民事行为能力人时,老年人自身无法正常行使、保护自己的权利,此时需要为老年人设定监护人。

(二) 婚姻制度

婚姻,是男女双方以共同生活为目的,以夫妻的权利义务为内容的结合。婚姻制度是特定社会要求其成员在婚姻方面共同遵守的行为准则。针对人们婚姻行为的习俗或法律规定的总和就构成了该社会形态占统治地位的婚姻制度。《民法典》规定,我国实行婚姻自由、一夫一妻、男女平等的婚姻制度。《老年人权益保障法》第二十一条规定,老年人的婚姻自由受法律保护。子女或者其他亲属不得干涉老年人离婚、再婚及婚后的生活。上述规定主要强调以下两点:①老年人的婚姻自由受法律保护。子女应当尊重父母的婚姻权利,包括离婚和再婚的自主权利。父母是否再婚、与谁结婚应由其自主决定。父母再婚后,子女不得干涉父母婚后的生活,如子女不得干涉父母选择居所或者依法处分个人财产。②子女对父母的赡养义务。子女对父母的赡养义务并无期限限制,也不因父母的婚姻关系变化而终止。只要父母需要赡养,子女就应当履行这一义务。在有赡养能力的子女不履行赡养义务时,没有劳动能力或生活困难的父母,有要求子女给付赡养费的权利。父母可以直接向子女索要赡养费,也可以请求有关组织,如子女所在单位、居民委员会、村民委员会调解,也可以直接向人民法院起诉要求给付赡养费。

(三) 赡养和扶养制度

赡养是指子女、孙子女、外孙子女等晚辈对父母、祖父母、外祖父母等长辈在物质和生活上给予照顾和帮助。"百善孝为先,孝为德之本"。孝敬老人是中华民族的传统美德,赡养老人是每个子女应尽的法定义务,在父母年迈时,子女应当让其安享晚年。成年子女拒绝赡养无劳动能力或生活困难的父母,不仅会受到舆论的谴责,还需承担相应的法律责任。

狭义的扶养是指夫妻双方、兄弟姐妹等同辈之间在物质和生活上的相互帮助。在婚姻关系存续期间,夫妻双方有互相扶养的义务,在一方不履行扶养义务时,另一方有权要求对方给付一定数额的扶养费,这本身对于保障夫妻之间的正常生活,维护婚姻家庭关系的稳定,具有十分重要的意义。

(四) 继承制度

继承制度主要解决家庭成员死亡后遗产的分配问题。继承制度的产生是财务私有化的体现,从我国继承法律制度所确定的继承原则、法定继承人的范围和秩序等规范中体现出了继承制度。一方面在保障私有财产上具有积极意义,另一方面在保障家庭成员基本生活及其相关权益上亦具有重要的作用。继承权的产生和享有,又是以婚姻、家庭和血缘关系为前提,从而使继承制度具有家庭保障属性。继承制度的规则、效力等均由法律明定,又赋予了家庭保障的法律强制力。老年人既可以作为被继承人处分自己的遗产,也可以作为继承人接受亲属的遗产,从而保障其基本生活和相关权益。

第二节 老年人的民事行为能力和监护

一、老年人的民事行为能力

(一)老年人民事行为能力的内涵

老年人的民事行为能力,是指老年人能够做出独立意思表示,实施民事法律行为的能力。行为能力主要与自然人实施法律行为的效力有关。在现实的民事活动中,行为人要能够独立、理性地形成判断,维护自身的合法权益,尊重他人权益并维护社会公益。

我国民法设立自然人的民事行为能力制度,根本目的是维护未成年人和不能辨认自己行为的成年人的利益。自然人具有民事行为能力,一方面要求年龄达到一定的认知标准,具备一定的社会生活经验;另一方面还要求精神状态正常,能够独立自主地进行民事活动。由此,我国民事立法以自然人的年龄和精神健康状况作为判断自然人民事行为能力的依据和标准。具有民事行为能力的人,通常在事实上具有正确认知事物、判断事物和自主决定的能力。

(二)老年人民事行为能力的分类

根据自然人的年龄、智力和精神健康状况,《民法典》将自然人的民事行为能力分为以下三种。

1. 完全民事行为能力 完全民事行为能力,是指具有独立意思表示实施民事行为、行使民事权利和承担民事义务的能力。《民法典》第十七条规定,十八周岁以上的自然人为成年人,不满十八周岁的自然人为未成年人。由于成年人一般具有独立的意思表示,能够独立实施民事活动,而且能够理解行为的含义,理智判断行为的社会后果和法律后果。因此,《民法典》第十八条规定,成年人为完全民事行为能力人,可以独立实施民事法律行为;十六周岁以上的未成年人,以自己的劳动收入为主要生活来源的视为完全民事行为能力人。

老年人均是年满60周岁的成年人,因此大多属于完全民事行为能力人,但部分老年人由于受智力、精神健康状况影响不能或不能完全辨认自己行为,而成为无民事行为能力人或限制民事行为能力人。

2. 限制民事行为能力 限制民事行为能力,是指独立地通过意思表示实施民事行为、行使民事权利和承担民事义务的能力受到一定限制。《民法典》规定,限制民事行为能力人包括两类:①八周岁以上的未成年人。其实施民事法律行为需由其监护人代理或者经其监护人同意、追认,但是可以独立实施与其年龄、智力相适应的或者纯获利的民事法律行为,前者如十岁的未成年人独自去商店购买铅笔的行为;后者如十岁的未成年人收到他人赠与的财物的行为。②不能完全辨认自己行为的成年人。由于智力、精神健康状况的限制,其实施民事法律行为也需要监护人代理或监护人同意、追认,但是可以独立实施与其智力和精神健康状况相适应的或者纯获利的民事法律行为。

不能完全辨认自己行为的老年人是限制民事行为能力人,不能独立自主地实施与其智力、精神健康状况相适应的民事法律行为,需由其监护人代理或者同意、追认,才具有法律效力。

3. 无民事行为能力　无民事行为能力,是指不具有以独立的意思表示实施民事行为、行使民事权利和承担民事义务的能力。《民法典》规定,无民事行为能力人包括三类:①不满八周岁的未成年人;②不能辨认自己行为的成年人;③八周岁以上不能辨认自己行为的未成年人。无民事行为能力人由其监护人代理实施民事法律行为。不能辨认自己行为的老年人是无民事行为能力人,不能独立自主地实施民事法律行为,需由监护人代理才具有法律效力。

当老年人由于受智力、精神健康状况影响而不能或不能完全辨认自己行为时,其利害关系人或者有关组织,可以向人民法院申请认定其为无民事行为能力人或者限制民事行为能力人。被人民法院认定为无民事行为能力人或者限制民事行为能力人的,经本人、利害关系人或者有关组织申请,人民法院可根据其智力、精神健康恢复的状况,认定该成年人恢复为限制民事行为能力人或者完全民事行为能力人。上述规定的有关组织包括:居民委员会、村民委员会、学校、医疗机构、妇女联合会、残疾人联合会、依法设立的老年人组织、民政部门等。

二、老年人的监护

监护是指民法上所规定的为保护无民事行为能力人和限制民事行为能力人的人身、财产及其他合法权益而由特定主体对其予以保护、管理和监督的制度。当老年人受智力、精神健康状况影响不能辨认或者不能完全辨认自己行为,成为无民事行为能力人或限制民事行为能力人时,老年人自身无法正常行使、保护自己的权利,此时需要为老年人设定监护人。

(一) 监护的种类

老年人监护人的设定方式分为法定监护、指定监护和意定监护。

1. 法定监护　法定监护是直接依据法律规定确定老年人的监护人。《民法典》第二十八条规定,当老年人被人民法院宣告为无民事行为能力或限制民事行为能力人时,由下列有监护能力的人按顺序担任监护人:①配偶;②父母、子女;③其他近亲属;④其他愿意担任监护人的个人或者组织,但是须经被监护人住所地的居民委员会、村民委员会或者民政部门同意。前一顺序的人员无监护能力或不适宜担任监护人的,才由下一顺序的人员担任。依法具有监护资格的人之间,在尊重被监护人的真实意愿的情况下,可以协议确定监护人。如果老年人是孤寡老人,没有依法具有监护资格的人时,监护人由民政部门担任,也可以由具备履行监护职责条件的被监护人住所地的居民委员会、村民委员会担任。

2. 指定监护　指定监护是对监护人的确定有争议的(包括都不愿担任或都争抢担任监护人的情况),由有关组织依法为老年人指定监护人。《民法典》第三十一条规定,对监护人的确定有争议的,由被监护人住所地的居民委员会、村民委员会或者民政部门指定监护人,有关当事人对指定不服的,可以向人民法院申请指定监护人,有关当事人也可以直接向人民法院申请指定监护人。居民委员会、村民委员会、民政部门或者人民法院在指定监护人时,应当尊重被监护人的真实意愿,按照最有利于被监护人的原则在依法具有监护资格的人中指定监护人。指定监护人前,老年人的人身权利、财产权利以及其他合法权益处于无人保护状态的,由老年人住所地的居民委员会、村民委员会、法律规定的有关组织或者民政部门担任临时监护人。监护人被指定后,不得擅自变更;擅自变更的,不免除被指定的监护人的责任。

3. 意定监护　意定监护是指具有完全民事行为能力的成年人,可以与其近亲属、其他愿意担任监护人的个人或者组织事先协商,以书面形式确定自己的监护人,在自己丧失或者部分丧失民事行为能力时,由该监护人履行监护职责。意定监护在我国属于较新的监护制度,2017年10月1日施行的《民法总则》首次规定了意定监护制度,后被《民法典》所吸收。该制度是应对老龄化社会的一种积极措施,有助于老年人在丧失行为能力前自主决定监护人,体现了老年人的意思自治,最大限度尊重了老年人的意愿,是尊重和保障人权的表现,同时也有助于解决传统家庭监护模式无法适应现代社会发展的问题。意定监护中担任监护人的可以是有关组织,这为养老服务机构的业务发展留下了很大的制度空间。

老年人办理意定监护应当注意的事项:①作为委托人的老年人应当在丧失或部分丧失民事行为能力前办理;②作为受托人的监护人可以是近亲属,也可以是其他愿意担任监护人的自然人或组织;③双方须签订书面监护协议并进行有效公证。

在确定监护人时,意定监护优先于法定监护。如果老年人未办理意定监护或者意定监护无效或被撤销,则按照法定监护确定老年人的监护人。

需要强调的是,无论是法定监护、指定监护还是意定监护,未被确定为老年人监护人的赡养人、扶养人,依法仍应对老年人承担赡养、扶养义务。

(二) 监护人的职责

监护人的职责是代理被监护人实施民事法律行为,保护被监护人的人身权利、财产权利以及其他合法权利,包括:①保护被监护人的身体健康;②照顾被监护人的生活;③管理和保护被监护人的财产;④代理被监护人进行民事活动;⑤对被监护人进行管理和教育;⑥代理被监护人进行诉讼。

监护人应当按照最有利于被监护人的原则履行监护职责。监护人除为维护被监护人利益外,不得处分被监护人的财产。老年人的监护人履行监护职责,应当最大程度地尊重老年人的真实意愿,保障并协助老年人实施与其智力、精神健康状况相适应的民事法律行为。对老年人有能力独立处理的事务,监护人不得干涉。

监护人依法履行监护职责产生的权利,受法律保护。监护人不履行监护职责或者侵害老年人合法权益的,应当承担法律责任。因发生突发事件等紧急情况,监护人暂时无法履行监护职责,老年人的生活处于无人照料状态的,老年人住所地的居民委员会、村民委员会或者民政部门应当为被监护人安排必要的临时生活照料措施。

(三) 监护人资格的撤销

监护人对老年人不尽监护职责或者实施侵害老年人合法权益的行为的,经有关个人或组织申请,人民法院可以撤销其监护人资格,对老年人安排必要的临时监护措施,并按照最有利于被监护人的原则依法指定监护人。人民法院撤销监护人资格的具体情形有:①监护人实施严重损害被监护人身心健康的行为;②监护人怠于履行监护职责,或者无法履行监护职责且拒绝将监护职责部分或者全部委托给他人,导致被监护人处于危困状态;③监护人实施严重侵害被监护人合法权益的其他行为。

《民法典》规定有权申请撤销监护人资格的有关个人和组织包括:其他依法具有监护资格的人,居民委员会、村民委员会、学校、医疗机构、妇女联合会、残疾人联合会、未成年人保护组织、依法设立的老年人组织、民政部门等。前述个人和民政部门以外的组织未及时向人民法院申请撤销监护人资格的,民政部门应当向人民法院申请。

被监护人的父母或者子女被人民法院撤销监护人资格后,除对被监护人实施故意犯罪的外,确有悔改表现的,经其申请,人民法院可以在尊重被监护人真实意愿的前提下,视情况恢复其监护人资格,人民法院指定的监护人与被监护人的监护关系同时终止。

需要强调的是,依法负担老年人赡养费、扶养费的父母、子女、配偶等,被人民法院撤销监护人资格后,应当继续履行赡养、扶养义务。

第三节　老年人的婚姻自主

一、老年人的婚姻自主权

婚姻自由是我国婚姻制度的首要原则。婚姻自由是指婚姻当事人有权根据法律规定，自主自愿地决定自己的婚姻问题，不受任何人的强迫或者非法干涉。婚姻自由意味着当事人可以选择结婚，可以选择离婚，也可以选择不结婚。在法律层面上，老年人的婚姻关系与其他群体的婚姻关系没有本质差别，法律保护具有同一性，但由于传统观念和现实因素，老年人的婚姻自由时常受到干涉。因此，《老年人权益保障法》第二十一条对老年人婚姻自由进行特别强调，规定老年人的婚姻自由受法律保护，子女或者其他亲属不得干涉老年人离婚、再婚及婚后的生活，赡养人的赡养义务不因老年人的婚姻关系变化而消除。

随着老年人文化水平的提高和对自我价值实现的需求不断提高，老年人除了老有所养、老有所医等生存需求外，追求精神满足越来越成为老年人关注的内容。老年人的婚姻观念也发生着潜移默化的变化，更加追求婚姻生活的质量。不管是结婚、离婚还是再婚，都是老年人追求幸福生活的方式，保障老年人的婚姻自主权对老年人晚年精神健康具有重要意义，是对老年人个人自由的尊重和保护，是以人为本的价值理念的重要体现，也是社会进步的表现。

二、老年婚姻

老年人的情感需求不仅体现在对子女和后代的情感需求，还体现在对异性的情感需求。老年婚姻不仅有利于老年人的身心健康，提高老年人生活质量，也能够减轻子女精神上、经济上的养老压力，有助于降低社会养老负担，促进社会和谐发展。

（一）老年婚姻的缔结

结婚是指男女双方按照法律规定的条件和程序，建立夫妻关系的民事法律行为。要求结婚的男女双方应当亲自到婚姻登记机关申请结婚登记，符合《民法典》规定，完成结婚登记，才能确立婚姻关系。而老年婚姻，是指男女双方都是老年人登记结婚的情况，既包括老年初婚，也包括老年离婚和丧偶后再婚。

1. 结婚的条件　《民法典》规定，男女双方结婚必须符合以下三个要件：①男女双方应当完全自愿，禁止任何一方对另一方加以强迫，禁止任何组织或者个人加以干涉。②达到法定婚龄，男不得早于二十二周岁，女不得早于二十周岁。③必须符合一夫一妻制。《民法典》也规定了结婚的禁止要件，即直系血亲或者三代以内的旁系血亲禁止结婚。在结婚的条件方面，老年婚姻与其他群体婚姻关系在法律上并无本质不同，均适用以上法律规定。

2. 无效婚姻和可撤销婚姻　结婚双方有重婚、有禁止结婚的亲属关系、未到法定婚龄情形之一的，婚姻无效。因胁迫结婚的或一方患有重大疾病不如实告知的，受胁迫方或被隐瞒方可以向人民法院请求撤销婚姻。无效或者被撤销的婚姻自始没有法律约束力，当事人不具有夫妻的权利和义务。同居期间所得的财产，由当事人协议处理，协议不成的，由人民法院根据照顾无过错方的原则判决。对重婚导致的无效婚姻的财产处理，不得侵害合法婚姻当事人的财产权益。婚姻无效或者被撤销的，无过错方有权请求损害赔偿。

3. 事实婚姻　事实婚姻是相对于合法登记的婚姻而言的，是指符合结婚实质要件的男女未办结婚登记手续而以夫妻名义同居生活，群众也认为他们是夫妻的，就构成了事实婚姻。是否依法办理结婚登记手续是区别事实婚姻和法律婚姻的首要标志。事实婚姻与同居关系有着本质的差异。认定事实婚姻和同居关系应参照以下标准：① 1994 年民政部《婚姻登记管理条例》公布实施以前，男女双方已经符合结婚实质要件的，按事实婚姻处理。② 1994 年民政部《婚姻登记管理条例》公布实施以后，男女双方符合结婚实质要件的，双方应当补办结婚登记。根据《民法典》第一千零四十九条规定，补办结婚登记的，婚姻关系的效力从双方均符合法律规定的结婚实质要件时算起。未补办结婚登记的，按同居关系处理。

男女双方属于事实婚姻关系的，虽未登记，但我国法律按照夫妻关系保护双方当事人，而同居关系的当事人法律上并不能被认定为夫妻，我国法律的保护程度较低。双方被认定为同居关系的，同居期间一方死亡，可根据相互扶助的具体情况处理。解除同居关系时，同居生活期间双方共同所得收入和购置的财产，按一般共有财产处理。

由于结婚会引起一系列人身财产关系的变化，进而直接影响到再婚双方及其子女的切身利益，部分老年人倾向采取非婚同居的方式搭伴生活。这种搭伴养老方式，虽然使一部分老年人得到生活和精神上的互助，但老年人同居未遵循婚姻登记制度导致缺乏法律保障，一旦出现问题，易给双方造成经济损失和精神伤害。

（二）老年婚姻夫妻关系

男女双方在符合法定的结婚要件且并不违背禁止要件时，经过合法的登记程序缔结有效的婚姻。老年婚姻的双方在结婚后产生夫妻关系，包括人身关系和财产关系，其中人身关系是主要方面，财产关系从属于人身关系。

1. 老年夫妻间权利义务关系　根据《民法典》规定，老年夫妻间权利义务关系主要包括以下几个方面：①姓名权。老年夫妻双方都有使用自己姓名的权利。②职业、学习、社会活动自由权。老年夫妻双方都有参加生产、工作、学习和社会活动的自由。③日常家事代理权。老年夫妻一方因家庭日常生活需要而实施的民事法律行为，对夫妻双方发生效力，但夫妻一方与相对人另有约定的除外。④扶养的权利义务。老年夫妻之间享有相互扶养的权利，也有相互扶养的义务。一方不履行扶养义务时，需要扶养的一方有要求对方付给扶养费的权利。⑤继承权。老年夫妻双方互为法定继承人，相互享有遗产继承权。

2. 夫妻财产制　夫妻财产制又称婚姻财产制，是指关于夫妻婚前财产和婚后所得财产的归属、管理、使用、收益、处分，以及债务清偿、婚姻解除时财产清算的根据等方面的法律制度，包括法定财产制和约定财产制两种。由于老年婚姻往往涉及婚前财产问题、子女问题、双方信任问题，明确婚后财产归属的基本规则，协商选择夫妻财产制，有利于预防财产纠纷的发生。

（1）法定财产制：在双方未做出有效约定的情况下，根据《民法典》第一千零六十二条，夫妻在婚姻关系存续期间所得的工资、奖金、劳务报酬；生产、经营、投资的收益；知识产权的收益；继承或者受赠的财产，遗嘱或者赠与合同中确定只归一方的财产除外；其他应当归共同所有的财产，均为夫妻的共同财产，归夫妻共同所有，夫妻对共同财产，有平等的处理权。

《民法典》第一千零六十三条规定，夫妻一方的婚前财产；一方因受到人身损害获得的赔偿或者补偿；遗嘱或者赠与合同中确定只归一方的财产；一方专用的生活用品；其他应当归一方的财产，为夫妻一方的财产。

一般情况下，在婚姻关系存续期间，夫妻一方不得请求分割夫妻共同财产，但《民法典》第一千零六十六条规定的两种情形除外：①一方有隐藏、转移、变卖、毁损、挥霍夫妻共同财产或者伪造夫妻共同债务等严重损害夫妻共同财产利益的行为。②一方负有法定扶养义务的人患重大疾病需要医治，另一方不同意支付相关医疗费用。

(2)约定财产制：约定财产制是指男女双方在平等自愿的基础上，以书面形式约定，婚前或者婚后所得财产的归属、管理、使用收益、处分及债务清偿、婚姻解除时财产清算等相关事项，并按约定处理夫妻财产的制度。根据《民法典》，老年婚姻中，夫妻财产约定的财产范围是在结婚前和婚姻关系存续期间的财产。男女双方可以约定婚姻关系存续期间所得的财产以及婚前财产归各自所有、共同所有或者部分各自所有、部分共同所有。夫妻对婚姻关系存续期间所得的财产以及婚前财产的约定，对双方具有法律约束力。

　　老年人办理夫妻财产约定应当满足以下条件：①老年夫妻双方需具备完全民事行为能力，必须亲自约定，不得代理；②须双方自愿；③约定的内容必须合法，不得规避扶养、清偿第三人债务等义务，约定的财产不能超出夫妻财产的范围；④约定应采用书面形式。

案例分析

老年人婚恋诈骗

　　案例简介：吴某，男，65岁，通过征婚广告与某女子见面。逛街时，女子称其母亲身患重病，要求一同探望。医院外，女子接过吴某给的 2 000 元，并找借口独自进入医院。半小时后，女子走出，约吴某第二天到她家做客，暗示备好彩礼。次日上午，女子送给吴某一件衬衫和一条短裤，吴某当即购买了一条价值 1 000 元的连衣裙，还送给女子6 000 元。此时，女子突然接到母亲过世的电话，情绪一下跌入低谷，让吴先生前去购买一包香烟。吴某返回时，女子已经不见，手机也关机。

　　案情分析：骗婚是以婚姻为诱饵诈骗钱财，或用欺骗手段缔结可撤销婚姻的行为，如果骗取他人财物，数额较大的，可能会构成诈骗罪。《最高人民法院关于审理诈骗案件具体应用法律的若干问题的解释》对诈骗罪量刑标准进行了补充：个人诈骗公私财物 2 千元以上的，属于"数额较大"；个人诈骗公私财物 3 万元以上的，属于"数额巨大"；个人诈骗公私财物 20 万元以上的，属于诈骗"数额特别巨大"。《最高人民法院、最高人民检察院关于办理诈骗刑事案件具体应用法律若干问题的解释》规定：诈骗公私财物价值三千元至一万元以上、三万元至十万元以上、五十万元以上的，应当分别认定为刑法第二百六十六条规定的"数额较大""数额巨大""数额特别巨大"。因此，诈骗金额达两千元以上，即可达到骗婚的立案标准。可以请律师或者法律援助，向人民法院提起诉讼追回财产。

三、老年人婚姻解除

　　对于夫妻感情确已破裂的老年人，解除婚姻关系，有助于实现幸福晚年生活。当然，离婚会导致家庭关系和家庭结构发生重大改变，老年人提起离婚请求仍应保持慎重并需满足《民法典》(婚姻家庭编)关于离婚的相关规定。

(一)协议离婚

　　协议离婚是指夫妻双方自愿离婚，在对子女抚养、财产以及债务处理等事项协商一致的基础上，签订书面离婚协议，并亲自到婚姻登记机关申请离婚登记。协议离婚具有注重当事人主观意愿、充分保护当事人个人隐私等诉讼离婚所没有的优势。

　　在夫妻双方协议离婚时，我国法律强制设定"离婚冷静期"。该制度的目的是为协议离婚当事人强制设定一个冷静思考的时间，防止因一时冲动而轻率离婚，导致家庭关系不稳定。根据《民法典》第一千零七十七条规定：自婚姻登记机关收到离婚登记申请之日起三十日内，任何一方不愿意离婚的，可以向婚姻登记机关撤回离婚登记申请。前款规定期限届满后三十日内，双方应当亲自到婚姻登记机关申请发给离婚证；未申请的，视为撤回离婚登记申请。根据该规定，离婚冷静期的适用条件是：①该制度只适用于协议离婚程序，诉讼离婚中不适用。②两个三十日的规定：婚姻登记机关收到离婚登记申请后的三十日内，任何一方不愿意离婚的，可以撤回离婚申请，该三十日为冷静期；冷静期届满后三十日内，双方须再次亲自到婚姻登记机关申请发给离婚证，未申请的，视为撤回离婚登记申请。按照该规定，协议离婚当事人至少需要两次亲自到婚姻登记机关申请离婚登记，才能完成离婚登记。

（二）诉讼离婚

诉讼离婚是指婚姻当事人向人民法院提出离婚请求，由人民法院调解或判决而解除其婚姻关系的一种离婚制度，适用于夫妻一方要求离婚，或者夫妻双方在对子女抚养、财产以及债务处理等事项无法达成一致的情况。根据《民法典》第一千零七十九条，人民法院审理离婚案件，应当进行调解，如果感情确已破裂，调解无效的，应当准予离婚。有下列情形之一，调解无效的，应当准予离婚：①重婚或者与他人同居；②实施家庭暴力或者虐待、遗弃家庭成员；③有赌博、吸毒等恶习屡教不改；④因感情不和分居满二年；⑤其他导致夫妻感情破裂的情形。一方被宣告失踪，另一方提起离婚诉讼的，应当准予离婚。经人民法院判决不准离婚后，双方又分居满一年，一方再次提起离婚诉讼的，应当准予离婚。

根据《民法典》第一千零八十条，完成离婚登记，或者离婚判决书、调解书生效，即解除婚姻关系。

（三）老年人离婚的法律后果

1. 老年人离婚后的财产分割

（1）夫妻共同财产分割：《民法典》第一千零八十七条规定，离婚时，夫妻的共同财产由双方协议处理；协议不成的，由人民法院根据财产的具体情况，按照照顾子女、女方和无过错方权益的原则判决。同时，为保护夫妻双方的财产权益，《民法典》第一千零九十二条规定，夫妻一方隐藏、转移、变卖、毁损、挥霍夫妻共同财产，或者伪造夫妻共同债务企图侵占另一方财产的，在离婚分割夫妻共同财产时，对该方可以少分或者不分。离婚后，另一方发现有上述行为的，可以向人民法院提起诉讼，请求再次分割夫妻共同财产。

（2）夫妻对外债务的清偿：《民法典》第一千零八十九条规定，离婚时，夫妻共同债务应当共同偿还。共同财产不足清偿或者财产归各自所有的，由双方协议清偿；协议不成的，由人民法院判决。

（3）离婚家务补偿：《民法典》第一千零八十八条规定，夫妻一方因抚育子女、照料老年人、协助另一方工作等负担较多义务的，离婚时有权向另一方请求补偿，另一方应当给予补偿。具体办法由双方协议；协议不成的，由人民法院判决。

2. 老年人离婚后的父母子女关系　离婚只能消除夫妻关系，不能消除父母子女关系。离婚后，子女无论由父或母直接抚养，父母仍对于子女有抚养和教育的权利和义务。同时，子女对于父母的赡养义务不因老年人的婚姻关系变化而消除。

3. 离婚救济制度　离婚救济制度是指在离婚财产分割制度之外，为夫妻离婚时处于困境的一方或权利受到损害的一方提供的法律救济，其目的是实现社会公平。

（1）离婚经济帮助：《民法典》第一千零九十条规定，离婚时，如果一方生活困难，有负担能力的另一方应当给予适当帮助。具体办法由双方协议；协议不成的，由人民法院判决。

（2）离婚损害赔偿：离婚损害赔偿是指夫妻一方因法定的过错行为而给他方造成物质或精神上的损害并导致离婚的，在离婚时无过错方所受的损失，有过错方应承担的民事赔偿责任。《民法典》第一千零九十一条规定,有下列情形之一,导致离婚的,无过错方有权请求损害赔偿:①重婚;②与他人同居;③实施家庭暴力;④虐待、遗弃家庭成员;⑤有其他重大过错。

第四节　老年人的赡养和扶养

一、老年人赡养和扶养的概念

老年人的赡养和扶养,是指老年人有从子女及其他依法负有赡养或扶养义务的主体得到关心和照料等的权利。

(一) 赡养

赡养,主要指赡养义务人为老年人在经济上提供必需的生活用品和费用,并在生活上和精神上关心、扶助和照料老年人的行为。赡养义务是义务人对老年人的基本义务。《老年人权益保障法》第十九条规定,赡养人不得以放弃继承权或者其他理由,拒绝履行赡养义务。赡养人不履行赡养义务,老年人有要求赡养人付给赡养费等权利。赡养人不得要求老年人承担力不能及的劳动。为防止赡养纠纷的发生,保障老年人的权益,《老年人权益保障法》第二十条规定,经老年人同意,赡养人之间可以就履行赡养义务签订协议,赡养协议的内容不得违反法律的规定和老年人的意愿。由基层群众性自治组织、老年人组织或者赡养人所在单位监督协议的履行。

(二) 扶养

扶养则有广义与狭义之分。狭义的扶养仅指平辈之间的扶养义务,如夫妻、兄弟姐妹之间。广义的扶养除了包括狭义的平辈之间的扶养外,还包括晚辈对长辈的赡养和长辈对晚辈的抚养。本书仅指狭义的扶养。《民法典》第一千零五十九条规定,夫妻有相互扶养的义务。需要扶养的一方,在另一方不履行扶养义务时,有要求其给付扶养费的权利。《老年人权益保障法》第二十三条规定,老年人与配偶有相互扶养的义务。由兄、姐扶养的弟、妹成年后,有负担能力的,对年老无赡养人的兄、姐有扶养的义务。

案例分析

夫妻有相互扶养的义务

案情简介:王某(男)与张某(女)于 1991 年登记结婚,婚后未育有子女。2005 年因家庭关系不睦,张某在外租房居住。2008 年王某因车祸导致部分头盖骨头缺失,目前尚未修复,其生活来源一直靠胞姐弟救济。张某多年依靠打零工生活。目前王某未办理低保,亦无养老保险金,张某目前每月养老退休金为 2 000 元。现王某还患有轻度卒中、高血压等疾病,张某患有椎间盘后突出、颈椎退行性病变等疾病。王某向法院起诉要求判令张某给付扶养费(按每月 750 元的标准),从起诉之日起给付至其亡故时。

裁判结果:王某与张某为合法夫妻,现王某因长期患病且无稳定的经济来源致其生活困难,作为妻子的张某理应对王某承担法定的扶养义务。法院经审理认为,王某与张某双方现均已丧失劳动能力,综合考虑张某养老金金额、本人年龄和身体状况等情况,酌定由张某按每月 200 元的标准向王某支付扶养费。

二、老年人的赡养义务人

赡养义务人是指对老年人负有赡养义务的人。《老年人权益保障法》第十四条规定,赡养人是指老年人的子女以及其他依法负有赡养义务的人。

(一) 子女

子女包括婚生子女、非婚生子女、养子女和受继父母抚养教育的继子女。

1. 子女 子女是老年人的主要赡养义务人,这既是道德观念的要求,也是我国法律的规定。我国《宪法》第四十九条规定,成年子女有赡养扶助父母的义务。《民法典》第二十六条第二款规定,成年子女对父母负有赡养、扶助和保护的义务。子女对父母的赡养义务,不仅发生在婚生子女与父母间,而且也发生在非婚生子女与父母间,养子女与养父母间,继子女与履行了抚养教育义务的继父母之间。

2. 非婚生子女 非婚生子女,是相对于婚生子女而言的。因生育行为存在婚内生育和婚外生育的区分,所生子女也就有了婚生和非婚生之别,出现了婚生子女和非婚生子女的概念。其中,非婚生子女是指没有婚姻关系的男女所生的子女。现实中主要包括以下几种情况:未婚男女所生子女、已婚男女与第三人所生子女、无效婚姻或可撤销婚姻当事人所生子女等。《民法典》第一千零七十一条规定,非婚生子女享有与婚生子女同等的权利,任何组织或者个人不得加以危害和歧视。《民法典》虽仅规定非婚生子女与婚生子女享有同等权利,但根据权利义务相一致的法律原则,非婚生子女对生父母亦承担赡养义务。

3. 养子女 《民法典》第一千一百一十一条规定,自收养关系成立之日起,养父母与养子女间的权利义务关系,适用本法关于父母子女关系的规定,即养子女需对养父母承担赡养义务。

4. 继子女 《民法典》第一千零七十二条第二款规定,继父或者继母和受其抚养教育的继子女间的权利义务关系,适用本法关于父母子女关系的规定。因此,受继父母抚养教育的继子女对继父母承担赡养义务。需要指出的是,即使生父母与继父母离婚,受继父母抚养教育长大的继子女仍对于继父母负有赡养义务。同时,未受继父母抚养教育的继子女,没有赡养继父母的法定义务。但是,对于继子女主动承担赡养扶助义务的行为应当予以鼓励支持。

(二) 其他依法负有赡养义务的人

其他依法负有赡养义务的人主要指孙子女、外孙子女。《民法典》第一千零七十四条第二款规定,有负担能力的孙子女、外孙子女,对于子女已经死亡或者子女无力赡养的祖父母、外祖父母,有赡养的义务。因此,孙子女、外孙子女承担赡养祖父母、外祖父母义务的法律条件是:①被赡养人的子女死亡或无赡养能力;②被赡养人生活困难需要被赡养;③孙子女、外孙子女具有负担能力。需要说明的是,虽然《民法典》只明确规定的是孙子女、外孙子女在一定条件的赡养义务,但是不论是从我国尊祖敬祖的传统道德上,还是从法律逻辑上,孙子女、外孙子女的赡养义务应当不受辈数限制。也即,曾孙子女、外曾孙子女在符合上述条件时对曾祖父母、外曾祖父母也有赡养义务。

拓展阅读

儿媳或女婿是否对公婆、岳父母负有赡养义务?

儿媳或女婿与公婆、岳父母之间属于姻亲关系。根据《老年人权益保障法》第十四条规定,赡养人的配偶应当协助赡养人履行赡养义务。因此在婚姻关系存续期间,儿媳或女婿应当协助配偶对公婆、岳父母履行赡养义务。若儿媳或女婿不履行协助义务,根据《民法典》第一千零六十六条规定,婚姻关系存续期间,夫妻一方负有法定扶养义务的人患重大疾病需要医治,另一方不同意支付相关医疗费用的,夫妻一方可以向人民法院请求分割共同财产。此外,姻亲关系因离婚或夫妻一方死亡而解除时,丧偶儿媳或女婿对前公婆、岳父母并无法定赡养义务。但根据《民法典》第一千一百二十九条规定丧偶儿媳对公婆、丧偶女婿对岳父母,尽了主要赡养义务的,可以作为第一顺序继承人。

三、老年人的扶养义务人

《老年人权益保障法》规定,老年人的扶养义务人范围包括以下几类。

(一) 配偶

夫妻之间具有扶养义务。《民法典》第一千零五十九条规定,夫妻有相互扶养的义务。需要扶养的一方,在另一方不履行扶养义务时,有要求其给付扶养费的权利。

(二) 由兄、姐扶养长大的弟、妹

兄弟姐妹为手足之情,相互关心、相互照顾亦是传统道德所倡颂。但是,在通常情况下,兄弟姐妹间的扶养义务为道德义务。只有符合法律规定的特殊情况,才转化为法律义务。《民法典》第一千零七十五条规定,有负担能力的兄、姐,对于父母已经死亡或者父母无力抚养的未成年弟、妹,有扶养的义务。由兄、姐扶养长大的有负担能力的弟、妹,对于缺乏劳动能力又缺乏生活来源的兄、姐,有扶养的义务。因此,弟妹对兄姐法律上的扶养义务须满足以下条件:①弟、妹系由兄、姐扶养长大;②兄、姐缺乏劳动能力又缺乏生活来源;③弟、妹有负担能力。其中"缺乏生活来源"包括但不限于《老年人权益保障法》所规定的"年老无人赡养"。另外,根据民法典继承编的规定,兄弟姐妹包括同父母的兄弟姐妹、同父异母或者同母异父的兄弟姐妹、养兄弟姐妹、有扶养关系的继兄弟姐妹。根据权利义务相一致的原则,上述兄弟姐妹之间在符合《民法典》和《老年人权益保障法》规定的条件时,亦应对兄姐承担扶养义务。

如果弟妹非由兄姐扶养长大,而兄姐缺乏劳动能力又缺乏生活来源,或者年老无人赡养,此时弟妹是否对兄姐有扶养义务?上述情形并非一概而论。如果年老的兄姐因精神疾病变成无民事行为能力或者限制民事行为能力人的,在符合法律规定条件的情况下,可由成年的弟妹担任其监护人,对兄姐履行监护职责,担负扶养义务。当然,如果上述情形都不符合的情况,弟妹对兄姐仅承担道德上的义务。

四、家庭赡养和扶养的内容

《老年人权益保障法》第十四条规定,赡养人应当履行对老年人经济上供养、生活上照料和精神上慰藉的义务,照顾老年人的特殊需要。这是我国立法对赡养义务内容的规定。而扶养义务和赡养义务只是义务人范围不同,义务内容方面应当是一致的。因此,老年人的家庭赡养和扶养是指老年人享有的获得赡养、扶养义务人对其进行经济供养、生活照料、精神慰藉以及照顾特殊需要的权利。具体内容如下:

(一) 获得经济供养的权利

经济供养是指赡养人、扶养人在经济上负担老年人的生活支出,维持老年人生活的义务。该义务是赡养人、扶养人的首要义务。但需要注意的是,这种经济供养不是仅仅维持老年人的基本生存,而是要根据赡养人、扶养人的负担能力,让老年人的生活水平和生活质量

随着社会发展逐步提高。如果赡养人、扶养人和老年人共同居住生活,赡养人、扶养人应当提供必要的衣、食、住、行条件。如果无法与老年人共同居住生活,则应当提供赡养费用、生活资料,保障老年人的生活水平不低于赡养人的生活水平。

在居住保障方面,《老年人权益保障法》第十六条规定,赡养人应当妥善安排老年人的住房,不得强迫老年人居住或者迁居条件低劣的房屋。老年人自有的或者承租的住房,子女或者其他亲属不得侵占,不得擅自改变产权关系或者租赁关系。老年人自有的住房,赡养人有维修的义务。

在农村老年人供养方式方面,《老年人权益保障法》允许赡养人以提供劳务的方式进行供养。该法第十七条规定,赡养人有义务耕种或者委托他人耕种老年人承包的田地,照管或者委托他人照管老年人的林木和牲畜等,收益归老年人所有。这是符合农村的实际情况和农村老年人的赡养需求的。

(二) 获得生活照料的权利

生活照料是赡养人、扶养人对老年人在饮食、起居、清洁、卫生等方面提供照料。生活照料不仅包括日常生活照料,还包括老年人患病及失能时,对老年人进行的医疗陪护、康复等方面的特殊照料。《老年人权益保障法》第十五条规定,赡养人应当使患病的老年人及时得到治疗和护理;对经济困难的老年人,应当提供医疗费用。对生活不能自理的老年人,赡养人应当承担照料责任;不能亲自照料的,可以按照老年人的意愿委托他人或者养老机构等照料。

(三) 获得精神慰藉的权利

精神慰藉是赡养人、扶养人满足老年人精神、情感、心理等方面的需求,可以独立存在,也可以融入经济供养和生活照料之中。在"空巢老人"愈发普遍的情况下,老年人通常缺少与子女和社会的充分交流,容易长期处于精神孤寂状态,甚至产生心理疾病。当前,政府和社会为老年人提供越来越多的娱乐设施和放松渠道,但老年人从家庭成员获得的精神慰藉与满足是其他措施难以替代的。《老年人权益保障法》第十八条规定,家庭成员应当关心老年人的精神需求,不得忽视、冷落老年人。与老年人分开居住的家庭成员,应当经常看望或者问候老年人。用人单位应当按照国家有关规定保障赡养人探亲休假的权利。这被称为"常回家看看"条款。该条款对保障老年人获得精神慰藉具有重要的意义。

(四) 获得特殊照顾的权利

特殊照顾是指在老年人由于年老体弱出现行动、语言、听力、视力、智力、心理等方面的障碍时,会产生一些不同于常人的特殊需求,赡养人、扶养人应当予以照顾和满足。

第五节 老年人的继承

一、老年人财产继承的概念

《民法典》第一千一百二十二条规定,遗产是自然人死亡时遗留的个人合法财产。依照法律规定或者根据其性质不得继承的遗产,不得继承。继承是自然人死亡后,由法定范围的近亲属依据法律规定或遗嘱指定,承受死者个人合法财产的法律制度。继承以继承人享有继承权为前提。继承权是以一定身份关系为前提的财产权。《民法典》第一百二十四条规定,自然人依法享有继承权。自然人合法的私有财产,可以依法继承。第一千一百二十条规定,国家保护自然人的继承权。老年人作为继承人时具有继承相关被继承人遗产的权利。

《老年人权益保障法》第二十二条规定,老年人有依法继承父母、配偶、子女或者其他亲属遗产的权利,有接受赠与的权利。子女或者其他亲属不得侵占、抢夺、转移、隐匿或者损毁应当由老年人继承或者接受赠与的财产。老年人以遗嘱处分财产,应当依法为老年配偶保留必要的份额。

《民法典》规定,遗产的承受分为法定继承、遗嘱继承和遗赠等方式。老年人作为遗产的被继承人时,除法定继承外,遗嘱继承和遗赠应充分尊重遗嘱人意愿,老年人可以在有生之年自由地处置遗产。此外,财产继承制度也有助于约束赡养义务人行为,督促其切实履行赡养义务,保障老年人的晚年生活。根据《民法典》第一千一百二十五条的规定,子女在继承老年人遗产中,有下列行为的,丧失继承权:①故意杀害被继承人;②为争夺遗产而杀害其他继承人;③遗弃被继承人,或者虐待被继承人情节严重;④伪造、篡改、隐匿或者销毁遗嘱,情节严重;⑤以欺诈、胁迫手段迫使或者妨碍被继承人设立、变更或者撤回遗嘱,情节严重。继承人有前款第三项至第五项行为,确有悔改表现,被继承人表示宽恕或者事后在遗嘱中将其列为继承人的,该继承人不丧失继承权。

二、法定继承

(一)法定继承的概念

法定继承,是指在没有遗赠扶养协议和遗嘱,或者遗赠扶养协议或遗嘱无效的情况下,继承人依据法律确定的继承人范围、继承顺序以及遗产分配的原则,取得被继承人遗产的继承方式。

依据《民法典》第一千一百五十四条,有下列情形之一的,遗产中的有关部分按照法定继承办理:①遗嘱继承人放弃继承或者受遗赠人放弃受遗赠;②遗嘱继承人丧失继承权或者受遗赠人丧失受遗赠权;③遗嘱继承人、受遗赠人先于遗嘱人死亡或者终止;④遗嘱无效部分所涉及的遗产;⑤遗嘱未处分的遗产。

(二)法定继承人的范围

1. 法定继承人的一般范围　法定继承人是被继承人的近亲属,并且根据亲属远近关系分为第一顺序和第二顺序。当存有第一顺序的继承人时,第二顺序的继承人不能参与遗产继承。只有第一顺序继承人均不存在,或均放弃继承,或均丧失继承权,第二顺序继承人才能参加继承。同一顺序的继承人地位平等。

法定继承人的范围,《民法典》第一千一百二十七条规定,第一顺序的继承人包括配偶、子女、父母。其中"子女"包括婚生子女、非婚生子女、养子女和有扶养关系的继子女。"父母"包括生父母、养父母和有扶养关系的继父母。另外,根据《民法典》一千一百二十九条规定,丧偶儿媳对公婆,丧偶女婿对岳父母,尽了主要赡养义务的,作为第一顺序继承人参与继承。第二顺序的继承人包括兄弟姐妹、祖父母、外祖父母。其中"兄弟姐妹",包括同父母的兄弟姐妹、同父异母或者同母异父的兄弟姐妹、养兄弟姐妹、有扶养关系的继兄弟姐妹。

2. 法定继承人的特殊情况

(1)有扶养关系的继子女、继父母:通常是指继父母将继子女抚养长大,继父母对继子女尽到抚养义务,作为继子女对继父母也应尽赡养义务,相互间形成了类似于亲生父母子女的关系,因此相互之间有继承权。但需要注意的是,我国立法采用了含义更广的"扶养"一词,而非"抚养"。若老年人再婚,未与已成年的继子女形成"抚养"关系的,通常情况下,相互间不具有继承权。但是,若已成年的继子女对继父母尽到了主要"扶养"义务的(如继父母没有亲生子女,或均已去世),该继子女与继父母之间的继承关系可以有两种处理方式:①按照《民法典》第一千一百三十一条,继子女可以作为继承人以外的对被继承人扶养较多的人,适当分得继父母遗产;继父母可以作为继承人以外的依靠被继承人扶养的人,适当分得继子女遗产。②将二者看作形成"扶养"关系的继父母子女关系。继子女由于对继父母尽了主要"赡养"义务,可以作为继父母的第一顺序的法定继承人。继父母未对继子女尽过"抚养"义务,根据权利义务相一致的原则,此时继父母不宜作为继子女的第一顺序法定继承人,若有必要,可以根据《民法典》第一千一百三十一条作为适当分得遗产人予以保护。

(2)有扶养关系的继兄弟姐妹:是指继兄弟姐妹之间形成扶养关系,而非指各自父或母与对方形成扶养关系。《最高人民法院关于适用〈中华人民共和国民法典〉继承编的解释(一)》第十三条规定,继兄弟姐妹之间的继承权,因继兄弟姐妹之间的扶养关系而发生。没有扶养关系的,不能互为第二顺序继承人。继兄弟姐妹之间相互继承了遗产的,不影响其继承亲兄弟姐妹的遗产。

(3)继子女和亲生父母之间:形成扶养关系的继子女,既可以继承继父母遗产,也可以继承亲生父母的遗产,继子女和亲生父母之间的继承关系不受影响。《最高人民法院关于适用〈中华人民共和国民法典〉继承编的解释(一)》第十一条规定,继子女继承了继父母遗产的,不影响其继承生父母的遗产。继父母继承了继子女遗产的,不影响其继承生子女的遗产。

(4)养子女和亲生父母之间:养子女和亲生父母之间无继承权。但是,为了鼓励赡养老人,如果养子女对亲生父母尽到较多扶养义务的,可以按照《民法典》第一千一百三十一条,作为继承人以外的对被继承人扶养较多的人,适当分得亲生父母遗产。《最高人民法院关于适用〈中华人民共和国民法典〉继承编的解释(一)》第十条规定,被收养人对养父母尽了赡养义务,同时又对生父母扶养较多的,除可以依照《民法典》第一千一百二十七条的规定继承养父母的遗产外,还可以依照《民法典》第一千一百三十一条的规定分得生父母适当的遗产。

(5)收养他人为孙子女的:视为养父母与养子女的关系,可以互为第一顺序继承人。

三、代位继承和转继承

(一)代位继承的概念

代位继承,是指在法定继承中,被继承人的子女先于被继承人死亡时,本应由该子女继承的遗产,由其晚辈直系血亲代位继承的法律制度。因此,在满足代位继承条件的情况下,孙子女、外孙子女可以成为祖父母、外祖父母的第一顺序的法定继承人。我国《民法典》生效之前,被代位人只能是被继承人的子女,《民法典》之后,被代位人扩展到被继承人的兄弟姐妹。因为,独生子女政策实施多年后,可能会出现没有孙子女或外孙子女的失独老人,或者独生子女丧失继承权后,被继承人遗产无人继承、收归国家的状况多发。

(二)代位继承的适用条件

代位继承的适用条件是:①代位继承只适用于法定继承中,遗嘱继承和遗赠中不适用。②被代位人只能是被继承人的子女或兄弟姐妹,其他继承人如配偶、父母、祖父母、外祖父母先于被继承人死亡的,不发生代位继承。③代位继承人是被继承人子女的晚辈直系血亲或兄弟姐妹的子女,前者不受辈数限制,后者只能是兄弟姐妹的子女,即侄子侄女、外甥外甥女。并且需要注意的是,被继承人子女的晚辈直系血亲是第一顺序的代位继承人,兄弟姐妹的子女是第二顺序的代位继承人,如果存在前者,后者是不能代位继承的。④被代位人生前享有继承权。

(三)转继承

转继承,是指继承人在继承开始后,遗产分割前死亡的,其应继承的遗产由他的合法继承人继承的制度。转继承的发生主要是因为遗产没有及时分割所致,如甲在老家的父母去世,未留遗嘱,留下一套房屋一直被其弟弟乙居住使用,后甲去世,则甲的继承人可以转继承甲对该房屋应当继承的份额。

四、遗嘱继承和遗赠

(一)遗嘱继承和遗赠的概念

遗嘱继承,是指在继承开始后,继承人按照被继承人合法有效的遗嘱,继承被继承人遗产的继承方式。遗赠,是指自然人生前订立遗嘱,将其个人财产赠与法定继承人以外的自然人或者国家、集体,并在死后生效的单方法律行为。从上述概念看,遗嘱继承和遗赠都是以被继承人生前留有合法有效遗嘱为前提的,二者区别在于将遗产留给法定继承人的为遗嘱继承,留给法定继承人以外的人的为遗赠。

遗嘱继承和遗赠能否顺利进行,关键看被继承人所订立的遗嘱是否合法有效。根据我国法律规定,遗嘱有效须满足下列条件:①遗嘱人应当具有遗嘱能力,即具有完全民事行为能力,无民事行为能力人或者限制民事行为能力人所立的遗嘱无效;②遗嘱是遗嘱人的真实意思表示,受欺诈、胁迫所立的遗嘱无效;③遗嘱形式符合法律规定;④遗嘱内容合法,没有违背法律的强制性规定,如遗嘱处分的应是个人合法财产,并且依法为胎儿、缺乏劳动能力又没有生活来源的人保留必留份额。《老年人权益保障法》第二十二条第三款强调,老年人以遗嘱处分财产,应当依法为老年配偶保留必要的份额。

(二)遗嘱的形式

遗嘱的形式是遗嘱人表达处分其财产的意思表示的方式。老年人有权自主、自愿订立处分个人财产的遗嘱。为了防止争议,遗嘱为要式法律行为,必须满足法定的形式要件。

根据《民法典》的规定,遗嘱的形式及要求有:①自书遗嘱。自书遗嘱由遗嘱人亲笔书写,签名,注明年、月、日。②代书遗嘱。代书遗嘱应当有两个以上见证人在场见证,由其中一人代书,并由遗嘱人、代书人和其他见证人签名,注明年、月、日。③打印遗嘱。打印遗嘱应当有两个以上见证人在场见证。遗嘱人和见证人应当在遗嘱每一页签名,注明年、月、日。④录音录像遗嘱。以录音录像形式立的遗嘱,应当有两个以上见证人在场见证。遗嘱人和见证人应当在录音录像中记录其姓名或者肖像,以及年、月、日。⑤口头遗嘱。遗嘱人在危急情况下,可以立口头遗嘱。口头遗嘱应当有两个以上见证人在场见证。危急情况消除后,遗嘱人能够以书面或者录音录像形式立遗嘱的,所立的口头遗嘱无效。⑥公证遗嘱。公证遗嘱是指依据公证程序和方式所订立的遗嘱。公证遗嘱由遗嘱人经公证机构办理。

除了自书遗嘱外,其他形式的遗嘱都需要有见证人。见证人需要满足特定的条件,下列人员不能作为遗嘱见证人:①无民事行为能力人、限制民事行为能力人以及其他不具有见证能力的人;②继承人、受遗赠人;③与继承人、受遗赠人有利害关系的人。

遗嘱人可以撤回、变更自己所立的遗嘱。立遗嘱后,遗嘱人实施与遗嘱内容相反的民事法律行为的,视为对遗嘱相关内容的撤回。遗嘱人立有数份遗嘱,内容相抵触的,以最后的遗嘱为准。

如果丧偶老年人再婚,易产生复杂的财产继承关系问题。丧偶后,老年人名下房屋若为夫妻共同财产,则因配偶去世,其配偶部分应由子女和生存一方老年人共同继承。但由于生存一方老年人仍居住使用该房屋,绝大多数情况下,该房屋不会进行分割。老年人若选择再婚,其持有的部分作为婚前财产仍为其个人财产。但若该老年人去世,且未留下遗嘱,其持有部分将作为遗产由其子女和作为配偶的"后老伴"共同继承。"后老伴"再去世,则"后老伴"的子女将作为继承人继承"后老伴"所持有的部分。由此引发的各类纠纷案例时有发生,因此,为预防此类纠纷的发生,当老年人再婚时,建议尽量采取婚前财产协议和订立遗嘱的方式对财产提前做好安排。

(三)遗赠扶养协议

遗赠扶养协议,是指遗赠人和扶养人(包括组织)签订的,遗赠人的全部或部分财产在其死亡后按协议约定转移给扶养人所有,扶养人承担对遗赠人生养死葬义务的协议。遗赠扶养协议的一方当事人是需要被扶养的自然人,另一方可以是法定继承人以外的自然人,也可以是一定的组织,如村民委员会、居民委员会、养老服务机构等。需要注意的是,如果双方存在法定的扶养义务,则不能成立遗赠扶养协议,因为存在法定扶养义务的人是依法承担扶养义务,而不是依据协议承担扶养义务。《老年人权益保障法》第三十六条规定,老年人可以与集体经济组织、基层群众性自治组织、养老机构等组织或者个人签订遗赠扶养协议或者其他扶助协议。负有扶养义务的组织或者个人按照遗赠扶养协议,承担该老年人生养死葬的义务,享有受遗赠的权利。

遗赠扶养协议的效力优于遗嘱继承和法定继承。继承开始后,应先执行遗赠扶养协议,然后再按照遗嘱继承和法定继承处理遗产。《最高人民法院关于适用〈中华人民共和国民法典〉继承编的解释(一)》第三条规定,被继承人生前与他人订有遗赠扶养协议,同时又立有遗嘱的,继承开始后,如果遗赠扶养协议与遗嘱没有抵触,遗产分别按协议和遗嘱处理;如果有抵触,按协议处理,与协议抵触的遗嘱全部或者部分无效。

复习思考题

1. 老年人受赡养权的内容包括哪些?
2. 老年人的婚姻自主权如何实现?
3. 我国《民法典》规定的法定继承人的范围包括哪些?
4. 遗嘱的形式有哪些?
5. 如何保障老年人的家庭权益?

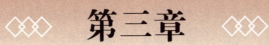

第三章

老年人社会参与保障政策法规

学习目标

知识目标

掌握老年人社会参与的内涵、意义和方式；老年人劳动保障、教育保障、社会志愿服务的内涵和意义；熟悉我国老年人劳动保障、教育保障、社会志愿服务相关政策法规。

能力目标

能帮助老年人处理劳动纠纷，为老年人维权提供基础的法律援助和相关途径建议；能解答和处理涉及老年人劳动权益、教育权益、志愿服务的实际问题。

素质目标

了解国家有关老年人社会参与保障的相关政策，为老年人社会参与提供必要支持。

课程思政目标

树立尊重老年人社会参与的价值理念，增强权利意识与法治观念，鼓励老年人社会参与，实现老有所乐。

老有所为是推进社会进步发展的正能量，是巩固和维护社会家庭和谐稳定的重要组成部分，是促进社会政治文明、精神文明、物质文明建设不可或缺的重要环节。"老有所为"的关键是社会参与。鼓励老年人社会参与，使其参与社会事业和社会发展，努力实现自身价值，有利于提升老年人幸福感、获得感，进而实现老有所乐。

第一节　概　　述

一、老年人社会参与的概念与意义

（一）老年人社会参与的概念

老年人社会参与是指老年人在社会互动过程中，通过参与经济劳动、政治活动、志愿活动、家庭照料活动等一切有益于社会的活动，以满足自身需求、实现自身价值的行为。社会参与有广义和狭义之分。广义的"社会参与"是指个体以多种方式直接或者间接参与非职业性经济社会活动的行为，包括经济、政治、文化和社会生活等方面；狭义的"社会参与"则局限在家庭、社区等相关社会生活场域之内。两者均强调参与行为对社会和个人发展的价值。

笔记栏

《老年人权益保障法》第六十六条规定,国家和社会应当重视、珍惜老年人的知识、技能、经验和优良品德,发挥老年人的专长和作用,保障老年人参与经济、政治、文化和社会生活。第六十九条规定,国家为老年人参与社会发展创造条件,根据社会需要和可能,鼓励老年人在自愿和量力的情况下,从事的社会活动包括:①对青少年和儿童进行社会主义、爱国主义、集体主义和艰苦奋斗等优良传统教育;②传授文化和科技知识;③提供咨询服务;④依法参与科技开发和应用;⑤依法从事经营和生产活动;⑥参加志愿服务、兴办社会公益事业;⑦参与维护社会治安、协助调解民间纠纷;⑧参加其他社会活动。

(二)老年人社会参与的意义

2001年第五十四届世界卫生大会颁布"国际功能、残疾和健康分类"评价体系,将社会参与作为重要指标之一。2002年联合国第二次老龄问题世界大会通过《2002年老龄问题国际行动计划》,将健康、保障和参与作为老龄化政策和行动的基本支柱,力求使老年人充分融入和参与社会,被正式纳入积极老龄化全球战略。老年人社会参与是践行积极老龄观的核心内容,社会参与程度是衡量老年人生活质量的标准之一。良好的社会参与有利于提高老年人的生活质量,满足其自我实现、自我发展的需要,对促进老年人的社会适应及提高其生理、心理、社会健康水平尤为重要。此外,老年人需要在社会参与过程中维系社会关系,实现社会价值,保持互惠性、活动性和独立性。老年人参与社会有利于充分发挥其人力资源作用,特别是通过提供一些社会公益性劳动,在经济活动中创造新的劳动价值,为社会发展做出积极贡献。

二、老年人社会参与的方式

根据2002年4月世界卫生组织发布的《积极老龄化:政策框架》(Active Ageing:A Policy Framework),"积极"是指"不断参与社会、经济、文化、精神和公民事务,不仅指身体活动的能力或参加体力劳动的能力"。"参与"是指"劳务市场、就业、教育、卫生及社会政策和项目根据个人的基本人权、能力、需要和喜好,支持老年人参与社会经济、文化和精神活动,人们在进入老年以后还可以通过收入性的和非收入性的活动为社会继续做出生产性的贡献"。广义的社会参与涵盖老年人能参与的各项活动,包括经济参与、政治参与、文化参与、社会活动参与、家庭劳动参与等。

(一)经济参与

《老年人权益保障法》第六十九条提出的"提供咨询服务、依法参与科技开发和应用、依法从事经营和生产活动"属于老年人的经济参与。此外,老年人继续劳动或者再就业是积极老龄化的重要表现,也是老年人参与社会的主要途径之一。《老年人权益保障法》第七十条规定,老年人参加劳动的合法收入受法律保护,任何单位和个人不得安排老年人从事危害其身心健康的劳动或者危险作业。

(二)政治参与

政治权利是《宪法》赋予全体公民的权利。我国《宪法》规定,公民的政治权利包括选举与被选举权,言论、出版、集会、结社、游行、示威自由的权利,担任国家机关职务的权利,担任国有公司、企业、事业单位和人民团体领导的权利等。老年人参与政治生活是实现和维护自身政治权利的过程。随着人口老龄化进程的不断推进,老年群体在政治生活中扮演的角色也越来越重要。

老年人参与政治生活的途径既包括通过老年人的社会组织参与,也包括直接参加政治活动。《老年人权益保障法》明确保护老年人参与制定涉及老年人权益重大问题的法律与政策的权利,以及向国家机关提出老年人权益保障、老龄事业发展等方面的意见和建议的权利。在实践中,老年人参与包括村委会、社区等基层治理活动,不仅有利于维系社区共同体的认同感、提升凝聚力,也有利于构建老年友好型社会。

(三) 文化参与

老年人的文化参与包括对青少年儿童进行社会主义、爱国主义、集体主义和艰苦奋斗等优良传统教育,传授文化和科技知识,接受继续教育等。老年教育是老年文化的核心组成部分,学习和教育是提升老年人能力及人力资本的必经途径,有助于老年人积极、有尊严地参与到社会发展中。

需要注意的是,老年人的自我教育、自我娱乐、自我锻炼等活动,属于老年人个人的自我服务和自我提高的范围,不属于参与社会发展的范畴。

(四) 社会生活参与

随着老年人社会参与需求的增加,在进入正式劳动力市场困难的情况下,包括志愿服务在内的社会生活参与成为越来越多的老年人进行社会参与的一种形式。实践中,这些活动既有正式的,也有非正式的,包括参加志愿服务、兴办社会公益事业、参与维护社会治安、协助调解民间纠纷、维护社区卫生环境等内容。老年人可参与的社会活动形式多样、内容丰富,并不限于上述列举的内容。如《老年人权益保障法》第六十九条第八项作了兜底性规定,老年人可以"参加其他社会活动"。

(五) 家庭劳动参与

家庭与社会不可分割,随着老年人社会参与概念内容的不断扩展,"老年人社会参与"不仅指工作领域的正式性职业活动及社区领域等非正式性的志愿活动、社区服务等内容,也应关注涵盖家庭领域,将家庭照料同样视为老年人社会参与的重要部分。因为许多老年人从事家务劳动,一方面节省了社会人力资源,另一方面有助于被照料的子女更好地投入到学习和工作中,亦可为孙辈更健康地成长创造有利条件。这些劳动,直接或间接地有利于促进社会发展,其价值应被予以重视。当然,老年人为自己洗衣做饭等属于自我服务性质的家务劳动,不属于参与社会发展的范畴。

老年人社会参与是老有所为的重要途径,做好社会参与的保障体系建设对于老有所为具有积极的社会意义。目前,我国的政策法规中对于老年人的社会参与保障主要集中在劳动保障、教育保障和社会志愿服务保障等方面。

第二节　老年人的劳动保障

老年人社会参与的一个重要途径就是进行社会劳动,也是老有所为的一个重要表现,保障老年人相关的劳动权益,是应对人口老龄化挑战、实施积极老龄化战略的有力举措。

一、老年人的劳动权益

(一) 老年人劳动权益的概念

老年人劳动是指在老年人个人具有劳动意愿和劳动能力的前提条件下从事合法的社会性活动,以此获得一定的劳动收入报酬。

老年人劳动权益是指已经超过法定退休年龄,享有劳动权利能力和劳动行为能力并继续从事劳动的人员在劳动过程中所享有的权利及利益。老年人劳动权益针对高龄劳动群体,劳动权益涵盖平等就业和选择职业的权利、取得劳动报酬的权利、休息休假的权利、获得劳动安全卫生保护的权利、接受职业技能培训的权利、享受社会保险和福利的权利、提请劳动争议处理的权利以及法律规定的其他劳动权利等。凡是中华人民共和国的劳动者都理应平等享受以上权益,高龄劳动者也不例外。

(二) 老年人劳动权益保护的正当性

1. 积极老龄化的战略要求　老年人社会参与是积极应对人口老龄化政策的重要内容,而劳动参与又是老年人社会参与的重要内容之一。老年人参与社会劳动,对个体来说意味着老年人价值的自我实现,在国家层面意味着老年人口红利的进一步释放。努力创造条件让老年人回归社会,可使老龄化对社会经济的压力转化为促进可持续发展的动力。近年来随着我国老年人口的快速增加与日益壮大,老年群体作为潜在的就业力量日益受到关注,开发老年人力资源市场作为实现积极老龄化参与权的重要内容越来越受到国家政策支持。

2. 老年资源再利用的现实需求　我国有相当大的老年人才资源储备。随着离退休人员的逐年增长,老年人才队伍还将不断扩大。随着经济社会的稳定发展,我国居民平均预期寿命持续增加,2022 年我国人均预期寿命达到 77.93 岁。与此同时,快速进入老龄化社会给我国劳动力市场带来了劳动力供给不足、人口红利逐渐减少等压力。从 2013—2023 年,我国劳动年龄人口减少了 5 473 万人。人口红利逐渐衰减,社会对老年人的接纳程度也大大提升。开发老年人力资源,有助于缓解人才资源结构性短缺,减轻社会负担和国家财政压力,为促进经济增长提供新的原动力。

3. 人权保障的必然要求　当代人权以生命权为基石,以生存发展作为核心,以劳动就业为重要表现形式。劳动权作为法律赋予劳动者与劳动相关联的一系列权利。人权一般可划分为自由权、生存权、发展权三个主要层次,而劳动权又渗透在这三个层次之中。就劳动选择而言,劳动者在择业、工作时间、结社等层面享有自主选择权,故劳动权属于自由权范畴;就劳动基础目的而言,多数劳动者从事劳动在于谋生,以获得基础性的生存保障,故亦属于生存权范畴;就劳动价值而言,劳动者作为劳动的主要核心,在保障自身生存的同时,也通过劳动创造社会财富和提高社会生产力以间接促进经济和社会的发展,并通过劳动制度使自身获得全面发展,故其也属于发展权范畴。可见,劳动权是人权的重要组成部分,且属于当代人权体系中诞生历程较短但发展快且最引人注目的权利类型。在我国,“一切以人民为中心”“以人为本”的思想深植于党和国家的执政理念中,劳动自由和就业平等是社会主义人权的重要内容,作为中华人民共和国公民,老年人的劳动自由和平等劳动权益理当受到重视。

4. 平等与反歧视原则的内在要求　我国《宪法》第三十三条确立的平等原则与第四十二条确立的劳动权构成了公民在就业领域反歧视的立法基础,公民的平等劳动权自然也被囊括其中。《老年人权益保障法》第三条规定“我国老年人有参与社会发展的权利”“禁止歧视老年人”。老年人作为广大劳动者的一员,其劳动权同样应当受到公平对待,尤其不应因年龄差异而受到歧视。在许多情况下,老年人各方面的素质并不输于年轻人,尤其在某些非体力性劳动中,老年人基于年龄和阅历的积累甚至比年轻人更有优势。若因年龄将老年人排斥在工作之外,势必将损害其参与劳动机会的均等性。因此,虽然年龄因素并未被明文规定在《就业促进法》的反歧视条文中,但根据法律蕴含的立法目的,年龄因素理应被纳入反歧视的考量范畴,老年人劳动是平等和反歧视原则在劳动领域的内在要求,具有正当性。

二、老年人劳动权益保护法规政策体系

(一) 老年人劳动权益保护相关法律、法规

1.《宪法》关于老年人劳动权益的规定　《宪法》在老年人权益保障制度体系构建方面

发挥纲领性作用,是老年人劳动权益保障立法的基本根据。《宪法》第四十二条规定,我国公民有劳动的权利和义务,劳动是一切有劳动能力的公民的光荣职责。国家通过各种途径,创造劳动就业条件。《宪法》从根本法上赋予了公民劳动权。理论上,只要有劳动能力且有劳动意愿的人,国家就应为其提供参与劳动的机会和相应的条件。从该角度上看,老年人作为我国公民,具有社会参与的劳动权益。

2.《老年人权益保障法》关于老年人劳动权益的规定　《老年人权益保障法》是老年人权益保障领域的基本立法,其中确立了老年人劳动参与的各项权利。主要体现在:第三条规定,我国老年人有参与社会发展的权利、禁止歧视老年人。第六十六条规定,国家和社会应当重视、珍惜老年人的知识、技能、经验和优良品德,发挥老年人的专长和作用,保障老年人参与经济、政治、文化和社会生活。第七十条规定,老年人参加劳动的合法收入受法律保护。

3. 劳动法律体系中关于老年人劳动权益的规定　我国老年人劳动参与以劳动法律体系相关规定作为参照和适用依据,主要包括《劳动法》《劳动合同法》等。《劳动法》规定,公民行使劳动权需要具备劳动能力,即具备劳动权利能力和劳动行为能力,对劳动权利能力和行为能力年龄的限制规定是在"十六周岁及以上",并未有上限规定。老年人只要未完全丧失劳动能力,应当属于《劳动法》意义上的劳动者,具备劳动权利。

关于老年人退休及老年人退休再参与劳动问题。《劳动合同法》第四十四条第二款规定,劳动者开始依法享受基本养老保险待遇的,劳动合同终止。《劳动合同法实施条例》第二十一条规定,劳动者达到法定退休年龄的,劳动合同终止。此外,根据最高人民法院《关于审理劳动争议案件适用法律若干问题的解释(三)》的规定,用人单位与其招用的已经依法享受养老保险待遇或领取退休金的人员建立的关系属于劳务关系。这是国家首次对退休后用工关系的法律属性进行规定,在不违反《劳动合同法》立法条文规定的条件下,以劳务关系对退休后老年人参与劳动权益进行基础保护。对尚未享受基本养老保险待遇的劳动者与用人单位之间的用工性质,目前并未有具体司法解释。需要注意的是,劳动合同终止或者劳动者退休并不意味着劳动能力的丧失,劳动者在达到法定年龄时拥有退休权不意味着必须放弃劳动的权益。

(二) 老年人劳动权益保护相关政策

2019 年 11 月,中共中央、国务院发布《国家积极应对人口老龄化中长期规划》,对老年人参与劳动进行了具体规划,明确要确保老年人力资源的高素质与充足性,更高质量且更加充分地推动老年群体的就业。2021 年 3 月《中华人民共和国国民经济和社会发展第十四个五年规划和 2035 年远景目标纲要》将"积极应对人口老龄化"纳入国家战略范畴,明确促进人力资源充分利用。2021 年 11 月中共中央、国务院发布《关于加强新时代老龄工作的意见》,指出要把老有所为同老有所养结合起来,鼓励老年人继续发挥作用。

📖 拓展阅读

"银发打工人"劳动权益保障

当今社会,许多老年人在超过退休年龄之后仍继续在各行各业发光发热。但由于老年人不是法律意义上的劳动者,老年人和用工单位出现劳动纠纷的案例频发,包括确认劳动关系、支付工资及解除补偿或赔偿、休息权和工伤权益等方面。其中,主张工伤待遇是当前审理涉老年用工纠纷案件的主要难点。《劳动合同法》所调整的劳动关系,只能是用人单位与未达法定退休年龄的劳动者之间建立的劳动关系。而且,老年人不能享受工伤保险待遇。《工伤保险条例》第二十九条仅规定:"职工因工作遭受事故伤害或者患职业病进行治疗,享受工伤医疗待遇。"即只有"职工"才属于工伤事故的主体范围,才能依据《工伤保险条例》处理。而老年人已不是法律意义上的劳动者,自然不成为职工,也不再是《工伤保险条例》所保护的对象。

为保障"银发打工人"的劳动权益,老年人在持续工作或返聘时,也应当提高维护自身权益的意识,针对双方建立用工关系应尽量签署书面《雇佣合同》,明确薪资金额、支付时间、工作内容及工作时间等权利义务的基本要素,同时具备适当的证据意识,在日常工作中适当保存与工作内容、工作时间等核心工作情况相关的证据。当合法权益受到侵害时,以法律武器维护自身的合法权益。

第三节　老年人的教育保障

老年教育是我国教育事业和老龄事业的重要组成部分,也是积极应对人口老龄化、实现教育现代化、建设学习型社会的重要举措,更是满足老年人多样化学习需求、提升老年人生活品质、促进社会和谐的必然要求。发展老年教育事业,起点与落脚点均在于保障老年人的受教育权。

一、老年人教育权益的概念和内容

(一) 老年人教育权益的概念

老年教育,是指以老年人为对象,为满足老年人终身学习需求所开展的教育活动。《老年教育发展规划(2016—2020 年)》对"老年教育"的内涵和外延作了界定,明确"老年教育是我国教育事业和老龄事业的重要组成部分"。老年教育包括"思想道德、科学文化、养生保健、心理健康、职业技能、法律法规、家庭理财、闲暇生活、代际沟通、生命尊严等方面的教育"。老年教育是我国教育事业和老龄事业的重要组成部分,也是积极应对人口老龄化、实现教育现代化、建设学习型社会的重要举措,更是满足老年人多样化学习需求、提升老年人生活品质、促进社会和谐的必然要求。发展老年教育事业,起点与落脚点均在于保障老年人的受教育权。

老年人受教育权是指老年人有接受教育和终身学习的权利。老年人受教育权内容涵盖教育机会平等权、教育自主选择权、教育条件主张权、教育获得帮助权、学习成就认可权等,并结合老年人作为受教育主体的特殊性而建构。老年人的受教育权是基本人权之一,受到国家保护。我国《老年人权益保障法》第七十一条规定,老年人有继续受教育的权益。国家发展老年教育,鼓励社会办好各类老年学校。老年人受教育权是老年人应享有的基本权利,保障这一权利的实现对于提高老年人的生活质量、促进社会进步具有重要意义。

(二) 老年人教育权益的内容

老年人教育权益具有本质上的复杂性与内涵上的丰富性,决定了老年人受教育权应建立一个权利体系。根据受教育权产生、发展的时间顺序和老年人学习的特点,将老年人受教育权利体系分解为开始阶段的"教育机会平等权"和"教育自主选择权",过程阶段的"教育条件请求权"和"教育获得帮助权",结束阶段的"学习成就认可权",共五个子权利。

1. 教育机会平等权　受教育机会是受教育权存在和实现的前提与基础。"保障权益、机会均等"是发展我国老年教育的基本原则。老年人受教育权应包括教育机会平等权,不同文化程度、城乡地域、收入水平、年龄层次的老年人都有平等接受教育的机会。我国《教育法》第九条规定,所有公民享有平等的受教育机会。第三十七条规定,受教育者在入学、升学、就业等方面依法享有平等权利。

2. 教育自主选择权　受教育权具有自由权的属性,学习自由是一种自愿、自觉和自主的学习状态或权利,老龄期是成人学习的晚期,老年人由于年龄、生理、经历等原因所造成的异质性,决定了老年学习需求的多元性。因此,老年人应有足够多的选择机会以满足不同的学习需要,在平等基础上进行的差别化教育也是实现教育公平的重要维度。老年教育立法必须贯彻可选择性原则,确保教育的机会、内容、种类、形式和效果的多样性和可选择性,使人到老年依然有在工作和学习之间的选择自由,以及对学习方式、课程、教学形式、学业评价和就业机会的选择自由等。

3. 教育条件请求权　老年人的教育条件请求权指老年人享有请求国家及其他义务主体为其学习提供合适的学习条件,以满足个性发展、保障受教育权实现的权利。教育条件请求权涵盖教育条件建设请求和教育条件利用。教育条件建设请求权要求创建适合老年人安全、便利和舒适的学习环境。教育条件利用权的内容包括参与教育教学活动和使用教育教学设施等。老年教育条件请求权是老年人对不同相对方(政府、学校和社会等)的请求权。政府、学校和社区等可成为老年人教育条件主张的对象。国家鼓励学校、其他教育机构及社会组织采取措施,为老年人创造更加适合其全面发展的教育条件。

4. 教育获得帮助权　老年人教育获得帮助权指由于身体机能衰退、社会运作智能化等主观和客观因素相互影响,导致部分老年人处于不利的社会地位,受教育权的内容出现缺损,需要对其中有学习需求的老年人给予特殊保护。教育获得帮助权具体包括获得物质补助、获得特殊便利、获得法律救济和获得精神慰藉。在获得物质补助方面,重视对老年弱势群体的补助以及对非营利性老年教育机构的扶持;在获得特殊便利方面,强调从老年人身心发展特点出发,为老年人提供适宜学习环境和其他便利学习措施;在获得法律救济方面,强调在老年人受教育权受到妨碍或侵害时为其提供公平救济的渠道;在获得精神慰藉方面,帮助老年人通过学习获得情感的慰藉。

5. 学习成就认可权　客观正向的学习成就认可能显著激发、强化老年人学习动机和自我效能感,使之产生持续参与学习的动机和愿望。学习成就认可权包含获得学习成果认证和获得公正评价。获得学习成果认证不局限于获得文凭和职业资格证书,还包括学分互认、学习积分和奖励等。大部分老年群体的学习需求主要为非功利性目的,老年人在获得公正评价方面更重视形成性评价和多元评价。国家是老年人学习成就认证和评价的重要义务主体,在成人教育立法中必须加强对非正规和非正式学习成就认可的重视,使老年人学习成果得到社会公认,并为继续深造或成功就业提供前提条件。

二、老年人教育权益保障法规政策体系

(一) 老年人教育权益保障的相关法规

1.《宪法》关于老年人教育权益保障的规定　《宪法》在老年人权益保障制度体系构建方面发挥纲领性作用,是老年人教育权益保障立法的基本根据。我国《宪法》第四十六条第一款规定,中华人民共和国公民有受教育的权利和义务。该条款是对受教育权的原则性规定,确定了受教育权是公民的一项基本权利,享有主体为全体公民,蕴含着老年人同样享有受教育的法定权利。《宪法》第十九条规定,国家发展社会主义的教育事业,提高全国人民的科学文化水平。国家发展各类教育,扫除文盲,对工人、农民、国家工作人员和其他劳动者进行政治、文化、科学、技术、业务的教育,鼓励自学成才。国家鼓励集体经济组织、国家企业

事业组织和其他社会力量依照法律规定举办各种教育事业。《宪法》确立成人扫盲教育与在职培训的教育制度，内含对老年人受教育权的保护意图。

2. 其他法律关于老年人教育权益保障的规定

（1）《教育法》的相关规定：国家在教育基本法中确立了成人的受教育权、成人教育与终身教育制度及相关主体办学的职责。《教育法》第九条第一款规定，中华人民共和国公民有受教育的权利和义务。第二十条第一、三款规定，国家实行职业教育制度和继续教育制度。国家鼓励发展多种形式的继续教育，使公民接受适当形式的政治、经济、文化、科学、技术、业务等方面的教育，促进不同类型学习成果的互认和衔接，推动全民终身学习。第四十二条规定，国家鼓励学校及其他教育机构、社会组织采取措施，为公民接受终身教育创造条件。《教育法》提出建立包含老年教育在内的终身教育体系，并且鼓励发展多种形式的继续教育，推动全民终身学习。

（2）《老年人权益保障法》的相关规定：国家在老年人权益保护基本法中确立了老年人继续受教育权及老年教育相关制度。1996年全国人大常委会通过《老年人权益保障法》明确老年人享有继续受教育的权利。这是老年教育的概念首次出现在正式法律文件中。自此，老有所学和国家发展老年教育以法律的形式被确定下来，实现了我国老年教育的立法转型。现行《老年人权益保障法》第七十一条规定，老年人有继续受教育的权利。国家发展老年教育，把老年教育纳入终身教育体系，鼓励社会办好各类老年学校。各级人民政府对老年教育应当加强领导，统一规划，加大投入。由此可见，《老年人权益保障法》除明确老年人有继续受教育的权利外，还规定了保障措施。在国家层面，国家发展老年教育，把老年教育纳入终身教育体系；在各级人民政府层面，加强对老年教育的领导，统一规划，加大投入；在社会层面，鼓励办好各类老年学校。同时《老年人权益保障法》也明确国家和社会应采取措施，开展适合老年人的群众性文化、体育、娱乐活动，丰富老年人的精神文化生活。

（二）老年人教育权益保障的相关政策

政策对老年教育调整发挥着主导作用。中共中央、国务院发布的决定、意见、纲要等为效力最高的规范性文件，是对开展老年教育工作进行整体布局和全盘谋划的工作指针。相关国家机关出台的规划、计划和通知等，亦对老年教育工作的组织实施发挥了积极推动作用。

我国老年教育立法从起步阶段就带有明显的以政策法调整为主的特征。1984年的全国首届老龄工作会议上，"老有所学"的理念首次被提出。1994年国家计委等部门联合制发了《中国老龄工作七年发展纲要（1994—2000年）》，老年教育首次正式出现在国家政策性文件之中。2000年中共中央、国务院印发《关于加强老龄工作的决定》，明确提出了发展多种形式的老年教育、兴办各类老年学校等内容。2001年中组部等部委发布《关于做好老年教育工作的通知》，提出在21世纪前十年建立健全具有中国特色的老年教育事业体系的目标。同年国务院通过了《中国老龄事业发展"十五"计划纲要》，提出老龄事业发展的重要任务之一就是要大力发展老年教育，并提出制定老年教育条例。2006年全国老龄工作委员会办公室发布的《中国老龄事业发展"十一五"规划》提出各级政府要继续加大对老年教育的资金投入。2011年国务院印发的《中国老龄事业发展"十二五"规划》明确提出要创新老年教育体制机制，探索老年教育新模式。2012年由全国老龄办等部委发布的《关于进一步加强老年文化建设的意见》指出，大力发展老年教育是贯彻终身教育理念、构建学习型社会的必然要求，也是社会发展进步的重要标志。2016年始，我国老年教育发展步伐明显加快，法律政策推进力度明显加大。同年，国务院办公厅印发《老年教育发展规划（2016—2020年）》，要求扩大老年教育资源供给，拓展老年教育发展路径。2017年国务院印发的

《"十三五"国家老龄事业发展和养老体系建设规划》提出要优先发展城乡社区老年教育，支持鼓励各类社会力量举办或参与老年教育等新举措。2019年国务院办公厅《关于推进养老服务发展的意见》提出要建立全国老年教育公共服务平台，推进老年教育资源、课程、师资共享，探索养教结合新模式等举措。2020年国务院办公厅《关于促进养老托育服务健康发展的意见》明确指出要支持各类机构创办老年大学、参与老年教育，搭建全国老年教育资源共享和公共服务平台。2021年中共中央、国务院《关于加强新时代老龄工作的意见》将老年教育纳入终身教育体系，同时提出要扩大老年教育资源供给。2021年国务院发布《"十四五"国家老龄事业发展和养老服务体系规划》，提出要创新发展老年教育。国家开放大学终身教育平台也于2022年5月正式上线，且面向社会免费开放，标志着老年教育已从国家层面向全社会普及推广。

第四节　老年人社会志愿服务

一、老年人社会志愿服务的内涵和意义

（一）老年人社会志愿服务的内涵

老年人作为志愿者，可以参与志愿服务组织开展的志愿服务活动，也可自行依法开展志愿服务活动。老年人可参与的志愿服务活动有很多，包括参与环境保护、社区服务、防灾赈灾、义诊支教、科普宣传、维护社会治安、指导开展社会文体活动、指导青少年成长、宣传党和国家方针政策等。

国家对老年人参与志愿服务予以支持鼓励。《老年人权益保障法》第六十九条规定，国家为老年人参与社会发展创造条件，根据社会需要和可能，鼓励老年人在自愿和量力的情况下，参加志愿服务、兴办社会公益事业。

（二）老年人社会志愿服务的意义

志愿服务作为老年人社会参与的重要组成部分，对老年人自身及社会均有重要意义。鼓励老年人积极参与社会，加入志愿服务队伍，充分发挥自身的优势，不仅丰富老年人的生活，还可以为他人、为社会、为国家做出贡献。

1. 老年人社会志愿服务对自身的意义　志愿服务活动为老年人提供了一种自由融入社会的途径，让有意愿、有能力的老年人可以继续发挥余热。由于脱离职场环境，老年人与外界接触的机会减少，社交圈子逐渐缩窄，易产生孤独感。养老服务的不断发展，使老年人对精神情感的需求逐渐超过了物质生活需要，越来越多的老年人开始将注意力从渴求子女的陪伴转移到实现自身社会价值。参与志愿服务，不仅能让老年人拓宽社会网络，减少自身的落寞感和孤独感，还能提升生理和心理健康水平。通过社会参与，实现自身价值，获得自我认同，提升老年人的幸福感。在参与过程中，老年人通过不断了解新鲜事物，可以帮助其建立终身学习的理念。

2. 老年人社会志愿服务对社会的意义　参与社会志愿活动需要时间、知识、技能、经验和耐心等，而老年人恰恰具有这些特质。老年人参与社会志愿服务是践行积极老龄化的重要一环，有利于合理开发老年人力资源，促进老年人发挥余热，持续为社会创造积极贡献。老年人参与社会志愿服务还具有引领社会风尚的作用。作为具有规模效应的群众性道德实践，老年人参与志愿服务，有助于感染身边人，不断塑造相互关爱、文明和谐的社会风尚，增强社会主义精神文明的感召力。

二、老年人社会志愿服务相关政策法规

(一) 老年人社会志愿服务相关法律规定

《老年人权益保障法》第六十九条规定,国家为老年人参与社会发展创造条件。根据社会需要和可能,鼓励老年人在自愿和量力的情况下,参加志愿服务、兴办社会公益事业。

国家为保障志愿者、志愿服务组织、志愿服务对象的合法权益,鼓励和规范志愿服务,发展志愿服务事业,培育和践行社会主义核心价值观,促进社会文明进步,制定了《志愿者服务条例》。《志愿者服务条例》第十一条规定,志愿者可以参与志愿服务组织开展的志愿服务活动,也可以自行依法开展志愿服务活动。老年人也在此列。

《志愿者服务条例》第十六条规定,志愿服务组织安排志愿者参与的志愿服务活动需要专门知识、技能的,应当对志愿者开展相关培训。开展专业志愿服务活动,应当执行国家或者行业组织制定的标准和规程。法律、行政法规对开展志愿服务活动有职业资格要求的,志愿者应当依法取得相应的资格。老年人参与志愿服务可能存在应用信息技术和智能手机等短板,志愿服务组织应当针对老年志愿者队伍的定位及志愿活动的需求,开展有针对性的培训,提升老年志愿队伍综合素质及能力。

《志愿服务条例》还为保障志愿者的合法权益作出了规定。《志愿服务条例》第十五条规定,志愿服务组织安排志愿者参与志愿服务活动,应当与志愿者的年龄、知识、技能和身体状况相适应,不得要求志愿者提供超出其能力的志愿服务;第十七条规定,志愿服务组织应当为志愿者参与志愿服务活动提供必要条件,解决志愿者在志愿服务过程中遇到的困难,维护志愿者的合法权益。志愿服务组织安排志愿者参与可能发生人身危险的志愿服务活动前,应当为志愿者购买相应的人身意外伤害保险;第二十条规定,志愿服务组织、志愿服务对象应当尊重志愿者的人格尊严;未经志愿者本人同意,不得公开或者泄露其有关信息。老年人作为志愿者参与社会志愿服务活动,应当明确并维护自身的合法权益。

(二) 老年人社会志愿服务相关政策规定

作为积极老龄化战略的重要一环,我国出台相关政策鼓励老年人参与社会志愿服务。2017年国务院发布的《"十三五"国家老龄事业发展和养老体系建设规划》强调"扩大老年人社会参与",从培育积极老龄观、加强老年人力资源开发、发展老年志愿服务和引导基层老年社会组织规范发展等方面,对老年人的社会参与作出指导。2021年11月,《中共中央国务院关于加强新时代老龄工作的意见》倡导将老有所为与老有所养相互结合,不断完善就业、志愿服务、社区治理等政策环境,充分发挥低龄老年人的作用。2021年12月国务院发布的《"十四五"国家老龄事业发展和养老服务体系规划》进一步倡导践行积极老龄观,促进老年人社会参与,提出要引导老年人积极参与家庭、社区和社会发展,支持老年人参与文明实践、公益慈善、志愿服务、科教文卫等事业。

复习思考题

1. 老年人受教育权利体系的具体内容是什么?
2. 为什么要对老年人劳动权益进行保护?
3. 促进老年人社会参与的方式有哪些?

第四章

居家社区养老服务政策法规

筆记栏

ER-4-1

PPT 课件

学习目标

知识目标

掌握居家社区养老模式的概念及价值,了解居家社区养老服务相关政策以及政府购买居家养老服务的政策要点。

能力目标

能够分析居家社区养老服务模式的价值,举例说明政策推动居家养老服务的情况;了解居家社区养老服务相关政策要求并能够在实践中应用。

素质目标

把握居家社区养老服务的定位及对于社会生活的重要意义,加深对社区居家养老服务的理解。

课程思政目标

体会居家社区养老服务的重要性,理解契合我国国情的养老服务模式。

居家社区养老是目前国际上通行的养老方式,受到各国政府的普遍重视和老年人的广泛欢迎。国际社会应对人口老龄化的经验教训表明,仅靠大规模举办养老机构、增加养老床位来解决数量庞大的老年人养老问题是行不通的。根据我国国情,政府确定了以居家养老为基础、社区服务为依托、机构养老为补充的"三位一体"养老服务模式,其基本内涵是发挥家庭养老的基础性作用,满足大多数老年人在家养老的需求,发挥社区和机构养老的补充性作用。

第一节 概 述

国内一些地方早年提出"9073"的目标要求(是指 90% 的老年人在家以自助或家庭成员照顾为主,自主选择各类社会服务资源;7% 的老年人可享受到政府福利政策支持的社区养老服务;3% 的老年人接受机构养老服务),但在实践中居家养老和社区养老的内涵外延并不明确,90% 的居家养老和 7% 的社区养老的边界没有厘清,目前大多数地方社区养老服务项目,包括助餐、助浴、助洁、助医、助行等都属于居家养老的范畴,并非国际通行意义上的社区养老。国际上将社区养老作为一种专门的养老方式,是指老年人在社区接受照料,晚上返回家中,主要适用于那些独立生活有困难,白天家里无人照料、又不愿意离开家庭入住养老机构的部分失能老年人。这样的日间照料中心专业性强、服务要求高、收费也比较高,类似微型养老院。在我国,由于社区发挥着整合资源的作用,为居家养老提供服务,所以社区和居家两类养老服务模式经常结合在一起。

一、居家社区养老的概念

居家社区养老服务是指养老服务机构或相关社会组织,通过多种方式为居家社区老年人提供所需养老服务,包括到老年人家中或在社区养老服务设施或机构,为有需求的老年人提供日常生活起居、医疗护理、日托、短期全托等服务。

居家社区养老服务模式主要包括两个方面的含义:①让老年人继续居住在家中,不改变其居住环境,不离开自己熟悉的社区,在确保家人照顾的基础上,由社区协调组织,安排本社区内有关专业人员和服务机构为居家老年人提供各种照料服务,或老年人在社区老年人日间服务中心等社区服务点接受服务,此即所谓"社区内照顾";②组织本社区的人力、物力和财力资源,运用本社区的支持体系,通过社区平台,以邻里互助、志愿服务等形式,为本社区的居家老年人提供服务,此即所谓"由社区照顾"。由此可见,居家社区养老服务模式充分借助社会力量和社会资源,通过在社区内兴办日间照护中心、设立短期护理院或老年公寓、提倡家庭照护和上门服务等方式,为本社区老年人提供服务。

根据服务人员情况,居家社区养老服务模式存在两个养老支持资源网络:①由家庭成员、亲朋好友、邻居与志愿者等组成的非正式照料资源网络;②由社区专业服务人员组成的正式照料资源网络。

二、居家社区养老服务模式的价值

在现代社会,社会经济的发展和转型、家庭规模缩小等因素导致家庭养老功能不断弱化,仅仅依靠传统的家庭养老和机构养老,是不可能解决日益增长的养老服务需求的。这也凸显了居家社区养老服务模式的社会价值。

(一) 符合空巢社会和人口老龄化的发展趋势

在当前的经济社会发展背景下,家庭空巢化是人口老龄化过程,特别是人们的生活态度、行为方式和思想观念转变过程中产生的客观、必然的社会现象,当然其中也有我国社会居民人均寿命持续提高、以往计划生育政策的持续执行等诸多因素的影响。现实社会中,像过去那种由子女来共同照顾老年父母的情况越来越少见。居家社区养老服务模式的出现,可以有效解决老年人由于身体功能衰退需要人照顾但身边往往无人照顾的问题。

(二) 有利于解决我国"未富先老"的社会问题

人口老龄化在带来了社会劳动力减少的同时,也带来了社会养老资金不足的问题。目前我国的经济发展水平决定了单靠政府的力量很难完全解决规模日益扩大的老年人口的养老问题。居家养老服务模式具有市场化程度较高、投入成本相对较小、覆盖面较广、服务灵活多样等诸多优点,而这些都是机构养老服务模式很难具备的。一方面,居家社区养老模式可以提高相对富裕老年人的晚年生活品质;另一方面,对于一部分家庭经济有困难但又有养老服务需求的老年人而言,居家社区养老服务也可以让他们得到精心照顾,这对于家庭稳固、社会稳定、个人生活幸福等都能起到较为有力的支持作用。

(三) 符合我国老年人的日常生活习惯

由于深受传统的家庭伦理观念的影响,我国老年人大多习惯于生活在原来的居住环境,而不愿离开自己的家庭和社区,到一个全新的环境中接受机构养老服务。居家社区养老服务模式可以让老年人继续在自己的家庭中接受家庭和社区提供的生活照料、文化娱乐服务等多种养老服务,比较符合老年人的日常生活习惯,并可以弥补家庭在提供养老服务过程中的缺陷和不足。

笔记栏

（四）有利于提高老年人的晚年生活品质

在现代社会,社会经济的发展和转型、家庭规模的缩小等因素导致了家庭养老功能日益弱化。从需求角度来说,居家养老服务所要解决的并不仅仅是老年人的吃住问题,还包括对老年人的身体照顾、精神慰藉和满足文化娱乐等诸多方面。该模式充分依托社区平台,整合政府、社会组织、家庭等多方面资源,通过建立养老服务支持体系,让更多的社会专业人士和服务机构为居家老年人提供更为优质、多样、个性化的服务。

第二节　社区养老服务相关政策体系

居家社区养老服务作为社会养老服务体系的重要组成部分,是一种新型养老形式,受到党中央、国务院及各地行政部门的高度重视,先后制定和出台了一系列政策文件,为行业发展指明了方向,较好地满足了老年人的服务需求。

一、养老服务体系建设

中共中央于2010年下发了《关于制定国民经济和社会发展第十二个五年规划的建议》,其中提出面对快速老龄化的趋势应该积极应对,发挥"社区+家庭"的作用,积极开展养老服务事业,建设养老服务体系,给予居家养老发展极大的重视。2011年下发的《城乡社区服务体系建设"十二五"规划》《社会养老服务体系建设"十二五"规划》分别针对社区服务体系建设和养老服务体系建设提出具体的规划和建议,以及发展多层次、多样化的社区服务,明确社会养老服务体系建设要以居家为基础,社区为依托,机构为支撑,并对"居家养老""社区养老""机构养老"三者的内容和定义进行了合理的说明和界定,明确提出发展居家社区养老服务。

我国的养老服务体系中居家社区越来越突出。《国务院关于加快发展养老服务业的若干意见》(国发〔2013〕35号)明确提出"建设以居家为基础、社区为依托、机构为补充的多层次养老服务体系"。《老年人权益保障法》第五条第二款规定,国家建立和完善以居家为基础、社区为依托、机构为支撑的社会养老服务体系。《国务院办公厅关于推进养老服务发展的意见》(国办发〔2019〕5号)提出,持续完善居家为基础、社区为依托、机构为补充、医养相结合的养老服务体系,建立健全高龄、失能老年人长期照护服务体系。《中共中央关于制定国民经济和社会发展第十四个五年规划和二〇三五年远景目标纲要的建议》提出"居家社区机构相协调、医养康养相结合"的养老服务体系。

二、居家社区养老服务设施保障

居家社区养老服务设施保障包括各类居家社区养老服务设施,如日间照料、社区托老、老年用餐以及老年人家庭、社区公共服务设施的适老化改造等。要通过完善居家社区养老服务网络,推进公共设施适老化改造,推动专业机构服务向社区延伸,整合利用存量资源发展社区嵌入式养老。2023年,国务院办公厅转发国家发展改革委《城市社区嵌入式服务设施建设工程实施方案》提出,社区是城市公共服务和城市治理的基本单元,实施城市社区嵌入式服务设施建设工程,在城市社区(小区)公共空间嵌入功能性设施和适配性服务,有利于推动优质普惠公共服务下基层、进社区,更好地满足人民群众对美好生活的向往。

三、居家社区养老服务资金保障

国务院办公厅印发《关于推进养老服务发展的意见》(国办发〔2019〕5 号),从深化"放管服"改革、拓宽养老服务投融资渠道、扩大养老服务消费等六个方面提出 28 项具体政策措施,进一步细化和深化了居家养老服务资金政策体系。国家层面组织的居家养老服务领域系列试点工作在《国务院关于加快发展养老服务业的若干意见》(国发〔2013〕35 号)出台后陆续启动。财政部和民政部关于印发《中央财政支持居家和社区养老服务改革试点补助资金管理办法》的通知中明确居家和社区养老服务改革试点的中央专项彩票公益金管理,支持通过购买服务、公建民营、民办公助、股权合作等方式,鼓励社会力量管理运营居家和社区养老服务设施,培育和打造一批品牌化、连锁化、规模化的龙头社会组织或机构、企业,使社会力量成为提供居家和社区养老服务的主体。2022 年民政部办公厅和财政部办公厅《关于做好 2022 年居家和社区基本养老服务提升行动项目组织实施工作的通知》中明确通过中央专项彩票公益金支持,面向经济困难的失能、部分失能老年人建设 10 万张家庭养老床位、提供 20 万人次居家养老上门服务。为居家养老服务提供资金保障。

四、农村居家养老服务

对于农村老年人来说,必要的经济保障和生活支持服务是实现农村老年人"老有所养,老有所依"的基础性条件。2011 年财政部、人力资源和社会保障部发布《新型农村社会养老保险基金财务管理暂行办法》,明确农村社会养老保险基金的财务管理,保障农村居民养老保险的合法权益。2012 年国务院在《有关城乡居民最低生活保障标准意见》中确定了针对农村低收入群体的最低生活保障制度。2019 年民政部、统计局《关于脱贫攻坚中切实加强农村最低生活保障家庭经济状况评估认定指导意见》(民发〔2019〕125 号)明确,加大评估方法的优化认定,将评估认定方式规范化,拉高最低生活保障标准线,尽可能地保障困难群众的基本生活。2021 年《关于加强新时代老龄工作的意见》中,对最低生活保障家庭中的特别困难人员给予重点救助。在 2021 年国务院办公厅《关于印发"十四五"城乡社区服务体系建设规划的通知》中,要提高农村社区综合服务设施的覆盖率,农村社区综合服务设施覆盖率达到 65.7%,优先发展社区就业、养老、托育服务,为农村居家养老提供基本保障。

五、居家社区医养康养整合服务

2021 年发布的《中华人民共和国国民经济和社会发展第十四个五年规划和 2035 年远景目标纲要》第四十五章专门对积极应对人口老龄化国家战略进行了部署,提出要支持家庭承担养老功能,构建居家社区机构相协调、医养康养相结合的养老服务体系。2020 年民政部等部门发布的《关于推动物业服务企业发展居家社区养老服务的意见》,支持物业服务企业开展居家社区养老服务新模式,以满足老年人居家养老服务需求。

六、居家社区养老服务信息化建设

2015 年,国务院颁布了《国务院关于推进"互联网 +"行动的指导意见》等文件精神,指出促进智慧健康养老产业发展。依托现有互联网资源和社会力量,以社区为基础,搭建养老信息服务网络平台,提供护理看护、健康管理、康复照料等居家养老服务。

2019 年 9 月,《民政部关于进一步扩大养老服务供给促进养老服务消费的实施意见》

(民发〔2019〕88号)指出打造"互联网＋养老"服务新模式。加快互联网与养老服务的深度融合,汇聚线上线下资源,精准对接需求与供给,为老年人提供"点菜式"就近便捷养老服务,创新服务模式,培育服务新业态,改善服务体验,更好地带动养老服务消费。引导有条件的养老服务机构运用现代信息技术,依托互联网、物联网、云计算、大数据、智能养老设备等,开发多种"互联网＋"应用,打造多层次智慧养老服务体系,创造养老服务的新业态、新模式。2021年12月,国务院《"十四五"国家老龄事业发展和养老服务体系规划》指出,培育老年人生活服务新业态。推动"互联网＋养老服务"发展,推动互联网平台企业精准对接为老服务需求,支持社区养老服务机构平台化展示,提供"菜单式"就近便捷为老服务,鼓励"子女网上下单、老人体验服务"。

2019年12月,工业和信息化部、民政部等部门发布《关于促进老年用品产业发展的指导意见》指出,推动智能产品应用。加快推进互联网、大数据、人工智能、5G等信息技术和智能硬件在老年用品领域的深度应用。支持智能交互、智能操作、多机协作等关键技术研发,提升康复训练及健康促进辅具、健康监测产品、养老监护装置、家庭服务机器人、可穿戴老年服装服饰、日用辅助产品等适老产品的智能水平、实用性和安全性,开展家庭、社区服务中心、养老机构、医院等多种应用场景的试点,建设一批智慧健康养老示范企业、街道(乡镇)和基地。

2021年10月,工业和信息化部等部门发布《智慧健康养老产业发展行动计划(2021—2025年)》,强调创新智慧养老服务。互联网＋养老服务:依托互联网平台、手机应用程序等,向老年人提供助餐、助浴、助洁、助行、助医、助急等居家上门养老服务。"时间银行"互助养老服务:运用互联网、大数据、区块链等技术,赋能互助养老,创新低龄老年人服务高龄老年人、伙伴式陪伴等互助养老模式。

2018年,2020年及2023年,工业和信息化部、民政部、卫生健康委发布了三版《智慧健康养老产品及服务推广目录》,遴选出一键呼叫设备、健康管理类可穿戴设备、自助式健康检测设备等118项产品和120项服务,促进优质智慧健康养老产品和服务推广应用,为老年人采购选型提供参考。

七、居家社区养老服务标准化

2023年发布的《居家养老上门服务基本规范》(GB/T 43153-2023)是我国针对居家养老上门服务发布的首个国家标准,将为合理界定居家养老上门服务范围、规范供给主体资质条件及供给流程内容要求等提供基本依据,对于推动居家养老服务标准化、规范化、专业化发展具有现实意义。该标准是在全面总结各地实践做法基础上,适应居家养老服务发展需要编制而成的,明确了服务组织、服务人员所应具备的基本条件和服务应达到的基本要求,涵盖了居家养老所需的主要专业化服务内容,从咨询接待、老年人能力评估、签订服务协议、服务准备到服务实施等一系列程序性要求;进一步明确了服务评价形式及对评价发现问题改进反馈的要求。2023年,民政部发布《老年人居家康复服务规范》,规定了居家老年人康复服务的基本要求、服务内容、服务流程、服务评价与改进,规范居家老年人康复照护服务标准。

第三节 政府购买居家养老服务的政策法规

自2000年上海率先开展政府购买社会组织居家养老服务试点以来,各地掀起了政府购买居家养老服务的创新做法,逐步明确了政府供给居家养老服务的路径。《老年人权益保障法》第三十七条规定,地方各级人民政府和有关部门应当采取措施,发展城乡社区养老服务,鼓励、扶持专业服务机构及其他组织和个人,为居家的老年人提供生活照料、紧急救援、医疗护理、精神慰藉、心理咨询等多种形式的服务。第三十八条规定,地方各级人民政府和有关部门、基层群众性自治组织,应当将养老服务设施纳入城乡社区配套设施建设规划,建立适应老年人需要的生活服务、文化体育活动、日间照料、疾病护理与康复等服务设施和网点,就近为老年人提供服务。国家从法律层面确定了政府对养老服务的责任,要在服务项目、服务设置等方面加强居家养老服务供给。

一、政府购买居家养老服务的概念

政府购买服务,是指各级国家机关将属于自身职责范围且适合通过市场化方式提供的服务事项,按照政府采购方式和程序,交由符合条件的服务供应商承担,并根据服务数量和质量等因素向其支付费用的行为。政府购买居家养老服务属于政府购买服务的范畴,是指以政府向各类养老服务组织购买服务的方式,为居住在家的特殊困难老年人提供生活照料、康复护理、精神慰藉等基本养老服务。即将原来由政府直接提供的、为社会居家养老服务的事项,通过发挥市场机制作用,按照一定的方式和程序,交由具备条件和法定资质的社会组织或市场机构(如家政服务公司、社会化的居家养老机构等)来完成,政府部门根据社会组织或市场机构提供的居家养老服务的项目、数量和质量等,依据相关服务标准评估合格后支付给社会组织或市场机构服务费用,采取"政府承担、定向委托、合同管理、评估兑现"的形式。

二、政府购买居家养老服务的责任

从宏观设计角度,居家养老服务应该是今后政府扶持养老事业的重点,居家养老涉及的人群面广、可以市场化的服务内容多,受益老年人绝对数量多,因此在制定养老服务相关政策时应更多关注居家养老,同时也要解决居家养老服务的公益性、非营利性与市场性并举的问题,处理好居家养老服务的市场化原则与非营利性、微利性之间的矛盾。

(一) 政府购买居家养老服务的救助责任属于"兜底"

政府可以通过购买服务的形式,履行其在养老服务中的职责,在提供居家养老服务方面发挥更大作用。从政府责任而言,对于居家养老要承担"兜底"的服务内容,为居家老年人尤其是比较困难的老年人提供基本的服务保障是政府的一项重要职能,能有效减轻家庭照顾的负担,从实践层面也解决了社会养老的政府职能,保证养老事业公益性的特征。政府提供的养老服务供给情况要根据政府财政情况而定,投入过高则政府财政难以负担,投入过低则社会难以满意。在财政有限的情况下,政府需要首先解决"低保""三无"等困难老年群体的养老问题,这也是政府对弱势群体的救助行为,确保"老有所养"的普遍性和可及性。政府购买居家养老服务作为政府的政策工具之一,其目标首先需要定位在将有限的公共资源投入到最需要的老年人群中,而且这个目标也有一定的层次性,根据生活条件的改善、经济水平的提高,逐步提高居家养老的保障范围和保障水平。

(二) 政府购买居家养老服务的发展规模的责任属于"适度普惠"

适度普惠是要求政府提供福利在一定程度上满足福利对象的需要,而非全部充分地提供满足,是要基于有限的社会资源向社会民众提供有限福利,不以追求福利最大化为目标,而是以经济发展与社会福利的平衡为目标。《中共中央关于制定国民经济和社会发展第十四个五年规划和二〇三五年远景目标纲要的建议》提出"发展普惠型养老服务",这种普惠性的要求是在坚持"兜底公平"的基础上,扩大能够享受居家养老服务的范围,"兜底"的底线是政府的责任,需要社会共同参与和分担,对于底线以上的可以发挥市场机制,市场、政府、家庭各担其责。

(三) 政府购买居家养老服务的责任限定在具有公共服务和准公共服务性质的照护领域

基本养老服务属于无偿的公共服务,具有保障性的照护,对于政府责任而言,购买的居家养老服务首先需要解决居家老年人的生活照护问题,保证老年人的基本生存。准公共服务性质的养老服务属于政府提供的发展性养老服务,是低偿的多元照护服务,重点要提高居家养老照护保障能力,逐步提高生活保障的标准。

(四) 政府购买居家养老服务的保障责任具有层次性和多样性

从人群角度,生活难以保障的居家老年人应该是政府在提供居家养老服务的重点对象,这类老年人存在收入低、生活不能自理或家庭支持系统薄弱等问题,通过政府的重点帮扶解决他们的生活困难;从服务项目角度,政府在居家养老服务中的责任重点应该聚焦在物质养老层面,需要更多地解决居家老年人的吃穿住行问题,保障他们的基本物质生活;从权益保障角度,政府在居家养老服务中的责任重点应该以居家老年人的基本权益保护为主,例如生存权、服务内容的知情同意权等,对于有困难的居家老年人要提供法律咨询援助、日常生活照料等服务,以保障他们基本权利的实现,营造关爱老年人的社会友好氛围。此外,政府还需要承担打通居家养老、机构养老和医疗机构之间的渠道,对于符合入住条件的居家老年人优先转入养老机构,实现老年人在居家和医疗机构之间的便捷转诊。

(五) 政府购买居家养老服务需要承担选择合作(委托)对象的责任

随着社会的不断发展和进步,政府对于居家养老服务方面的责任履行更趋向于通过购买形式予以解决,能够通过购买实现的就应通过购买服务的形式来履行,以减轻政府的负担,激发市场的活力和动力,其中对于"兜底"的养老服务,一般来说仍需要政府以直接供给为主,对于普惠性的养老服务则更多由市场解决,而政府发挥资金支持、调控规划、评价指导等方面的作用。2022年,财政部发布了《关于做好2022年政府购买服务改革重点工作的通知》,提出适宜通过政府购买提供的养老服务,政府不再直接举办公办养老机构提供。确需由政府直接提供的养老服务,应当发挥好公办养老机构的托底作用。

三、政府提供居家养老服务的实现路径

(一) 政府购买居家养老服务的程序要求

根据《政府购买服务管理办法》规定,政府购买居家养老服务是政府通过招投标、协商等方式确定第三方资格后,由第三方向居家老年人提供服务,服务费由政府提供给第三方,第三方应该是专业的养老服务机构,包括营利性组织、民办非企业法人。

(二) 政府提供居家养老服务的基本内容

政府购买的居家养老服务的内容也应和居家社区养老服务内容吻合。主要包括:①短期托养、日间托养、助餐、助浴、助洁、辅助出行、代缴代购等生活照料服务;②健康体检、康复护理、保健指导、紧急援助、临终关怀等健康护理服务;③探视、陪聊、心理咨询、情绪疏导等精神慰藉服务;④学习教育、文化娱乐、体育健身、社会参与等活动帮助和指导;⑤其他居家养老服务。具体购买的服务根据企业服务能力、居家老年人需求、政府财力予以综合考虑。

(三) 政府购买居家养老服务的主体和对象

1. 购买主体和承接主体　居家养老服务的购买主体是各级国家机关,如市、县(市、区)、乡(镇)人民政府及街道办事处等。居家养老服务的承接主体是各级公办养老机构、民办养

老机构、城乡社区日间照料中心、其他社会养老服务组织,以及有组织的公益性岗位社工等,既包括了各类非营利性的社会组织和养老机构,也包括了各类企业、家庭和非政府组织、志愿者。

2. 服务对象　服务对象主要是指居住在家庭的六十周岁及以上老年人。其中,重点对象是生活自理能力丧失或部分丧失、无子女或子女无法实施有效照护的老年人,如高龄、独居、空巢、失能、失智、失独的老年人。目前各地政府规定的重点服务对象是指有明确的服务时间、服务项目和服务质量等要求的服务对象,包括享受政府购买居家养老服务的老年人。此外,政府购买居家养老服务对象一般采取动态管理,服务对象去世或者相关条件变化而不符合要求时,相关街道(乡镇)、社区(村)应及时核减、停止相关服务。

(四)政府购买居家养老服务的服务标准

一般采取按月定额补贴服务的形式,包括时间定额和资金定额的方式。

拓展阅读

定额补贴服务的形式

《宁波市居家养老服务条例》规定,对重度失能失智老年人每人每月不少于四十五小时,中度失能失智老年人每人每月不少于三十小时;为八十周岁以上老年人以及计划生育特殊家庭中七十周岁以上老年人,每人每月提供一定时间的免费居家养老服务,属于时间定额的方式。

《合肥市政府购买居家养老服务实施方案》规定,服务对象每月可享受市值六百元的政府购买居家养老服务补贴,具体服务项目按照明码标价收费;政府购买居家养老服务补贴以虚拟服务额度形式,发放至市养老服务综合平台服务对象个人账户,由服务对象或者其委托人自行选择服务机构提供服务,通过市养老服务综合平台进行结算和管理。服务机构按规定的程序与区(开发区)民政部门结算,并接受区(开发区)民政部门对服务过程和服务质量的监管。服务对象个人账户实行季度清零制度,不结转、不继承,过期未发生和未使用的服务额度自动清零。

(五)政府购买居家养老服务的服务方式

1. 无偿服务　政府通过购买服务等方式为居家老年人提供具有社会保障性质的基础性照护服务。由政府出资,服务机构落实服务上门为老年人服务,其服务对象为完全依靠或部分依靠社会赡养的城市"三无人员"和农村"五保户",子女赡养有一定困难,或享受低保待遇的老年人。此类服务主要包括家政服务(在免费时限等条件下)等,有些地区还为八十周岁以上老年人以及计划生育特殊家庭、最低生活保障家庭、最低生活保障边缘家庭中的老年人购买意外伤害保险,或为八十周岁以上老年人以及患有重度慢性疾病老年人的家庭免费安装应急呼叫设施,提供紧急援助信息服务等。上述费用由政府承担,不需要符合条件的服务对象缴纳费用。

2. 低偿服务　主要向高龄老年人、特殊老年群体等提供基本生活保障的服务,服务价格低于市场价格,政府通过资金补贴等方式为居家老年人提供具有一定社会保障性质的养老服务,对于超过服务免费时限标准和免费服务项目之外的项目,服务对象需要自行支付一定的资金弥补市场的差价。

复习思考题

1. 简述居家社区养老服务的概念。
2. 简述政府提供居家养老服务的基本内容。

◇◇◇ **第五章** ◇◇◇

机构养老政策法规

> **学习目标**
>
> **知识目标**
>
> 掌握养老机构的概念、类型、属性,熟知养老机构登记备案、服务管理、安全管理、监督检查等相关政策法规。
>
> **能力目标**
>
> 了解养老机构相关政策法规,基本掌握开办及运营养老机构过程涉及的政策法规;能够为老年人选择机构养老提供专业建议。
>
> **素质目标**
>
> 理解国家制定机构养老相关政策法规的目的,明白机构养老服务的定位和价值。
>
> **课程思政目标**
>
> 体会机构养老的重要性,坚定专业信念,选择适合的职业道路。

养老机构是机构养老得以实现的载体,在我国社会养老服务体系中具有独特的地位。近年来随着我国经济的发展、社会的变迁,以及人民养老观念的改变,机构养老逐渐步入普通民众的视野,并以其独特的特点与优势,成为社会化养老的主要形式之一。

第一节 概 述

一、机构养老相关概念

(一) 机构养老

机构养老是指以养老机构作为载体,由国家、社会、家庭成员或老年人自身资助,由专业人员进行组织、运营、管理、服务等工作,以满足老年人住宿、生活照料、康复护理和紧急救援等多种需求的一种社会养老模式。机构养老是社会养老服务体系的重要组成部分。与传统的居家养老相比,机构养老可以通过提供社会化的养老服务分担家庭的养老功能;与社区养老相比,机构养老能够为老年人,尤其是生活自理能力受限的老年人提供更为专业的服务。

(二) 养老机构

养老机构是指依法办理登记,为老年人提供全日集中住宿和照料护理服务,床位数在10张以上的机构。养老机构可以是独立的法人机构,也可以是附属于医疗机构、企事业单位、社会团体或组织、综合性社会福利机构的一个部门或者分支机构。

知识链接

中国古代的养老机构

　　我国古代有"以孝治天下"的治国理念，也有"老吾老以及人之老"等尊老敬老的传统美德。我国养老机构最早可以追溯到南北朝时期。《梁书》记载，梁武帝萧衍下诏宣布"凡民有单老孤稚，不能自存，主者郡县咸加收养，赡给衣食，每令周足，以终其身。又于京师置孤独园，孤幼有归，华发不匮。若终年命，厚加料理"。其中"孤独园"可以看作养老院和孤儿院的结合体，并且为收养的老年人料理后事。唐宋时期主收贫、病、孤、疾者的悲田院、福田院以及明朝的养济院、清代的普济堂等也都是官方设立的社会救助机构。

二、养老机构的类型

（一）按照投资主体分类

　　目前我国养老机构的投资主体包括国家、集体（城市街道、农村乡镇）和民间（个体、民营和外资企业等）。根据投资主体不同，养老机构可以分为国办、集体办和民办。其中，国办、集体办养老机构也称为公办养老机构。

　　1. 公办养老机构　公办养老机构是指由政府投资为主建设并自主运营或委托社会力量运营，为特困人员和老年人提供全日制集中居住和照料护理服务的养老机构。目前，我国公办养老机构有公办公营、公办民营、公建民营三种模式。公办养老机构的功能定位为托底功能，即优先保障"三无"（无劳动能力、无生活来源、无赡养人和扶养人或者其赡养人和扶养人确无赡养能力和扶养能力）、"五保"（保吃、保穿、保住、保医、保葬）、优抚对象，以及经济困难的孤寡、失能、高龄等老年人的养老服务需求，充分发挥托底保障作用。在此前提下，为社会上的其他老年人提供服务。面向社会老年人的服务收费所得主要用于弥补事业经费的不足。

　　2. 民办养老机构　民办养老机构是指由社会力量投资兴建的养老机构。按照其是否以营利为主要目的，分为非营利性民办养老机构和营利性民办养老机构两大类。非营利性民办养老机构的服务对象是社会上的广大老年人，服务内容包括通过政府购买的方式为"三无"老年人、低收入老年人、经济困难的失能半失能老年人提供机构供养、护理服务，但要合理确定收费标准，不能超过绝大多数老年人的经济承受能力和支付水平，收入所得要按照相关规定，用于章程规定的事业，不得用于分红。营利性民办养老机构属于营利性企业组织，可以追求利益最大化目标，但不享受政府提供的相关优惠政策。

（二）按照机构性质分类

　　1. 非营利性养老机构　非营利性养老机构，即公益性养老机构，不以营利为目的，不需要上缴税收，享受国家一定的经济补助，但利润不能分红，只能用于养老机构的滚动发展，主要为既不是救助型养老机构的服务对象，也无力支付市场型养老机构服务的普通老年群体（如低保老年人等群体）提供服务。非营利性养老机构包括民办非企业单位、事业单位等形式。

　　2. 营利性养老机构　营利性养老机构，即经营性养老机构，可以追求利益最大化目标，在完成税收征缴后，所得利润可以分红，一般不享受政府提供的相关优惠政策。营利性养老机构包括企业法人、个人独资企业等形式。

(三) 按照具体类型分类

根据 2001 年 2 月民政部批准发布的《老年人社会福利机构基本规范》,养老机构还包括以下几种类型。

1. 老年社会福利院 由国家出资举办、管理的综合接待"三无"老人、自理老人、介助老人、介护老人安度晚年而设置的社会养老服务机构,设有生活起居、文化娱乐、康复训练、医疗保健等多项服务设施。

2. 养老院或老人院 专为接待自理老人或综合接待自理老人、介助老人、介护老人安度晚年而设置的社会养老服务机构,设有生活起居、文化娱乐、康复训练、医疗保健等多项服务设施。

3. 老年公寓 专供老年人集中居住,符合老年体能心态特征的公寓式老年住宅,具备餐饮、清洁卫生、文化娱乐、医疗保健等多项服务设施。

4. 护老院 专为接待介助老人安度晚年而设置的社会养老服务机构,设有生活起居、文化娱乐、康复训练、医疗保健等多项服务设施。

5. 护养院 专为接待介护老人安度晚年而设置的社会养老服务机构,设有起居生活、文化娱乐、康复训练、医疗保健等多项服务设施。

6. 敬老院 在农村乡(镇)、村设置的供养"三无""五保"老人和接待社会上的老年人安度晚年的社会养老服务机构,设有生活起居、文化娱乐、康复训练、医疗保健等多项服务设施。

7. 托老所 为短期接待老年人托管服务的社区养老服务场所,设有生活起居、文化娱乐、康复训练、医疗保健等多项服务设施,分为日托、全托、临时托等。

8. 老年人服务中心 为老年人提供各种综合性服务的社区服务场所,设有文化娱乐、康复训练、医疗保健等多项或单项服务设施和上门服务项目。

三、发展机构养老的政策法规

为了加强机构养老在养老事业中的重要作用,国务院及民政部门出台了一系列政策法规,对养老机构工作中的具体要求和相关扶持政策作出了明确规定。

(一) 规范养老机构管理

为了规范对养老机构的管理,促进养老服务健康发展,根据《老年人权益保障法》和有关法律、行政法规,2020 年 9 月 1 日,民政部颁布《养老机构管理办法》,自 2020 年 11 月 1 日起正式实施。该办法从养老机构备案办理、服务规范、运营管理、监督检查、法律责任等方面作了具体规定。

(二) 促进公办养老机构提升

2022 年 2 月,国务院发布《"十四五"国家老龄事业发展和养老服务体系规划》(国发〔2021〕35 号),提出"公办养老机构提升行动"。具体包括:①提升覆盖能力达标率。新建和升级改造设区的市级公办养老机构。县级、乡镇级重点支持特困人员供养服务设施(敬老院)建设,改造升级护理型床位,开辟失能老年人照护单元,到 2025 年,县级特困人员供养服务设施(敬老院)建有率达到 100%。②提升服务质量安全达标率。加强公办养老机构规范化建设,使其符合养老机构服务安全基本规范等标准。依据养老机构等级划分与评定等标准,评定为一级至二级服务等级的乡镇级公办养老机构、评定为二级至三级服务等级的县级公办养老机构建有率均达到 80% 以上。③提升入住率。改善公办养老机构服务,优化供给结构,公办养老机构入住率明显提升,用好用足现有资源。

笔记栏

(三) 扶持养老机构发展

2019年3月,国务院办公厅发布《关于推进养老服务发展的意见》(国办发〔2019〕5号),提出深化"放管服"改革、拓展养老服务投融资渠道、扩大养老服务就业创业、扩大养老服务消费、促进养老服务高质量发展、促进养老服务基础设施建设等六个方面共28条具体政策措施。其中,多次提及对养老机构的政策扶持。具体包括以下内容。

1. 深化"放管服"改革　主要包括建立养老服务综合监管制度,继续深化公办养老机构改革,通过提高审批效能解决好养老机构消防审验问题,减轻养老服务税费负担,提升政府投入精准化水平,支持养老机构规模化、连锁化发展,做好养老服务领域信息公开和政策指引等措施。

2. 拓展养老服务投融资渠道　主要包括推动解决养老服务机构融资问题,扩大养老服务产业相关企业债券发行规模,全面落实外资举办养老服务机构国民待遇等措施。

3. 扩大养老服务就业创业　主要包括建立完善养老护理员职业技能等级认定和教育培训制度,大力推进养老服务业吸纳就业,建立养老服务褒扬机制等措施。

4. 扩大养老服务消费　主要包括建立健全长期照护服务体系,发展养老普惠金融,促进老年人消费增长,加强老年人消费权益保护和养老服务领域非法集资整治工作等措施。

5. 促进养老服务高质量发展　主要包括提升医养结合服务能力,推动居家、社区和机构养老融合发展,持续开展养老院服务质量建设专项行动,实施"互联网 + 养老"行动,完善老年人关爱服务体系,大力发展老年教育等措施。

6. 促进养老服务基础设施建设　主要包括实施特困人员供养服务设施(敬老院)改造提升工程,实施民办养老机构消防安全达标工程,实施老年人居家适老化改造工程,落实养老服务设施分区分级规划建设要求,完善养老服务设施供地政策等措施。

(四) 养老机构相关标准

我国还制定了一系列养老机构相关的国家标准和行业服务规范,主要包括:《养老机构服务质量基本规范》(GB/T 35796-2017)、《养老机构服务安全基本规范》(GB 38600-2019)、《养老机构老年人健康档案管理规范》(MZ/T 168-2021)、《养老机构服务标准体系建设指南》(MZ/T 170-2021)、《养老机构生活照料操作规范》(MZ/T 171-2021)、《养老机构岗位设置及人员配备规范》(MZ/T 187-2021)等。

第二节　养老机构的备案办理

养老机构备案管理是民政部门加强养老服务与管理工作的重要内容。2018年12月,十三届全国人大常委会第七次会议对《老年人权益保障法》进行第三次修正,取消养老机构的设立许可,规定养老机构登记后即可开展服务活动,并向县级以上人民政府民政部门备案。2020年9月,民政部《养老机构管理办法》第二章"备案办理"专章明确养老机构备案管理的基本要求。

一、登记备案

(一) 登记办理

《养老机构管理办法》第九条规定,设立营利性养老机构,应当在市场监督管理部门办理登记。设立非营利性养老机构,应当依法办理相应的登记。养老机构登记后即可开展服务活动。

根据《老年人权益保障法》《养老机构管理办法》《民办非企业单位登记管理暂行条例》《事业单位登记管理暂行条例》等相关规定,按照机构经营主体和性质,养老机构登记办理的相关要求如下。

1. 营利性养老机构　设立民办经营性(即营利性)养老机构,由举办者依法向县级以上市场监督管理部门申请企业法人登记,取得企业法人营业执照。

2. 民办非营利性养老机构　设立民办非营利性(即公益性)养老机构,由举办者依法向县级以上民政部门申请社会服务机构登记,取得民办非企业单位登记证书。

3. 公办公营养老机构　设立公办公营(即公立)养老机构,符合《事业单位登记管理暂行条例》规定的,向机构编制管理部门申请事业单位登记,取得事业单位法人证书。

港澳台、外国投资者举办养老机构,应当按照机构经营性质依法向相关登记管理机关申请登记。

(二) 备案办理

1. 备案时间　登记后的养老机构应及时向民政部门进行备案。《养老机构管理办法》第十条规定,营利性养老机构办理备案,应当在收住老年人后10个工作日以内向服务场所所在地的县级人民政府民政部门提出。非营利性养老机构办理备案,应当在收住老年人后10个工作日以内向登记管理机关同级的人民政府民政部门提出。

2. 备案要求　《养老机构管理办法》第十一条规定,养老机构办理备案,应当向民政部门提交备案申请书、养老机构登记证书、承诺书等材料,并对真实性负责。备案申请书应当包括下列内容:养老机构基本情况,包括名称、住所、法定代表人或者主要负责人信息等;服务场所权属;养老床位数量;服务设施面积;联系人和联系方式。承诺书应符合《养老机构管理办法》第四条的规定,即承诺"养老机构按照建筑、消防、食品安全、医疗卫生、特种设备等法律、法规和强制性标准开展服务活动。养老机构及其工作人员依法保障收住老年人的人身权、财产权等合法权益"。

(三) 备案回执

《养老机构管理办法》第十二条规定,民政部门收到养老机构备案材料后,对材料齐全的,应当出具备案回执;材料不齐全的,应当指导养老机构补正。

二、变更备案

《养老机构管理办法》第十三条规定,已经备案的养老机构变更名称、法定代表人或者主要负责人等登记事项,或者变更服务场所权属、养老床位数量、服务设施面积等事项的,应当及时向原备案民政部门办理变更备案。养老机构在原备案机关辖区内变更服务场所的,应当及时向原备案民政部门办理变更备案。营利性养老机构跨原备案机关辖区变更服务场所的,应当及时向变更后的服务场所所在地县级人民政府民政部门办理备案。

三、注销登记

《养老机构管理办法》第三十五条规定,养老机构因变更或者终止等原因暂停、终止服务的,应当在合理期限内提前书面通知老年人或者其代理人,并书面告知民政部门。老年人需要安置的,养老机构应当根据服务协议约定与老年人或者其代理人协商确定安置事宜。民政部门应当为养老机构妥善安置老年人提供帮助。养老机构终止服务后,应当依法清算并办理注销登记。

四、便民服务

《养老机构管理办法》第十四条规定,民政部门应当通过政府网站、政务新媒体、办事大厅公示栏、服务窗口等途径向社会公开备案事项及流程、材料清单等信息。民政部门应当依托全国一体化在线政务服务平台,推进登记管理机关、备案机关信息系统互联互通、数据共享。关于养老机构的登记备案程序可参照图 5-1。

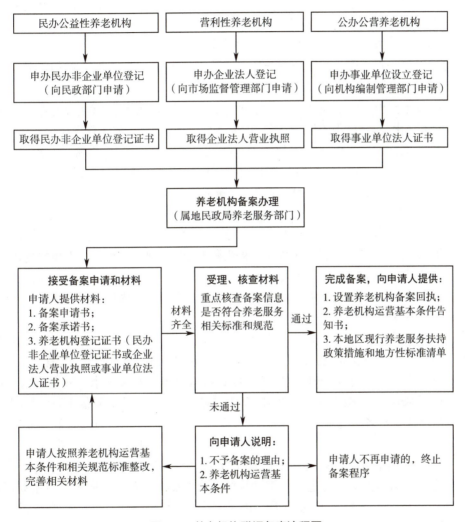

图 5-1 养老机构登记备案流程图

第三节 养老机构的服务管理

养老机构的服务是指养老机构在老年人入住期间,通过与老年人及其家属的互动交流,为满足老年人的各种生活、医疗、护理等需求而提供的一系列活动的总和。为满足老年人的养老需求,养老机构需要具有一套高效而翔实的服务管理规范。

一、人力资源管理

养老机构的人力资源直接决定养老服务质量的高低,对老年人的福祉及养老机构的发展至关重要。2021年12月,民政部发布《养老机构岗位设置及人员配备规范》,规定了养老机构岗位设置及人员配备的基本要求。

(一)岗位设置

《养老机构管理办法》第四章第二十六条规定,养老机构应当配备与服务和运营相适应的工作人员。《养老机构岗位设置及人员配备规范》进一步作出详细规定,即根据行业特点设置管理岗位、专业技术岗位和工勤技能岗位等岗位。

1. 管理岗位　管理岗位为承担领导职责或管理任务的工作岗位,包括但不限于养老机构院长、副院长、负责人岗位。

2. 专业技术岗位　专业技术岗位为承担专业技术工作职责、具有相应专业技术水平和能力要求的工作岗位,包括但不限于医疗、护理、康复、社会工作、健康管理岗位。

3. 工勤技能岗位　工勤技能岗位为承担技能操作和维护、后勤保障、服务等职责的工作岗位,包括但不限于养老护理、维修维护、保洁绿化、特种作业、消防设施操作、信息管理、档案管理、接待管理、会计、出纳、厨师、门卫、洗涤岗位等。

(二)人员配备

1. 管理人员配备　养老机构管理岗位人员的配备数量应根据机构规模、服务对象、老年人能力状况、功能定位等进行合理配备,达到满足运营管理的需求。养老机构应配备专职院长或副院长、内设部门负责人,并须具备相应的任职资质及专业知识技能。院长、副院长应具有初中及以上文化程度,具有养老服务专业知识;养老机构内设部门负责人应具有相关资质及专业知识技能。

2. 专业技术人员配备　养老机构专业技术岗位人员的配备数量应满足专业技术服务工作开展的需求。内设医疗机构的养老机构宜配备专职医师、护(师)士、康复医师、康复治疗师等专业技术人员,人员配备比例应符合医疗机构设置的有关要求。养老机构应每200名老年人(不足200名的按200名计算)配备1名社会工作者,且宜配备专职或兼职健康管理师。养老机构中的各类专业技术服务人员,应当具备与岗位相适应的有效专业资格证书或执业证书。医生应持有医师资格证书和医师执业证书;护士应持有护士资格证书和护士执业证书;其他专业技术人员持有岗位相适应的专业资格证书或执业证书。

3. 工勤技能人员配备　养老机构工勤技能岗位人员的配备数量应根据机构规模、老年人能力状况、入住老年人人数、服务需求、功能定位等进行合理配备,达到满足技能操作和维护、后勤保障和服务工作开展的要求。其中,应按照实际入住老年人数量配备提供直接护理服务的专职养老护理员,要求自理老年人、部分自理老年人和完全不能自理老年人的养老护理员配备比例分别不得低于1:20、1:12和1:5。养老护理员应经培训合格后上岗。特种作业人员、消防设施操作人员和会计等应具备相应上岗资质。

另外,养老机构所有提供生活照料、膳食、医疗护理等服务的人员均应持有与其岗位要求相适应的健康证明。养老机构应组织工作人员每年进行1次健康体检,患传染性疾病的工作人员应停止为老年人提供服务。

(三)配套制度

为了保证养老机构的高效运营,发挥人力资源的最优作用,养老机构宜设立岗位设置及人员配备管理的部门,建立岗位设置及人员配备相关管理制度并有效实施,包括但不限于岗位职责说明书与任职条件、人员聘用制度、教育和培训制度、薪酬与福利制度、绩效考核制度、人事合同与档案制度。

二、服务程序管理

(一) 咨询接待

接待服务是保持养老机构与外界联系的基本工作,有利于提高养老机构服务质量、保障入住老年人人身安全,保障家属和社会的知情权、降低接待服务过程风险。2021年12月,民政部发布《养老机构接待服务基本规范》,规定了接待服务的方式、内容及基本要求等内容。

1. 接待方式　养老机构应通过电话、互联网、现场等方式开展接待咨询服务,设置咨询和投诉服务电话,开通互联网信息交流通道。同时,可利用视频电话等信息化手段开展业务洽谈、家属探视等接待活动。

2. 接待服务内容及要求

(1)老年人或相关第三方咨询接待:养老机构应首先了解来访老年人或相关第三方的咨询服务内容和需求,尊重来访者的意愿,明确回复来访者关心的重点内容和问题,不应无故中断接待服务。应根据来访者的年龄、身体情况和服务需求,合理安排参观路线和项目。

(2)探视人员接待:养老机构应告知探视人员机构相关规定。未成年人、残疾人、高龄老年人等特殊群体前来探视宜由监护人陪同。对于非亲属探视人员,应征得老年人或相关第三方同意后由接待人员陪同探视。探视人员携带给老年人的物品应进行登记和管理。对超过探视时间的人员,接待人员应及时提醒并告知相关规定。养老机构应关注探视者和被探视老年人的沟通和心理状况,必要时应及时终止探视。

(3)团体来访者接待:养老机构接到团体来访者信函或通知后,应做好沟通并确认相关信息,视情况组织开展相关接待活动。沟通并确认的信息包括:①单位名称和性质;②人员数量和结构;③参观、学习、调研、检查的内容;④抵达养老机构时间、停留时间、离场时间等。结合实际制定接待计划,安排接待人员,准备相关资料,按计划有序开展接待。对团体来访者应限制人数,一次进入养老机构的团体来访者,不宜超过50人,1天不宜超过2批次。对随机检查或未预约但已到访的团体来访者,应核实情况酌情处理。应提前告知老年人接待服务相关的信息,积极沟通,取得理解和配合。

(二) 综合评估

为了使养老机构全面掌握服务对象的特征、需求,提供更加优质、全面、个性化的服务,防范安全事件的发生,评估制度被纳入《养老机构管理办法》《养老机构服务安全基本规范》等多部养老机构管理相关政策文件。

1. 入院前评估　养老机构应当建立入院评估制度,内容包括但不限于:服务合同、老年人身份证及户口本复印件、病史记录、体检报告及评估报告。老年人入住养老机构前,应结合老年人日常生活活动、精神状态、感知觉与沟通、社会参与等情况进行服务安全风险评估。服务安全风险评估应包括噎食、食品药品误食、压疮、烫伤、坠床、跌倒、他伤和自伤、走失、文娱活动意外等方面的风险。

2. 入院后评估　入院之后养老机构应对老年人的身心状况进行评估,并根据评估结果确定照料护理等级。养老机构应每年至少进行1次老年人阶段性安全风险评估,并保存评估记录。评估结果应告知相关第三方。应根据评估结果划分风险等级。

(三) 协议签署

《老年人权益保障法》第四十八条规定,养老机构应当与接受服务的老年人或者其代理人签订服务协议,明确双方的权利、义务。养老机构及其工作人员不得以任何方式侵害老年人的权益。《养老机构管理办法》第十六条规定,养老机构应当与老年人或者其代理人签订服务协议,明确当事人的权利和义务。

服务协议一般包括下列条款:①养老机构的名称、住所、法定代表人或者主要负责人、联系方式;②老年人或者其代理人和紧急联系人的姓名、住址、身份证明、联系方式;③照料护理等级和服务内容、服务方式;④收费标准和费用支付方式;⑤服务期限和场所;⑥协议变更、解除与终止的条件;⑦暂停或者终止服务时老年人安置方式;⑧违约责任和争议解决方式;⑨当事人协商一致的其他内容。

(四) 提供服务

机构养老最重要的功能是为在养老机构的老年人提供全方位的服务,从而提高老年人的晚年生活质量。

1. 养老机构服务内容　养老机构的服务内容体现了老年人在入住养老机构期间享受的服务种类,也明确了养老机构服务工作人员的工作内容和范围。2017年12月,国家质量监督检验检疫总局、国家标准化管理委员会批准并发布的《养老机构服务质量基本规范》规定,养老机构提供的服务包括:出入院服务、生活照料服务、膳食服务、清洁卫生服务、洗涤服务、医疗护理服务、文化娱乐服务、心理/精神支持服务、安宁服务等9类。根据《养老机构管理办法》第三章服务规范相关规定,养老机构应按照服务协议为老年人提供生活照料、康复护理、精神慰藉、文化娱乐等服务。其中,生活照料服务包括提供饮食、起居、清洁、卫生等服务项目。饮食应当符合食品安全要求、适宜老年人食用、有利于老年人营养平衡、符合民族风俗习惯。精神慰藉服务包括提供情绪疏导、心理咨询、危机干预等服务项目。养老机构应当开展适合老年人的文化、教育、体育、娱乐活动,丰富老年人的精神文化生活,并同时提供必要的安全防护措施。另外,鼓励养老机构运营社区养老服务设施,或者上门为居家老年人提供助餐、助浴、助洁等服务。

2. 照料护理等级　根据《养老机构管理办法》相关规定,养老机构应根据老年人的身心状况评估结果确定照料护理等级,当老年人身心状况发生变化,需要变更照料护理等级的,养老机构应当重新进行评估。养老机构确定或者变更老年人照料护理等级,应当经老年人或者其代理人同意。

(五) 终止服务

当老年人与养老机构任何一方不满足服务存续条件时则应终止服务。根据《养老机构管理办法》《养老机构服务质量基本规范》相关规定,如果老年人终止服务、出院,要征得委托人和院方同意,老年人及委托人签字,养老机构需协助老年人及家属办理出院手续。如果养老机构因变更或者终止等原因暂停、终止服务的,应当在合理期限内提前书面通知老年人或者其代理人。老年人需要安置的,养老机构应当根据服务协议约定与老年人或者其代理人协商确定安置事宜。民政部门应当为养老机构妥善安置老年人提供帮助。

(六) 结案归档

《档案法》规定,养老机构必须有自己的档案管理制度,保证档案的完整、准确、系统、安全,提高机构档案工作效率和工作质量。养老机构的档案是指机构过去和现在,在从事经营管理、科学技术、机构文化等活动中形成的对机构有保存价值的各种文字、图表、声像等历史记录。其中,和服务人群关系最为密切的档案是健康档案。健康档案是对入住养老机构的老年人在日常就医等活动中形成的文字、符号、图表及影像等资料的总和。根据2021年3月民政部发布的《养老机构老年人健康档案管理规范》等行业标准总结如下。

1. 档案主要内容　老年人健康档案包括老年人的基本信息、健康评估、健康体检、机构内外就医情况、知情同意书、辅助检查报告单等。

（1）基本信息：包括姓名、性别、年龄、籍贯、身份证号、民族、婚姻、户口住址、原工作单位、原职业、联系人等基本信息及入住机构时间、离开机构时间、入住机构天数、入住机构时身体状况、离开机构时身体状况及原因等内容。

（2）健康评估：包括姓名、性别、年龄、身份证号、生活方式、健康状况、老年人日常生活能力及简易智力等内容。

（3）健康体检：包括姓名、性别、年龄、体检日期、既往病史、用药史、体格检查、血常规、胸片等检查项目、现存健康主要问题、健康评价、健康指导等。

（4）机构内外就医情况：包括姓名、日期、一般情况、疾病情况、检查结果、用药情况、治疗效果、慢病管理、健康指导、紧急救治情况、向老年人或担保人告知的重要事项、会诊、转诊、转院、离开机构时情况等内容。

（5）知情同意书：包括档案号、姓名、性别、年龄、入住机构日期、入住机构时情况、目前情况、采取措施、可能出现的情况、担保人意见及签名等。

（6）辅助检查报告单：包括姓名、年龄、检查结果、日期等。

2. 档案记录要求　机构应在入院评估、例行评估、即时评估完成后，完成评估记录。机构应查验院前体检报告和年度体检报告，并归档。应于老年人入住机构时完成老年人基本信息填写。老年人就诊后，机构应记录就诊情况，将院内或院外检查报告单按时间顺序分类、归档。老年人健康状况发生变化时，机构应告知担保人，并签署知情同意书。老年人健康档案记录应真实、准确、及时、完整、规范，字迹工整、清晰。应使用蓝黑墨水、碳素墨水。健康档案书写过程中出现错字时，应用双线画在错字上，保留原记录清楚、可辨，并注明修改时间，修改人签名。老年人健康档案的日期和时间应使用阿拉伯数字，时间应采用 24 小时制。

3. 建档与归档

（1）建档：养老机构应建立老年人健康档案管理制度，建立老年人信息档案，收集和妥善保管服务协议等相关资料。老年人健康档案应由医务人员建立，无医务人员的，可委托其他医疗机构专业人员完成。健康档案中需要医务人员、老年人或担保人签名时，应由本人亲笔签署。老年人健康档案应编号，同一老年人在同一养老机构多次入住应使用同一档案号。养老机构及工作人员应保护老年人隐私，不得泄露老年人健康档案信息。老年人健康档案建档率应为 100%。老年人健康档案应按照健康档案封面、基本信息、机构内外就医情况、知情同意书、检查报告单、健康体检表、健康评估表及其他相关内容排序。

（2）归档：老年人入住机构期间，老年人健康档案应定点集中存放，并指定专人负责保管。应及时、准确、完整地记录服务过程，并由记录人员签字确认。电子健康档案应打印归档。工作记录保管期限应不少于 3 年。老年人离开机构后，机构应对老年人健康档案进行整理保存。老年人健康档案应装订并按档案号顺序有序归档。档案的保管期限不得少于服务协议期满后 5 年。推荐老年人健康档案保管期限应自老年人离开养老机构之日起不少于 30 年。

第四节　养老机构的安全管理

养老机构是老年人长期居住的生活场所，也是服务安全问题集中多发的场所。老年人安全问题是影响其健康和生活质量的重要因素之一，也严重影响养老机构的服务质量。因此，养老机构的安全管理工作至关重要，需要完善安全管理机制，制定安全防范制度，保持环

笔记栏

境和设施的安全,满足老年人对预防安全问题的服务需求。根据《养老机构管理办法》《养老机构安全管理》《养老机构消防安全管理规定》《养老机构服务安全基本规范》等相关规定,养老机构安全管理工作总结如下。

一、安全管理体系

(一)安全管理部门

养老机构应依法建立安全管理部门,安全管理部门由安全责任人、安全管理人员、相关部门和具体实施安全工作的专(兼)职人员组成,逐级负责本机构的安全管理工作。

(二)人员配置及职责

1. 安全责任人 养老机构的安全责任人应是机构法定代表人或主要负责人。安全责任人基本职责:全面负责本机构的安全工作,依法开展安全管理工作;建立安全管理部门和组织(含义务消防组织);审查批准安全制度、组织制定并实施安全事故应急预案;定期研究、督导安全问题;及时、如实向上级主管部门报告安全事故。

2. 安全管理人员 养老机构应按照机构总人数及服务内容配置相适应的专(兼)职安全管理人员。安全管理相关工作人员应熟悉国家和地方安全管理相关的法律法规及技术规范,并取得相关部门认可的资格证书,持证上岗,具备必要的组织协调能力和突发事件应变处置能力。安全管理人员基本职责:负责本机构主管范围内的安全工作;负责制定安全管理制度和年度安全工作计划,组织实施日常安全管理工作;督促、落实隐患整改工作;定期向安全责任人报告安全工作情况,及时报告涉及安全的重大问题。

(三)安全管理制度

养老机构应遵守国家法律法规要求,建立健全各项安全管理制度。制度包括但不限于:①安全责任制度;②安全教育制度;③安全操作规范或规程;④安全检查制度;⑤事故处理与报告制度;⑥突发事件应急预案;⑦考核与奖惩制度。安全管理制度应明确相关部门及人员的职责、权限、工作内容、工作流程及要求,应建立健全岗位操作规范。

(四)安全报告程序

养老机构发生意外或可能引发意外的过失行为后,应按要求逐级上报。报告程序应符合下列要求:发现设施、服务过程或服务对象存在安全隐患,工作人员应向安全管理人员报告,安全管理人员应及时组织力量采取积极措施,消除隐患,并向上级报告。发生安全事故后,工作人员应立即向安全管理人员报告,并进行事故详细记录,安全管理人员应迅速向安全责任人报告,安全责任人应按照有关规定及时向上级主管部门和相关行政主管部门报告。养老机构发生重大疫情,应及时向机构属地疾病预防控制机构报告。

二、安全管理要求

(一)设备设施安全

1. 消防设施安全 养老机构建筑在正式投入使用之前,应通过公安消防机关的消防验收。养老机构的建筑防火设计,建筑内部装修设计及使用装修材料的燃烧性能等级,火灾自动报警系统、自动灭火系统或室内外消火栓系统,防排烟设施设置,消防安全标志牌及其照明灯具设置应符合《建筑设计防火规范》(GB 50016-2014)、《建筑内部装修设计防火规范》(GB 50222-2017)、《建筑灭火器配置设计规范》(GB 50140-2022)等相关规定。任何单位、个人不应损坏、挪用或擅自拆除、停用消防设施、器材,不应埋压、圈占、遮挡消火栓或占用防火间距,不应占用、堵塞、封闭疏散通道、安全出口、消防车通道。人员密集场所的门窗不应设置影响逃生和灭火救援的障碍物。消防设施、器材应定期组织检验维修,并对消防设施每年至少进行1次全面检测,确保完好有效。

2. 电气安全　养老机构应正确选用各类用电产品的规格型号、容量和保护方式(如过载保护等),不应擅自更改用电产品的结构、原有配置的电气线路以及保护装置的整定值和保护元件的规格等。养老机构选择用电产品应确认其符合产品使用说明书规定的环境要求和使用条件,并根据产品使用说明书的描述,了解使用时可能出现的危险及需要采取的预防措施。电器线路、电气设备的安装应由专业人员实施,安装完成后,依法进行检测。

3. 燃气安全　养老机构使用燃气的设备及场所应设可燃气体报警装置,选择使用的燃气灶、热水器和壁挂炉等燃气器具应经有资质的检验机构检验合格,并根据产品使用说明书,了解产品使用时可能出现的危险及需要采取的预防措施。

养老机构不应私自拆、移、改动燃气表、灶、管道等燃气设施,不应私自安装燃气热水器、取暖器和其他燃气器具。

4. 特种设备安全　特种设备指涉及生命安全、危险性较大的锅炉、压力容器(含气瓶)、压力管道、电梯等。特种设备在投入使用前或者投入使用后30天内,养老机构应向特种设备安全监督管理部门登记,登记标志应置于或者附着于该特种设备的显著位置。养老机构应对在用特种设备进行经常性日常维护保养,定期自行检查,至少每月进行1次自行检查,并做出记录。在自行检查和进行日常维护保养时发现异常情况的,应及时处理。电梯维护单位应至少每15天对养老机构在用电梯进行1次清洁、润滑、调整和检查,并作记录。养老机构应指定机构对在用特种设备进行定期检验。在安全检验合格有效期届满前1个月向特种设备检验检测机构提出定期检验要求。未经定期检验或者检验不合格的特种设备,不应继续使用。

5. 健身器材安全　养老机构应定期对在用健身器材进行清洁、润滑、调整、检查并维护,并作记录。健身器材的安全注意事项和警示标志应设置在活动区显著位置。发现情况异常,应及时处理。

6. 建筑安全　根据养老机构入住人群的特点、提供服务内容的特点以及经营管理的特点,养老机构建筑设计应遵循以人为本、无障碍设计、安全性、可选择性、全面设计等原则,符合安全、健康、卫生、适用、经济、环保等基本要求。养老机构的选址及规划布局应符合《老年人照料设施建筑设计标准》和其他相关规定,宜与居住区配套设置,应选择在交通方便、基础设施完善、公共服务设施使用方便的地段,远离污染源、噪声源及易燃、易爆、危险品生产、储运的区域。养老机构应对本机构建筑设施进行定期维护和保养。

7. 安全标志　养老机构应对存在较大危险因素的部位和有关设备、设施设置安全标志。养老机构的安全出口、疏散走道和楼梯口应设置灯光疏散指示标志,疏散指示标志应设在安全门顶部或疏散走道及其转角处距地面高度1米以下的墙面上,且疏散指示标志的间距不应大于20米。同时在疏散走道的地面应设置蓄光型疏散导流标志,并保证疏散导流标志视觉连续。在走廊通道墙面明显处设置疏散路线示意图。安全玻璃门、玻璃墙应有警示标志并设置在显著位置。对在紧急情况下使用的通信设备(这种通信设备应设在每个呼叫点和电话机所在位置)应使用安全标志醒目的标示,对设备的背景区域应标记或照亮。养老机构应对安全标志牌至少每半年检查1次,如发现有破损、变形、褪色等不符合要求的应及时修整或更换。

8. 监控设备　养老机构应当在各出入口、接待大厅、值班室、楼道、食堂等公共场所安装视频监控设施,做到重点公共区域全覆盖,并妥善保管视频监控记录。设置监控系统的养老机构应有监控系统控制室,并应有专(兼)职人员24小时值班;值班人员要坚守岗位,做好运行和值班记录,执行交接班制度。控制室的入口处应设置明显标志。

（二）食品安全

根据《养老机构服务质量基本规范》《养老机构等级划分与评定》《养老机构膳食服务基本规范》和其他相关规定,养老机构应建立健全食品安全管理制度,采取有效的管理措施,保证食品安全。

养老机构内设食堂的,应当取得市场监督管理部门颁发的食品经营许可证,严格遵守相关法律、法规和食品安全标准,执行原料控制、餐具饮具清洗消毒、食品留样等制度,并依法开展食堂食品安全自查;膳食服务从业人员应由持有效健康证明并经过培训合格的人员承担;养老机构从供餐单位订餐的,应当从取得食品生产经营许可的供餐单位订购,并按照要求对订购的食品进行查验。

提供膳食服务的养老机构,食品及食品原料的采购、贮存、加工、烹饪等环节应符合《食品安全国家标准——餐饮服务通用卫生规范》的要求。食品、食品原料、食品添加剂和食品相关产品应进行进货和入库查验。食品类产品主要需查看合格证、检疫章、生产日期、有效期、保质期、数量、外包装等。贮存场所、设备应保持清洁,无霉斑、鼠迹、苍蝇、蟑螂等,不得存放有毒、有害物品及个人生活用品。食品原材料、半成品、成品在盛放、贮存时相互分开。加工及烹饪前,工作人员应清洗、消毒双手,保持工作服清洁,戴好工作帽、口罩、手套。供餐前应对备餐间的空气和操作台进行消毒。送餐时应做好保温、保鲜,用密闭的容器和餐车送到老年人用餐场所。应建立食品留样备查制度,每日留样品种齐全,每种样品不少于125g,并在专用盒上标注品名、时间、餐别、采样人,并将留样盒放置于0~4℃冰箱内,储存时间不少于48小时,并作留样记录。每餐应对餐(饮)具、送餐工具清洗消毒,每日处理餐厨垃圾。膳食服务人员应身着洁净的工作服,佩戴口罩和工作帽,保持个人清洁。每周应对食谱内容进行调整,向老年人公布并存档。临时调整时,应提前告知。老年人集体用餐时,应配备相应服务人员予以协助。

对环境地面每天进行2次湿式打扫,台面用湿布抹擦,有传染病疫情时采用有效氯250~500mg/L的含氯消毒剂进行消毒。餐(饮)具、盛放或接触直接入口食品的容器和工具的清洗消毒水池应当专用,与食品原料、清洁用具及接触非直接入口食品的工具、容器清洗水池分开,不交叉污染。餐(饮)具、盛放或接触直接入口食品的容器和工具使用前应消毒。消毒后的餐用具宜沥干、烘干,定位存放在专用的密闭保洁设施内。定期清洁保洁设施,防止清洗消毒后的餐用具受到污染。

（三）消防安全

根据《养老机构消防安全管理规定》,养老机构应当严格遵守《消防法》《机关、团体、企业、事业单位消防安全管理规定》等消防法律法规规章,严格执行《建筑防火通用规范》等强制性消防标准,严格规范消防安全管理行为,防止火灾发生、减少火灾危害,切实保障老年人的人身和财产安全。根据《养老机构消防安全管理规定》,将消防安全要求归纳如下。

1. 落实消防安全主体责任　养老机构应当建立健全逐级和岗位消防安全责任制,明确相应的消防安全责任人员及职责;制定消防安全管理制度和操作规程,并根据情况及时修订完善;养老机构与其他单位共同使用同一建筑的,应当明确各方的消防安全责任。

2. 规范场所安全设置　养老机构应设置在合法建筑内,不应设置在生产储存经营易燃易爆危险品场所、厂房和仓库、大型商场市场等建筑内,不应设置生产场所或其他库房,不应与工业建筑组合建造;养老机构与其他单位处于同一建筑物内的,应当与其他单位进行防火分隔;养老机构的楼层布置,机构内老年人居室、休息室、公共活动用房、康复与医疗用房的具体布置,应当符合《建筑防火通用规范》对老年人照料设施的要求。

3. 确保设施正常运行　养老机构应当加强消防设施管理:按照国家规定配置消防设

施、器材,定期对消防设施、设备进行维护保养检测,确保完好有效。应加强安全疏散设施管理:确保疏散通道、安全出口和疏散门畅通;保证消防应急照明、疏散指示标志完好有效;应在各楼层的明显位置设置安全疏散指示图,配备轮椅、担架、呼救器、过滤式自救呼吸器、疏散用手电筒等安全疏散辅助器材。

4. 严格消防安全日常管理　养老机构应当严格用电管理,严格用火管理,严格用气管理,严格建筑材料和装修装饰管理,严格具有火灾风险的设备设施管理,严格实行 24 小时值班制度,建立健全消防档案并由专人统一管理。

5. 做好安全隐患自查自改　养老机构应当明确人员定期开展防火巡查、检查,填写巡查、检查记录。突出防火巡查检查重点,对于防火巡查检查中发现的问题,应当及时纠正。对于无法当场纠正的火灾隐患应当形成清单,并建立整改台账,实行销号管理,整改完成一项、销号一项。火灾隐患整改期间,应当采取相应的安全保障措施。

6. 提升应急处置能力　养老机构应当结合本单位实际情况,制定有针对性的灭火和应急疏散预案,定期开展消防演练,及时总结,并根据情况完善灭火和应急疏散预案。应当根据需要建立志愿消防队,配备必要的装备器材,提高自防自救能力。

7. 加强消防安全教育培训　养老机构应当至少每半年开展 1 次对全体员工的消防安全培训;对新上岗员工或者进入新岗位的员工应当进行上岗前消防安全培训;对志愿消防队(微型消防站)队员、自动消防设施操作人员、特种岗位人员等,应当组织经常性消防安全业务学习。应面向入住老年人宣传消防安全常识,重点提示火灾危险性、安全疏散路线、用火用电常识、灭火器材位置和使用方法等。

(四) 医疗护理安全

养老机构内设的医疗机构应遵守国家医疗安全相关法律法规要求,依照卫生部门的规定,建立相应的医疗护理安全管理制度,对护理照料、医疗等重点安全问题进行监控。养老机构内设的医疗机构应接受卫生部门定期的监督检查。根据《关于严禁养老机构违法违规开展医疗服务的通知》,对养老机构提出以下要求。

1. 严禁无资质机构和人员提供医疗服务　坚决杜绝养老机构内无执业资质的机构以"诊所、卫生所(室)、医务室、护理站"等医疗机构、医养结合机构名义提供医疗服务。坚决杜绝养老机构内无行医资质的相关人员以"医师、护士、医技人员"等卫生技术人员名义提供医疗服务。要强化养老机构主体责任,对内设医疗机构,应当依法依规及时备案并聘请具有资质的人员提供医疗服务;养老机构与其他医疗机构合作内设医疗机构或购买医疗服务时,应当核验提供医疗服务机构和人员的资质。

2. 严禁违规使用名称、超范围开展诊疗活动　养老机构内设医疗机构要严格按照国家卫生健康委办公厅、民政部办公厅、市场监管总局办公厅、国家中医药局办公室《关于进一步规范医疗机构名称管理工作的通知》要求,规范命名医疗机构名称,严禁使用未经核准的医疗机构名称,不得使用可能产生歧义或者误导患者的名称。坚决杜绝养老机构内设医疗机构的诊疗活动超出登记或备案范围。坚决杜绝养老机构内设医疗机构使用的卫生技术人员从事本专业以外的诊疗活动。

3. 严厉打击相关违法违规行为　各地卫生健康、中医药部门要依法依规严厉打击养老机构内的无资质医疗机构、无行医资质相关人员擅自提供诊疗服务违法行为,依法查处养老机构内设医疗机构和相关人员违法开展医疗服务的行为,涉嫌犯罪的要及时移送司法机关,并及时向当地民政部门通报查处整治情况。民政部门要配合当地卫生健康、中医药部门做好相关工作。

4. 严格规范开展医疗等服务　养老机构内设医疗机构的医师要在注册的执业范围内,

遵循临床诊疗指南并遵守临床技术操作规范和医学伦理规范等进行医学诊查、疾病调查、医学处置、出具相应的医学证明文件,选择合理的医疗、预防、保健方案。对入住老年人负责救治或进行正常死亡调查的医疗机构要严格按照《医师法》和原国家卫生和计划生育委员会、公安部、民政部《关于进一步规范人口死亡医学证明和信息登记管理工作的通知》及其他有关规定,亲自诊查、调查并出具机构内死亡老年人《居民死亡医学证明(推断)书》。

5. 严格监督管理,加强宣传教育　各地卫生健康部门要将养老机构内设医疗机构纳入医疗卫生"双随机、一公开"监督抽查范围,加强日常监督检查,加大监督执法力度。各地卫生健康、民政、中医药部门要加大宣传教育力度,切实提高相关机构人员依法执业意识。

(五) 人身安全

养老机构应遵守国家相关法律法规要求,建立相应的人身安全管理制度。对故意伤害、走失、交通安全等重点安全问题进行监控。养老机构应对生活照料、日常管理、服务活动中涉及的有关人身安全问题进行安全评价,并实施有效监控和防范。

(六) 财产安全

养老机构应遵守国家相关法律法规要求,建立相应的财产安全管理制度。对偷窃等重点安全问题进行有效监控和防范。

(七) 信息安全

养老机构应建立各类信息、档案资料保管制度,严守国家保密法和保密守则,不泄密,不外泄个人隐私。信息应包括:机构内部形成和采集的文字信息(包括老年人健康档案、管理工作档案等)、图片信息、影像信息等。收集的信息应符合真实性、准确性、全面性、时效性的原则。应有专(兼)职人员负责信息管理,各类信息经过筛选和整理后,应当分类保存。重要的照片、影像等信息资料应采用适当的媒介保存。养老机构的管理、服务活动应有效地利用相关信息,作为工作的参考依据。

三、安全风险防范

(一) 安全风险防范制度

根据《养老机构服务安全基本规范》,养老机构的服务安全风险评估内容包括噎食、食品药品误食、压疮、烫伤、坠床、跌倒、他伤和自伤、走失、文娱活动意外等方面的风险。服务安全风险评估每年应至少进行 1 次,并保存评估记录,评估结果应告知第三方。

(二) 服务风险防范措施

1. 防噎食　为防止老年人噎食的发生,养老机构应为有噎食风险的老年人提供适合其身体状况的食物,如流质、软食等。有噎食风险的老年人进食时应在工作人员视线范围内,或由工作人员帮助其进食。

2. 防食品药品误食　养老机构应定期进行食品、药品检查,防止老年人误食过期或变质的食品。如发现老年人或相关第三方带入不适合老年人食用的食品,工作人员应与老年人或相关第三方沟通后处理。提供服药管理服务的机构,应与老年人或相关第三方签订服药管理协议,准确核对发放药品。如果老年人发生误食情况,应及时通知专业人员进行救治。

3. 防压疮　养老机构应对有压疮风险的老年人进行身体及床单位检查,查看老年人皮肤是否干燥、颜色有无改变、有无破损,尿布、衣被等是否干燥平整。预防压疮的措施应包括变换体位、清洁皮肤、器具保护、整理床铺并清除碎屑。工作人员应如实对检查情况予以记录。

4. 防烫伤　为了防止老年人发生烫伤,工作人员倾倒热水时应避开老年人。为老年人进行洗漱、沐浴前应调节好水温,盆浴时先放冷水再放热水,如为自理老人则应进行防烫伤健康教育。应避免老年人饮用、进食高温饮食,以及接触高温设施设备与物品,如开水炉、高温消毒餐具、加热后的器皿。当老年人使用取暖物时,应观察其皮肤情况。养老机构应设有安全警示标识。

5. 防坠床 对有坠床风险的老年人,工作人员应重点观察与巡视,并帮助有坠床风险的老年人上下床。当老年人睡眠时,工作人员应为其拉好床护栏,并检查床单元安全。

6. 防跌倒 老年人居室、厕所、走廊、楼梯、电梯、室内活动场所应保持地面干燥,并确保无障碍物。老年人服用药物,工作人员应观察其用药后反应。有跌倒风险的老年人实施起床、行走、如厕等活动时,养老机构应为其配备助行器具或由工作人员协助。工作人员在实施地面保洁等清洁服务前及过程中应放置防跌倒安全标志。

案例分析

老年人突发疾病,养老机构尽到救助义务的,不承担责任

案例简介:王某,男,75 岁,入住某老年公寓。入住前,该老年公寓对其进行健康状况评估,并与王某及其子女签订《托养服务协议书》,约定如王某突发疾病,老年公寓应及时通知其子女,由其子女决定接受抢救和治疗的医院,或由其子女同意后及时拨打 120 急救。该老年公寓同时对老人存在的潜在意外风险等进行了告知,王某遂签署《送养人知情承诺书》。某日,该老年公寓工作人员巡查时发现王某在房间内摔倒,遂扶起王某并电话通知其子女。送医后,王某被诊断为"大面积脑梗死伴出血转化"等,后去世。王某子女认为该老年公寓存在管理不当,导致王某没有得到合理的救治,起诉请求赔偿。

案情分析:《养老机构管理办法》第十七条规定,养老机构按照服务协议为老年人提供生活照料、康复护理、精神慰藉、文化娱乐等服务。本案中,该老年公寓对王某开展了入院评估,王某及其子女也认可并选择了半护理的养老模式,签署相关承诺。从王某入住、摔倒、突发疾病、送医救治的过程来看,该老年公寓的行为符合《托养服务协议书》约定,尽到及时救助的义务,并无明显不当。法院最终驳回王某子女的诉讼请求。

7. 防他伤和自伤 当发现老年人有他伤和自伤风险时,工作人员应进行干预疏导,并告知相关第三方。养老机构应安排专人管理易燃易爆、有毒有害、尖锐物品以及吸烟火种。发生老年人他伤和自伤情况时,工作人员应及时制止并视情况报警、呼叫医疗急救,同时及时告知相关第三方。

8. 防走失 工作人员应重点观察、巡查有走失风险的老年人,且交接班核查。有走失风险的老年人外出应办理手续。

9. 防文娱活动意外 工作人员应观察文娱活动中老年人的身体和精神状态,以防发生意外。举办文娱活动前和过程中,养老机构工作人员应对活动场所进行地面防滑、墙壁边角和家具防护处理。

(三) 危急患者响应流程

养老机构的老年人很多为自理能力欠缺或者高龄老人,在日常生活中出现突发疾病、意外事件、伤害等风险较高,对养老机构的应急预案提出了较高要求。

根据《养老机构管理办法》第十九条,养老机构应当为老年人建立健康档案,开展日常保健知识宣传,做好疾病预防工作。养老机构在老年人突发危重疾病时,应当及时转送医疗机构救治并通知其紧急联系人。另外,养老机构可以通过设立医疗机构或者采取与周边医疗机构合作的方式,为老年人提供医疗服务。养老机构设立医疗机构的,应当按照医疗机构管理相关法律法规进行管理。

根据《养老机构管理办法》第二十条,养老机构发现老年人为传染病病人或者疑似传染病病人的,应当及时向附近的疾病预防控制机构或者医疗机构报告,配合实施卫生处理、隔离等预防控制措施。养老机构发现老年人为疑似精神障碍患者的,应当依照精神卫生相关法律法规的规定处理。

(四) 突发事件应急管理

养老机构的安全管理部门负责组织、协调应急处置工作,担负信息汇总上传和综合协调的职责。应急处置责任人应由养老机构的安全责任人担任。

养老机构应制订应对自然灾害、事故灾难、公共卫生事件、社会安全事件等突发事件的应急预案,并结合本机构实际情况制订处置专项突发事件应急预案,包括火灾处理预案、食物中毒处置预案、传染病处置预案以及机构认为有必要制订的其他预案。养老机构内全体工作人员应掌握应急预案内容并履行应急预案规定的岗位职责。应急预案应至少每半年进行1次演练。

养老机构安全管理部门应及时对突发事件的有关信息进行筛选、整理、评估,由安全责任人按照《国家突发公共事件总体应急预案》的分类分级规定,依级启动预案。重大级别以下突发事件应急处置工作由本机构安全管理部门负责组织实施。超出本级应急处置能力时,要及时报请上级安全管理部门提供指导和支持。

突发事件得到有效处置、事态平息,经组织专家论证后,安全管理部门根据突发事件处置情况终止预案。应急处置结束后,养老机构安全管理部门对原应急预案进行评估和完善,修订后的预案应报主管部门备案。

四、安全教育培训

(一) 培训内容

安全教育与培训内容至少应包括:①安全工作涉及的法律法规和规章;②本部门或岗位的安全管理制度和操作规范或规程;③设备设施、工具和劳动防护用品的使用、维护和保养知识;④安全事故的防范意识、应急措施和自救互救知识;⑤应急预案的演练;⑥法律法规规定的其他内容。

(二) 实施要求

安全教育与培训的组织实施应符合下列要求:①安全责任人负责对安全管理人员的教育与培训,使之全面掌握养老机构安全监测、控制、管理的理论,专业知识和技能,并能指导实际工作。②安全管理人员应组织本机构工作人员的安全教育与培训,使之掌握安全知识和相关安全技能;应对老年人进行重点安全问题预防知识教育。③可采取多种形式进行安全教育和培训。④应对教育与培训效果进行检查和考核。

(三) 参训人员

养老机构应定期对工作人员进行职业病防范、工作防护的安全教育,对新员工或换岗人员进行上岗前职业健康安全教育。接受教育与培训的人员应包括:①安全责任人、安全管理人员每年应接受在岗安全教育与培训;②新员工上岗前应接受岗前安全教育与培训,并做好培训记录;③换岗、离岗6个月以上的员工,以及采用新技术或者使用新设备的员工,均应接受岗前安全教育与培训。

笔记栏

第五节　养老机构的监督检查

为了保护老年人权益,落实养老机构的事中、事后监督和管理,《老年人权益保障法》第四十五条明确规定,县级以上人民政府民政部门负责养老机构的指导、监督和管理,其他有关部门依照职责分工对养老机构实施监督。为加强和规范养老机构行政检查工作,促进严格规范公正文明执法,2022年10月31日,民政部发布了《养老机构行政检查办法》(民发〔2022〕86号)。

一、监督检查原则

《养老机构行政检查办法》规定,养老机构监督检查应遵循下列原则:①行政检查当坚持检查和改进相结合,遵循依法、公平、公正、高效的原则,不得影响养老机构的正常经营活动。②已经备案的养老机构,由办理备案的民政部门于备案之日起20个工作日以内进行现场检查,并核实备案信息。未备案的养老机构,由服务场所所在地的县级人民政府民政部门于自发现其收住老年人之日起20个工作日以内进行现场检查,并督促及时备案。③行政检查可以依法由民政部门单独实施或者会同有关部门联合实施。④民政部门应当加强与有关部门的协作配合,推进联合检查制度化、常态化,切实减轻养老机构负担。省级民政部门应当建立本行政区域内检查对象名录库和检查人员名录库,并实行动态调整。⑤民政部门应当充分应用互联网、大数据、人工智能等现代技术手段,依托全国养老服务信息系统等平台,强化行政检查信息归集共享和关联整合,逐步实现全流程信息化,提升行政检查的规范化、精准化、智能化水平。

二、行政检查类型

根据《养老机构行政检查办法》,行政检查包括日常检查、专项检查和个案检查。日常检查、专项检查和个案检查可以采取现场检查方式,也可以采取书面检查、在线视频检查等非现场检查方式。

(一)日常检查

日常检查是指民政部门对不特定养老机构或者养老机构的不特定事项进行的检查。日常检查原则上应当通过双随机抽查的方式进行。省级民政部门应当制定随机抽查事项清单,明确检查依据、检查主体、检查事项、检查方式等,并根据法律法规规章和工作需要等进行动态调整,及时向社会公开。采用联合检查的,省级民政部门应当会同有关部门制定联合随机抽查事项清单。

实施日常检查,民政部门应当制定年度检查工作计划,并根据工作实际进行调整,及时向社会公开。年度检查工作计划应当包括检查时间、检查事项、检查比例和频次等。检查比例、频次和检查对象被抽查概率应当根据养老机构信用风险分类结果合理确定、动态调整。

(二)专项检查

专项检查是指民政部门基于日常检查、个案检查等发现的突出性、普遍性问题,以及安全风险防范需要,对不特定养老机构进行的检查。专项检查可以根据实际采取双随机抽查或者全覆盖检查的方式。实施专项检查,民政部门应当制定专项检查工作方案,明确检查范围、检查重点、时间安排、工作要求等内容。采取联合检查的,民政部门应当会同有关部门制定联合专项检查方案。

(三) 个案检查

个案检查是指民政部门基于投诉举报、转办交办、数据监测等发现的问题线索,对特定养老机构进行的检查。发现养老机构涉嫌违法违规问题线索后,民政部门应当立即实施个案检查;需要立案查处的,按照行政处罚程序规定进行调查处理。

三、监督检查程序

(一) 确定检查人员

1. 人员选择方法　实施行政检查,民政部门应当确定检查人员。采取双随机抽查方式实施的,应当从检查人员名录库中随机匹配检查人员。执法检查人员有限,不能满足本区域内随机抽查基本条件的,可以采取直接委派方式,或与相邻区域执法检查人员随机匹配。采用联合检查的,检查人员由各部门依法确定。根据检查需要,民政部门可以委托有资质的第三方机构或者聘请具有相关专业知识的人员协助开展检验、检测等专业技术性工作。

2. 人员选择原则　采取现场检查、在线视频检查方式的,检查人员不得少于 2 人。检查人员与养老机构或者养老机构有关人员有直接利害关系或者有其他关系可能影响公正检查的,应当回避。养老机构认为检查人员与其有直接利害关系或者有其他关系可能影响公正检查的,有权申请回避。养老机构提出回避申请的,民政部门应当依法审查,由负责人决定。决定作出之前,不停止检查。

(二) 出具检查通知书

行政检查应当制作检查通知书,载明检查依据、检查时间、检查事项、检查人员等内容。采取书面检查方式的,检查通知书还应当载明所需材料的种类、报送方式和报送时间等内容。实施日常检查、专项检查,民政部门原则上应当提前 3 个工作日向养老机构发出检查通知书,必要时也可以持检查通知书直接进行检查。实施个案检查,民政部门应当持检查通知书直接进行,不得事先告知养老机构检查行程和检查事项。采取现场检查、在线视频检查方式的,检查人员应当表明身份,同时向养老机构出示检查通知书。民政部门实施监督检查时,检查人员不得少于 2 人,并需要出示执法证件,未表明身份或者未出示检查通知书的,养老机构有权拒绝接受检查。

(三) 履行检查职责

民政部门依法履行监督检查职责时,养老机构应当配合,如实提供相关资料和信息,不得隐瞒、拒绝、阻碍。检查人员有权实施下列行为:①查看养老机构服务场所;②向养老机构和个人了解情况;③查阅与检查事项有关的合同、票据、账簿及其他有关文件资料、信息系统;④对检查过程进行音像记录;⑤通过收集原件、原物或者采取记录、录音、录像、照相或者复制等方式获得有关材料;⑥法律、法规、规章规定的其他行为。对非现场检查收集的信息,民政部门可以采取电话询问、书面质询、约见谈话、现场查验等方式进行核实。

依据《养老机构管理办法》相关规定,民政部门应当每年对养老机构服务安全和质量进行不少于一次现场检查。应当结合养老机构的服务规模、信用记录、风险程度等情况,确定抽查比例和频次。对违法失信、风险高的养老机构,适当提高抽查比例和频次,依法依规实施严管和惩戒。

(四) 填写检查记录

实施行政检查,检查人员应当填写检查记录表,如实记录检查内容、发现的问题等情况并签字。采取现场检查方式的,检查记录表还应当由养老机构法定代表人(主要负责人)或者其委托的工作人员签字确认。无法取得签字的,检查人员应当注明原因;确有必要的,可以邀请在场人员作为见证人,并由检查人员和见证人共同签字确认。

笔记栏

（五）出具检查报告

行政检查结束后,检查人员应当形成检查报告,明确被检查养老机构的基本情况、检查情况、发现的问题和处理建议等内容。民政部门在行政检查中未发现养老机构存在问题的,经主要负责人或者其授权的其他负责人批准,作出未发现检查事项存在问题的检查结果。民政部门作出检查结果后,行政检查程序终结。民政部门应当在检查结果形成后20个工作日内将检查结果书面告知被检查的养老机构,并向社会公开。

（六）责令整改措施

民政部门行政检查中发现养老机构存在下列问题,经主要负责人或者其授权的其他负责人批准,作出发现检查事项存在问题的检查结果,并进行相应处理:①养老机构在服务安全和质量方面存在可能危及人身健康和生命财产安全风险的,责令限期改正;②养老机构在建筑、消防、食品、医疗卫生、环境保护、特种设备等方面存在安全隐患的,应当由其他部门查处的,及时通报移送有关部门依法处理;③养老机构存在违法违规行为,依法应当由民政部门予以行政处罚的,转入行政处罚程序;④养老机构违法行为涉嫌犯罪的,移交司法机关处理。对存在①、②两项情形的养老机构,民政部门应当督促其落实整改要求,并在整改期限届满后进行复查并制作复查记录。涉及其他部门职责的,复查应当会同有关部门进行。养老机构存在第①项情形,逾期未按照要求完成整改,依法应当给予行政处罚的,转入行政处罚程序。

民政部门在行政检查中发现安全隐患突出,排除前或者排除过程中无法保证安全的,应当区分情况,采取责令其从危险区域内撤出老年人和其他工作人员或者停止使用相关设施、设备等紧急措施处置,并通知相关部门到场处理。对有根据认为养老机构的服务设施、设备不符合保障安全生产的强制性标准的,民政部门应当依照《安全生产法》《行政强制法》等有关规定,对相关服务设施、设备予以查封、扣押。

四、完善监督管理机制

（一）建立行政检查档案

民政部门应当建立行政检查档案,归档保存反映检查过程和检查结果的相关资料,确保检查留痕和可回溯。对涉及国家秘密、商业秘密、个人隐私的记录资料,归档时要执行国家有关规定。行政检查中发现养老机构存在违法违规行为,依法转入行政处罚程序的,在检查过程中形成的资料可以与行政处罚案卷一并归档。

（二）建立行政检查信息共享机制

民政部门应当充分利用信息技术手段,提高监管能力和水平。民政部门应当定期梳理行政检查中发现的问题,定期开展养老服务行业统计工作,养老机构应当及时准确报送相关信息。对养老机构存在的突出性、普遍性问题,及时进行通报。民政部门积极推动建立行政检查信息共享机制,加强与有关部门协作,沟通检查情况,共享检查信息。

（三）加强法律和业务知识培训

民政部门应当有计划地对检查人员进行法律和业务知识培训,保证其熟悉相关法律、法规、规章和标准,遵守行为准则和职业道德。检查人员在检查工作中,不得实施下列行为:①违反规定程序进行行政检查;②利用检查工作为本人、亲友或者他人谋取利益;③接受养老机构宴请、礼品、礼金,以及娱乐、旅游、食宿等安排;④泄露在检查中了解到的养老机构的技术秘密、商业秘密或者相关人员的个人隐私;⑤向被检查养老机构收取检查费用;⑥其他违反行政检查规定、侵害养老机构合法权益的行为。

（四）畅通投诉渠道

根据《养老机构管理办法》相关规定,养老机构应当听取老年人或者其代理人的意见和

笔记栏

建议,发挥其对养老机构服务和运营的监督促进作用。民政部门应当畅通对养老机构的举报投诉渠道,依法及时处理有关举报投诉。养老机构及其工作人员认为检查人员行政检查行为违法或者不当的,有权向民政部门投诉举报。民政部门收到投诉举报后,应当依法及时处理。

(五) 完善追责机制

《养老机构管理办法》第四十七条规定,民政部门及其检查人员在行政检查工作中违反本办法有关规定,滥用职权、玩忽职守、徇私舞弊的,对直接负责的主管人员和其他直接责任人员依法给予处分;构成犯罪的,依法追究刑事责任。

复习思考题

1. 简述养老机构的概念与分类。
2. 为什么国家将养老机构设置从许可转为备案管理?
3. 简述养老机构服务的主要内容。
4. 简述养老机构服务风险的防范措施。
5. 简述养老机构监督检查的主要类型。

第六章

医养结合政策法规

📌 **学习目标**

知识目标

掌握医养结合概念、主要类型和模式及相关政策;掌握医养结合机构的概念、养老机构设置医疗机构有关规定及相关从业人员的执业要求;了解医养结合机构医疗风险的预防和处理措施;了解家庭医生、家庭照护床位概念及政策规定。

能力目标

熟悉医养结合相关政策规定并在实践中应用;能够分析医疗损害的法律要素;处理医养结合机构的医疗纠纷。

素质目标

培养学生具有现代健康理念,爱岗敬业、乐于奉献的精神;使学生了解医养结合机构从业人员执业要求。

课程思政目标

有较强的职业认同感,具备为老、助老、敬老的职业精神,积极投身养老事业。

伴随人口老龄化而来的是老年人健康和照护需求的增多。医养结合跨越了传统养老观念中只强调单一"养"的服务内涵,通过为老年人提供治疗期住院、康复期护理、稳定期生活照料、安宁疗护一体化的健康养老服务,促进慢性病全程防治管理服务同居家、社区、机构养老紧密结合。推进医养结合是优化老年健康和养老服务供给的重要举措,是积极应对人口老龄化、增强老年人获得感和满意度的重要途径。

第一节 概　　述

一、医养结合的概念和特点

(一)医养结合的概念

医养结合是指以健康老龄化为目标,以养老服务需求为导向,以医疗卫生服务为手段,将医疗卫生服务资源与养老服务资源相结合,在居家社区或者养老机构中为老年人提供综合、专业、连续的健康养老服务。医养结合是实现社会资源配置优化的一种方式,"医"具体包括健康指导、疾病预防、疾病诊疗和康复、护理等医疗服务,"养"主要包括老年人生活照料、文体娱乐等老年人社会服务。

73

笔记栏

（二）医养结合的特点

1. 服务内容融合　医养结合服务覆盖有健康需求的老年人,对健康状况良好的老年人可以提供健康指导、疾病预防、养生保健等服务,对失能半失能老年人可以提供疾病诊治、康复护理等服务,这些服务可以融入不同的医养结合模式中。

2. 服务主体多元　医养结合服务主体包括综合医院、社区卫生服务机构、诊所、医务室、护理站等,也包括提供医疗服务的养老机构或者社区日间照料中心等。这些机构的性质可以是公立,也可以是民营或者混合所有制。

3. 服务形式多样　医养结合服务既可以为居家和社区老年人提供家庭医生、家庭病床、上门巡诊等医疗服务,也可以采取养老机构设置医疗机构或医疗机构内设养老机构的服务方式。

二、医养结合的主要类型和模式

（一）医养结合类型

根据不同服务主体中的功能定位,医养结合可以分为以下两种类型。

1. "医"为主、"养"为辅　该类型主要适用于机构医养结合模式,强调以老年人医疗卫生服务为重点,以疾病缓解后康复支持、专业护理和生活照料为保障。这里的"养"不仅包括养老,也包括一定阶段或者期限下的照料。

2. "养"为主、"医"为辅　该类型主要适用于居家和社区医养结合模式,强调以老年人生活照料服务为重点,以健康管理、疾病预防、养生保健、医疗卫生服务等为手段。这里的"医"不仅包括医疗,也包括治未病和疾病预防监测等。

（二）医养结合模式

1. 居家和社区医养结合　根据《居家和社区医养结合服务指南(试行)》(国卫办老龄发〔2023〕18号),居家和社区医养结合是指有条件的医疗卫生机构通过多种方式为居家养老和社区养老的老年人提供所需的医疗卫生服务,包括到老年人家中或社区养老服务设施或机构,为有需求的老年人提供医疗巡诊、家庭病床、居家医疗服务等医疗卫生服务。《国民经济和社会发展第十四个五年规划和2035年远景目标纲要》提出,完善社区居家养老服务网络,推进公共设施适老化改造,推动专业机构服务向社区延伸,整合利用存量资源发展社区嵌入式养老。与传统的家庭养老不同,居家养老更强调利用社会服务,包括社区的医疗资源和社区的生活照料资源,可以说社区是居家养老的重要基础。

> **拓展阅读**
>
> 居家和社区医养结合的主要模式
>
> 1. "居家+上门医疗"模式　该模式一种是依托社区卫生服务机构的家庭医生作为服务主体,由家庭医生对签约老年人进行上门医疗巡诊,主要针对慢性病老年人。如上海、湖北等地区在家庭医生签约制基础上,扩展"1+1+1"家庭医生团队服务,即组建社区卫生服务站医护团队——社区卫生服务中心家庭医生团队——二三级医院专科医生团队,以解决居家社区老年人就医衔接问题。另一种是以"长期护理保险"定点服务机构派医护人员上门或进社区的形式,为经评估为失能或半失能老年人提供居家医疗护理服务,政府对选择居家护理服务方式的老年人予以待遇倾斜。此类模式不仅适用于居家和社区养老的失能或半失能老年人,也适用于机构养老的老年人,"长期护理保险"定点服务机构可以是医院、护理院(站)或社区卫生服务机构,覆盖面较广。

2．"社区+医疗机构"模式　该模式主要在社区老年人日间照料中心内设医疗机构,为居家和社区老年人提供就近医疗卫生服务。该类模式的市场主体较为多样,日间照料中心可以是公立、民营或公建民营,同样内设的医疗机构也可以不同所有制形式存在。如苏州市石路街道日间照料中心内部设置社区卫生服务中心,配备病床提供给60岁以上的老年人使用,日间照料中心还设置文娱场所,配备食堂和餐厅,超出床位负荷的老年人则可享受自取饭菜或者送餐上门服务。

3．"互联网+医疗机构"模式　该模式主要依托信息化手段,可为居家和社区养老的老年人提供家庭医生在线签约、咨询、慢性病随访、检验检查报告查询、一键式医疗救助等服务。目前国内较多二三级医院也设立了互联网医院,老年人足不出户也能使用手机等智能载体享受线上问诊、线下送药等功能。此类模式对文化层次较高或失能半失能老年人尤为便利,也是居家和社区医养结合发展的重要方向。

(1)服务对象:主要面向辖区内有医养结合服务需求的居家养老和社区养老的老年人,重点是失能、失智、慢性病、高龄、残疾、疾病康复或终末期,出院后仍需医疗服务的老年人。

(2)服务主体:依法取得医疗机构执业许可或在卫生健康行政部门备案的医疗卫生机构。开展居家医疗服务的医疗机构还应具有与所开展居家医疗服务相应的诊疗科目并已具备家庭病床、巡诊等服务方式,重点是二级及以下医院、基层医疗卫生机构等。

(3)服务内容:主要包括健康教育、健康管理服务、医疗巡诊服务、家庭病床服务、居家医疗服务、中医药服务、心理精神支持服务、转诊服务等。

(4)服务特征:居家和社区医养结合服务具有以下特征。

1)资源整合性:既能体现传统家庭养老模式中"家庭"的核心功能,又充分利用社区老年人日间照料中心、社区卫生服务机构的生活辅助照料和医疗卫生服务,避免了患病老年人生活不便和往返于医疗机构的麻烦,老年人生活在熟悉的家庭和社区环境中,更能促进功能发挥。

2)分工专业性:居家和社区医养结合既有"医"的内容,也有"养"的功能。医疗卫生服务由具有资质的医疗机构医护人员提供,慢性病老年人可自行前往社区内设医疗机构就诊,长期卧床的失能或半失能老年人也可由家庭医生或"长期护理保险"定点服务机构上门巡诊。生活照料服务由日间照料中心、养老护理员、家政服务人员等提供。有能力的老年人还可通过智能终端接受专业机构在线服务。

2．机构医养结合　机构医养结合是指以养老机构或医疗机构为主体,整合医疗卫生资源和养老服务资源,为入住老年人提供专业养老服务的一种模式。随着家庭规模逐渐小型化,子女对老年人赡养能够投入的精力日趋减少,加之鼓励医养结合机构设立的政策逐渐完善,机构医养结合模式呈现强劲发展势头。

拓展阅读

机构医养结合的主要模式

1．"养老机构+医疗机构"模式　该模式是在养老机构基础上内部新增医疗机构,包括设立医院、门诊部、诊所、卫生所(站)、医务室、护理院、护理站等。此种模式也是我国养老机构开展医养结合服务的主要模式。根据《2022年我国卫生健康事业发展统计公报》,截至2022年末,我国两证齐全(指具备医疗机构执业许可或备案并进行养老机构备案)的医养结合机构共有 6 986 家,占全国 4 万家养老机构的比例为 17.47%。

2."医疗机构+养老机构"模式　该模式可以分为两种:一种是医疗机构通过功能转换,转型为医养结合的养老机构;另一种是医疗机构内部增设老年医学科或者通过市场并购养老机构。此类模式是以医疗机构为供给方,主动提供医养结合服务,除更专业的医疗服务外,医疗机构在财政补助、税收优惠、影响力辐射等方面也具有优势。

3."合作运行"模式　该模式是指养老机构和周边地区的医疗机构开展医养合作。养老机构和医疗机构签订合作协议,当养老机构内的老年人突发疾病时,合作医疗机构为老年人开辟绿色就诊通道,提供医疗服务,待就诊老年人病情平稳后再转回养老机构,实现"双向转诊"。根据双方约定,医疗机构的医护人员还可定期到养老机构为老年人进行健康检查、健康宣教和常见病防治咨询。也有一些养老机构内设医疗机构因设备设施不齐全,委托有资质的医疗机构开展检验检查、中药代煎等项目。

(1)服务对象:机构医养结合服务对象主要是集中住宿在养老机构中有医疗需求的老年人,包括失独、空巢、失能或半失能老年人,城乡"三无""五保"老年人,也包括居住在养老机构中的健康或亚健康老年人。

(2)服务主体:机构医养结合服务主体包括具有资质的医疗机构和提供生活照料的养老机构。机构医养结合更重视"医"的元素,在对老年人选择机构养老的意愿因素研究中,"医疗康复"因素比例较高。

(3)服务内容:《医养结合机构服务指南(试行)》(国卫办老龄发〔2019〕24 号)规定,医养结合机构主要提供以下服务:①基本服务。主要包括生活照料服务、膳食服务、清洁卫生服务、洗涤服务和文化娱乐服务等。②医疗卫生服务。主要包括医疗服务、中医药服务、护理服务、康复服务、辅助服务、心理精神支持服务、失智老年人服务等。

(4)服务特征:机构医养结合服务具有以下特征。

1)服务动态性:机构医养结合涉及养老机构和医疗机构两种服务主体,老年人需要在两种主体中动态转运,接受不同的服务形态。在养老机构中老年人的身份是一般的生活居民,在医疗机构中老年人的身份则是患者。良好的机构医养结合模式能实现养老与医疗的横向衔接和纵向一体化照护,也能够明晰老年人不同身份权利义务的边界。

2)人群特殊性:机构医养结合服务对象既有失能半失能老年人,也有健康或亚健康老年人,但我国机构养老的老年人多数属于部分自理或完全不能自理人群,这些人群更需要全方位生活照料和医疗照护。

三、医养结合相关政策发展历程

我国医养结合政策的发展可以分 3 个阶段:起步发展阶段(2011—2014 年)、深化发展阶段(2015—2018 年)、创新发展阶段(2019 年至今)。

(一) 起步发展阶段(2011—2014 年)

2011 年国务院办公厅发布的《社会养老服务体系建设规划(2011—2015 年)》(国办发〔2011〕60 号)提出,要初步建立以居家为基础、社区为依托、机构为支撑的社会养老服务体系,重点推进供养型、养护型、医护型养老设施建设。2013 年国务院发布的《关于加快发展养老服务业的若干意见》(国发〔2013〕35 号)提出,要探索多种医疗和养老结合方式。国务院印发的《关于促进健康服务业发展的若干意见》(国发〔2013〕40 号)提出,推进医疗机构与养老机构等加强合作,发展社区健康养老。这两项政策对医养结合服务模式的发展起到了重要作用。2014年国家发展改革委等部门发布的《关于加快推进健康与养老服务工程建设的通知》(发改投资〔2014〕2091号)首次使用了"医养结合"的表述,并明确了养老服务体系建设的主要任务,包括社区老年人日间照料中心、老年养护院、养老院和医养结合服务设施以及农村养老服务设施的建设。此外,住房和城乡建设部、民政部等部门也相继发布了《社区老年人日间照料中心建设标准》《养老机构安全管理》《养老机构基本规范》等标准,从设计、建设等领域规范医养结合服务机构的发展。

(二) 深化发展阶段(2015—2018年)

2015年国务院办公厅发布《全国医疗卫生服务体系规划纲要(2015—2020年)》(国办发〔2015〕14号),首次从医疗服务供给角度明确了"医养结合"内容,初步构建了社区健康养老、养老机构内设医疗机构和医疗机构提供老年人医疗服务的医养结合模式。同年,国务院办公厅还印发了我国第一个关于中医药健康服务发展的国家级规划《中医药健康服务发展规划(2015—2020年)》(国办发〔2015〕32号),其将"积极发展中医药健康养老服务,发展中医药特色养老机构,促进中医药与养老服务结合"纳入七项重点任务之一。当年国务院办公厅转发了国家卫生计生委等部门《关于推进医疗卫生与养老服务相结合的指导意见》(国办发〔2015〕84号),该政策进一步丰富了居家和社区医养结合、机构医养结合的内涵,并对医养结合的投融资和财税价格政策、规划布局和用地保障、长期照护保障体系、医养结合人才队伍建设、信息化支撑等给予大力扶持。

2016年国家卫生计生委启动了医养结合项目试点工作,民政部、国家卫生计生委联合印发《关于做好医养结合服务机构许可工作的通知》(民发〔2016〕52号),明确了医疗机构设立养老机构和养老机构设立医疗机构的许可要求。2017年国家卫生计生委办公厅印发《关于养老机构内部设置医疗机构取消行政审批实行备案管理的通知》(国卫办医发〔2017〕38号),明确养老机构内部设置诊所、卫生所(室)、医务室、护理站,取消行政审批,实行备案管理。

2018年国家卫生健康委等部门发布《关于印发促进护理服务业改革与发展指导意见的通知》(国卫医发〔2018〕20号),鼓励二级以上医院与养老机构建立合作机制,接续性医疗机构、基层医疗机构实现与养老机构的紧密对接,为老年人提供护理、康复、慢病管理、中医保健等服务。

伴随着支持鼓励医养结合发展政策的实行,各部门对医养结合机构的设计、建设和服务的规范也纷纷出台,主要有《社区老年人日间照料中心服务基本要求》《养老机构服务质量基本规范》《老年人照料设施建筑设计标准》《养老机构等级划分与评定》等。

(三) 创新发展阶段(2019年至今)

2019年国家卫生健康委等部门相继发布医养结合相关文件,主要从医养结合机构的设置审批、医养结合护理服务、医疗护理员培训管理、医疗机构老年医学科建设等方面对医养结合服务予以支持和规范。国家卫生健康委等部门发布的《关于深入推进医养结合发展的若干意见》(国卫老龄发〔2019〕60号)提出5个方面15项政策措施。国家卫生健康委等部门发布的《医养结合机构服务指南(试行)》(国卫办老龄发〔2019〕24号)首次对医养结合机构的设置标准、人员设施设备、服务人员、环境要求、服务内容、服务流程进行明确规定,为医养结合机构规范化运行提供了重要标准。2019年党的十九届四中全会通过的《中共中央关于坚持和完善中国特色社会主义制度推进国家治理体系和治理能力现代化若干重大问题的决定》明确提出"积极应对人口老龄化,加快建设居家社区机构相协调、医养康养相结合的养老服务体系",首次将养老服务体系表述为"医养康养相结合"。

2021 年中共中央、国务院发布的《关于加强新时代老龄工作的意见》提出,要深入推进医养结合,鼓励医疗卫生机构与养老机构开展协议合作,进一步整合优化基层医疗卫生和养老资源,提供医疗救治、康复护理、生活照料等服务。支持医疗资源丰富地区的二级及以下医疗机构转型,开展康复、护理以及医养结合服务。鼓励基层积极探索相关机构养老床位和医疗床位按需规范转换机制。根据服务老年人的特点,合理核定养老机构举办的医疗机构医保限额。2025 年年底前,每个县(市、区、旗)有 1 所以上具有医养结合功能的县级特困人员供养服务机构。符合条件的失能老年人家庭成员参加照护知识等相关职业技能培训的,按规定给予职业培训补贴。创建一批医养结合示范项目。《"十四五"国家老龄事业发展和养老服务体系规划》(国发〔2021〕35 号)也提出,要丰富医养结合服务模式,增加医养结合服务供给,提升医养结合服务质量。同年《国民经济和社会发展第十四个五年规划和2035 年远景目标纲要》再次强调,要构建居家社区机构相协调、医养康养相结合的养老服务体系。

为进一步完善政策措施,解决医养结合发展难点堵点,2022 年国家卫生健康委等部门发布《关于进一步推进医养结合发展的指导意见》(国卫老龄发〔2022〕25 号),提出了发展居家社区医养结合服务,推动机构深入开展医养结合服务,并对服务价格、医疗保险、土地资源、财税给予政策优惠。2023 年国家卫生健康委等部门发布了《居家和社区医养结合服务指南(试行)》(国卫办老龄发〔2023〕18 号),对居家和社区医养结合服务的总则、基本要求、服务内容与要求、服务流程与要求等 4 方面作出了明确规范。

第二节　养老机构设置医疗机构的规定

养老机构设置医疗机构是"医养结合"的重要模式之一,在机构医养结合服务中占比较大。养老机构设置医疗机构除需要进行养老机构备案外,还需要履行申请设置医疗机构程序。

一、医养结合机构的概念

根据《医养结合机构管理指南(试行)》(国卫办老龄发〔2020〕15 号),医养结合机构是指兼具医疗卫生资质和养老服务能力的医疗机构或养老机构。医养结合机构主要为入住机构的老年人提供生活照护、医疗、护理、康复、安宁疗护、心理精神支持等服务。医养结合机构应当依法取得医疗机构执业许可或在卫生健康行政部门(含中医药主管部门)备案,并在民政部门进行养老机构备案,方可提供医养结合服务。

医养结合机构中设置的医疗机构,其科室设置、人员配备、设施设备配备、药品配备、信息化建设应当根据医疗机构的类型,符合《医疗机构基本标准(试行)》《康复医院基本标准(2012 版)》《护理院基本标准(2011 版)》《护理中心基本标准(试行)》《康复医疗中心基本标准(试行)》《安宁疗护中心基本标准(试行)》《养老机构医务室基本标准(试行)》《养老机构护理站基本标准(试行)》《诊所基本标准(2022 年版)》《中医诊所基本标准(2023 年版)》等相应的各级各类医疗机构基本标准要求。

二、养老机构设置医务室的要求

《养老机构医务室基本标准(试行)》(国卫办医发〔2014〕57 号)规定,养老机构医务室是设置在养老机构内,为养老机构患者提供老年保健,一般常见病、多发病诊疗、护理,诊断明确的慢性病治疗、急诊救护等服务的医疗机构。

1. 申请设置　养老机构设置医务室必须符合当地医疗机构设置规划和医疗机构设置标准。养老机构内设的医务室为不设住院床位的医疗机构,这与养老机构的养老床位是不同的概念。医疗机构的住院床位属于医疗服务方式,养老机构的养老床位属于养老服务方式。

根据《医疗机构管理条例》规定,养老机构设置医务室应当向所在地的县(市、区)级人民政府卫生行政部门申请办理设置医疗机构批准书,提交设置申请书、设置可行性研究报告、选址报告和建筑设计平面图等资料。《医疗机构管理条例实施细则》对申请书、可行性研究报告、选址报告和建筑设计平面图等资料进行了详细规定。

受理材料的县(市、区)级人民政府卫生行政部门自受理设置申请之日起 30 日内,作出批准或者不批准的书面答复。取得《设置医疗机构批准书》后进行执业登记或备案。

为进一步深化"放管服"改革,优化审批流程,提高审批效率,2018 年国家卫生健康委联合国家中医药局印发了《关于进一步改革完善医疗机构、医师审批工作的通知》(国卫医发〔2018〕19 号),要求实现二级以下医疗机构设置审批与执业登记"两证合一",除三级医院、三级妇幼保健院、急救中心、急救站、临床检验中心、中外合资合作医疗机构、港澳台独资医疗机构外,举办其他医疗机构的,卫生健康行政部门不再核发《设置医疗机构批准书》,仅在执业登记时发放《医疗机构执业许可证》。

2. 执业备案　根据《医疗机构管理条例》规定,医疗机构必须依法登记,取得《医疗机构执业许可证》后方可开展诊疗活动。

2017 年国家卫生计生委办公厅印发《关于养老机构内部设置医疗机构取消行政审批实行备案管理的通知》(国卫办医发〔2017〕38 号)规定,养老机构内部设置诊所、卫生所(室)、医务室、护理站的,应当向所在地的县区级卫生计生行政部门(含中医药管理部门)备案,并提交设置单位或者其主管部门设置医疗机构的决定和设置医疗机构的备案材料。养老机构设置医务室由行政审批制改为备案管理制,进一步提升了行政效率,更加方便养老机构设置医务室。

《设置医疗机构备案书》内容主要包括服务对象、机构选址、投资总额、类别、名称、诊疗科目、床位(牙椅)及其他要求备案的内容。

卫生健康行政部门在收到备案材料后,对材料齐全且符合要求的,在 10 个工作日内发放《医疗机构执业许可证》;材料不全或者不符合要求的,当场或在 5 个工作日内一次性告知备案人需要补正的全部材料及内容。养老机构医务室的《医疗机构执业许可证》有效期 3 年,有效期内实行年审校验制度,养老机构医务室应当于校验期满前 3 个月申请办理校验手续。

3. 基本标准

(1)人员:①至少有 1 名取得执业医师资格,经注册后在医疗、保健机构中执业满 5 年,身体健康的临床类别执业医师或中医类别执业医师。执业医师人数 ≥ 2 人的,至少应含有 1 名中医类别执业医师。②至少有 1 名注册护士。养老机构床位达到 100 张以上时,每增加 100 张床位,至少增加 1 名注册护士。护理员按需配备。③其他药学、医技人员按需配备。

(2)房屋:①整体设计应满足无障碍设计要求。②建筑面积不少于 40 平方米。③至少设有诊室、治疗室、处置室。④每室独立且符合卫生学布局及流程。其中,治疗室、处置室的使用面积均不少于 10 平方米;如设观察室,其使用面积不少于 15 平方米;如设康复室,应增加相应建筑面积(增加的建筑面积不少于 50 平方米)。⑤应当设医疗废物存放点,与治疗区域隔开。

(3)设备:①基本设备。诊桌、诊椅、诊床、诊察凳、方盘、纱布罐、听诊器、血压计、体温计、注射器、身高体重计、视力卡、视力灯箱、压舌板、药品柜、紫外线消毒灯、高压灭菌设备、处置台、器械柜、便携式心电图机、血糖测定仪、雾化吸入器、出诊箱、轮椅、输液椅、候诊椅、医用冰箱、污物桶；设置康复室的，至少配备与康复需求相适应的运动治疗、物理治疗和作业治疗设备；开展中医药服务的，还应当配备脉枕、针灸器具、火罐、电针仪、艾灸仪等。②急救设备。心电监测仪、心脏氧源（氧气瓶/制氧机）、供氧设备、吸痰器、开口器、牙垫、口腔通气道、简易呼吸器。③健康教育及其他设备。健康教育宣传栏、健康教育影像设备、能连接互联网的计算机及打印设备、电话等通信设备，健康档案管理等有关设备。④与工作需要相应的其他设备。

（4）具有与功能任务相适应的转诊制度、药品登记分发制度、健康教育制度等各项规章制度，以及急救流程、技术操作规范，制定人员岗位职责。

三、养老机构设置护理站的要求

《养老机构医务室基本标准（试行）》（国卫办医发〔2014〕57号）规定，养老机构护理站是设置在养老机构内，为养老机构患者提供常见病多发病护理、慢性病护理、康复指导、心理护理、根据医嘱进行处置、消毒隔离指导、健康教育等服务的医疗机构。

作为医疗机构类型之一，养老机构内设护理站与养老机构内设医务室一样，除了要完成养老机构的登记备案，也需要向当地县（市、区）级人民政府卫生行政部门申请设置并进行执业备案，取得《医疗机构执业许可证》后开展一系列诊疗活动并接受年度校验。基本标准如下。

1. 人员 ①至少有2名具有护士以上职称的注册护士，其中有1名具有主管护师以上职称。养老机构床位达到100张以上时，每增加100张床位，至少增加1名注册护士。②至少有1名康复治疗人员。③按工作需求配备护理员，注册护士与护理员之比为1∶2.5。

2. 房屋 ①整体设计应当满足无障碍设计要求。②建筑面积不少于30平方米。③至少设有治疗室、处置室。每室独立且符合卫生学布局及流程。④应当设医疗废物存放点，与治疗区域隔开。

3. 设备 ①诊桌、诊椅、诊察凳、方盘、纱布罐、听诊器、火罐、刮痧板、血压计、体温计、身高体重计、血糖测定仪、体外除颤设备、治疗车、药品柜、紫外线消毒灯、高压灭菌设备、处置台、轮椅、输液椅、医用冰箱、污物桶。②必要的健康教育、办公和通信联络设备，有诊疗护理记录及文件保存条件。③与工作需要相应的其他设备。

4. 制度与规范 具有与功能任务相适应的转诊制度、药品登记分发制度、健康教育制度等各项规章制度，以及急救流程、技术操作规范，制定人员岗位职责。

> ### 拓展阅读
>
> #### 养老机构设置护理站的优势和劣势
>
> 与养老机构设置医院或护理院相比较，养老机构设置护理站不需要设置住院床位，也无注射室等要求，建筑面积、人员配备和药品配备方面要求也较低。设置护理站既能解决老年人医疗需求，也能节约养老机构开办成本，对初设的或者盈利能力较弱的养老机构具有较强的吸引力。
>
> 但养老机构设置护理站往往只能提供一般性的医疗护理服务，既没有医务室和护理院设置基本标准所需的执业医师，也没有充足的药品供应，很难满足高品质医养结合的需求。因为护理站不设置住院床位，在申请政府资金补助上也存在短板。

第三节　医养结合机构从业人员管理的规定

兼具养老服务功能和医疗服务功能的医养结合机构,其从业人员覆盖面较广。入住医养结合机构的老年人往往健康状况欠佳,需要从业人员具有高度的职业道德和严格的职业准入标准。

一、医师管理规定

根据《医师法》规定,医师是指依法取得医师资格,经注册在医疗卫生机构中执业的专业医务人员,包括执业医师和执业助理医师。医养结合机构的医师是指依法取得医师资格,经注册在养老机构设置的医疗卫生机构中执业的专业医务人员,其主要服务对象为养老机构中的老年人。

(一) 医师资格考试

国家实行医师资格考试制度,医师资格考试分为执业医师资格考试和执业助理医师资格考试。

医师资格考试类别分为临床、中医(包括中医、民族医和中西医结合)、口腔、公共卫生4类。

《医师法》规定,具有下列条件之一的,可以参加执业医师资格考试:①具有高等学校相关医学专业本科以上学历,在执业医师指导下,在医疗卫生机构中参加医学专业工作实践满1年的;②具有高等学校相关医学专业专科学历,取得执业助理医师执业证书后,在医疗卫生机构中执业满2年的。

具有高等学校相关医学专业专科以上学历,在执业医师指导下,在医疗卫生机构中参加医学专业工作实践满1年的,可以参加执业助理医师资格考试。

《医师法》还规定,以师承方式学习中医满3年,或者经多年实践医术确有专长的,经县级以上人民政府卫生健康主管部门委托的中医药专业组织或者医疗卫生机构考核合格并推荐,可以参加中医医师资格考试。以师承方式学习中医或者经多年实践,医术确有专长的,由至少2名中医医师推荐,经省级人民政府中医药主管部门组织实践技能和效果考核合格后,即可取得中医(专长)医师资格证书。

考试方式分为实践技能考试和医学综合考试,实践技能考试合格的考生持实践技能考试合格证明参加医学综合笔试。医师资格考试由国家统一组织,一般每年考一次。2021年起在部分省、自治区、直辖市试行医师资格考试医学综合考试"一年两试"制度,即在试点考区已报考当年临床执业(助理)医师或具有规定学历的中医执业(助理)医师,实践技能考试合格成绩在有效期内,未通过或参加第一次医学综合考试且无违纪违规行为的考生,可于当年度报名参加第二次医学综合考试。考试成绩合格的,授予执业医师资格或执业助理医师资格,由省级卫生行政部门颁发国家卫生健康委员会统一印制的《医师资格证书》。

(二) 医师执业注册

国家实行医师执业注册制度。取得医师资格的,可以向所在地县级以上地方人民政府卫生健康主管部门申请注册,取得《医师执业证书》。未注册取得《医师执业证书》,不得从事医师执业活动。

医师经注册后,可以在医疗卫生机构中按照注册的执业地点、执业类别、执业范围执业,从事相应的医疗卫生服务。

医师变更执业地点、执业类别、执业范围等注册事项的,应当依法到准予注册的卫生健康主管部门办理变更注册手续。但医师参加规范化培训、进修、对口支援、会诊、突发事件医疗救援、慈善或者其他公益性医疗、义诊,承担国家任务或者参加政府组织的重要活动,在医疗联合体内的医疗机构中执业等活动,可以不办理相关变更注册手续。

(三) 医师多点执业

医师多点执业是指医师在 2 个以上医疗机构定期执业的行为。临床、口腔和中医类别医师允许多点执业。医师参加慈善或公益性巡回医疗、义诊、突发事件或灾害事故医疗救援工作,参与实施基本和重大公共卫生服务项目,不属于医师多点执业。《医师法》规定,医师多点执业应当按照国家有关规定办理相关手续。

多点执业的医师应当具有中级及以上专业技术职务任职资格,从事同一专业工作满 5 年;身体健康,能够胜任医师多点执业工作;最近连续两个周期的医师定期考核无不合格记录。

(四) 医师权利义务

1. 医师的权利　《医师法》规定,医师在执业活动中享有下列权利:①在注册的执业范围内,按照有关规范进行医学诊查、疾病调查、医学处置、出具相应的医学证明文件,选择合理的医疗、预防、保健方案;②获取劳动报酬,享受国家规定的福利待遇,按照规定参加社会保险并享受相应待遇;③获得符合国家规定标准的执业基本条件和职业防护装备;④从事医学教育、研究、学术交流;⑤参加专业培训,接受继续医学教育;⑥对所在医疗卫生机构和卫生健康主管部门的工作提出意见和建议,依法参与所在机构的民主管理;⑦法律、法规规定的其他权利。

2. 医师的义务　《医师法》规定,医师在执业活动中履行下列义务:①树立敬业精神,恪守职业道德,履行医师职责,尽职尽责救治患者,执行疫情防控等公共卫生措施;②遵循临床诊疗指南,遵守临床技术操作规范和医学伦理规范等;③尊重、关心、爱护患者,依法保护患者隐私和个人信息;④努力钻研业务,更新知识,提高医学专业技术能力和水平,提升医疗卫生服务质量;⑤宣传推广与岗位相适应的健康科普知识,对患者及公众进行健康教育和健康指导;⑥法律、法规规定的其他义务。

二、护士管理规定

根据《护士条例》规定,护士是指经执业注册取得护士执业证书,按规定从事护理活动,履行保护生命、减轻痛苦、增进健康职责的卫生技术人员。医养结合机构的护士是指依法取得护士资格,经注册在养老机构设置的医疗卫生机构中执业的专业护理人员。

(一) 护士资格考试

《护士执业资格考试办法》规定,在中等职业学校、高等学校完成国务院教育主管部门和国务院卫生主管部门规定的普通全日制 3 年以上的护理、助产专业课程学习,包括在教学、综合医院完成 8 个月以上护理临床实习,并取得相应学历证书的,可以申请参加护士执业资格考试。

具有护理、助产专业中专和大专学历的人员,参加护士执业资格考试并成绩合格,可取得护理初级(士)专业技术资格证书;护理初级(师)专业技术资格按照有关规定通过参加全国卫生专业技术资格考试取得。具有护理、助产专业本科以上学历的人员,参加护士执业资格考试并成绩合格,可以取得护理初级(士)专业技术资格证书;在达到《卫生技术人员职务试行条例》规定的护师专业技术职务任职资格年限后,可直接聘任护师专业技术职务。

(二) 护士执业注册

护士执业,应当经执业注册取得护士执业证书。申请护士执业注册的,应当向批准设立拟执业医疗机构或者为该医疗机构备案的卫生主管部门提出申请。卫生健康主管部门应当自收到护士执业注册申请之日起 20 个工作日内作出决定,对具备《护士条例》规定条件的,准予注册,并发给护士执业证书;对不具备规定条件的,不予注册,并书面说明理由。

护士执业注册有效期为 5 年。护士执业注册有效期届满需要继续执业的,应当在护士执业注册有效期届满前 30 日向批准设立执业医疗机构或者为该医疗机构备案的卫生主管部门申请延续注册。收到申请的卫生主管部门对符合规定条件的,准予延续,延续执业注册有效期为 5 年;对不具备本条例规定条件的,不予延续,并书面说明理由。

护士在其执业注册有效期内变更执业地点的,应当向批准设立拟执业医疗机构或者为该医疗机构备案的卫生主管部门报告。收到报告的卫生主管部门应当自收到报告之日起 7 个工作日内为其办理变更手续。护士跨省、自治区、直辖市变更执业地点的,收到报告的卫生主管部门还应当向其原注册部门通报。

(三) 护士权利义务

1. 护士的权利　《护士条例》规定,护士在执业活动中享有以下权利:①按照国家有关规定获取工资报酬、享受福利待遇、参加社会保险的权利。任何单位或者个人不得克扣护士工资,降低或者取消护士福利等待遇。②获得与其所从事的护理工作相适应的卫生防护、医疗保健服务的权利。从事直接接触有毒有害物质、有感染传染病危险工作的护士,有依照有关法律、行政法规的规定接受职业健康监护的权利;患职业病的,有依照有关法律、行政法规的规定获得赔偿的权利。③按照国家有关规定获得与本人业务能力和学术水平相应的专业技术职务、职称的权利;有参加专业培训、从事学术研究和交流、参加行业协会和专业学术团体的权利。④有获得疾病诊疗、护理相关信息的权利和其他与履行护理职责相关的权利,可以对医疗卫生机构和卫生健康主管部门的工作提出意见和建议。

2. 护士的义务　《护士条例》规定,护士在执业活动中履行下列义务:①应当遵守法律、法规、规章和诊疗技术规范的规定。②发现患者病情危急,应当立即通知医师;在紧急情况下为抢救垂危患者生命,应当先行实施必要的紧急救护。护士发现医嘱违反法律、法规、规章或者诊疗技术规范规定的,应当及时向开具医嘱的医师提出,必要时,应当向该医师所在科室的负责人或者医疗卫生机构负责医疗服务管理的人员报告。③应当尊重、关心、爱护患者,保护患者的隐私。④有义务参与公共卫生和疾病预防控制工作。发生自然灾害、公共卫生事件等严重威胁公众生命健康的突发事件,护士应当服从县级以上人民政府卫生健康主管部门或者所在医疗卫生机构的安排,参加医疗救护。

三、其他人员管理规定

除了医护等卫生专业技术人员外,在医养结合机构中还有一系列为老年人提供专业服务的职业人群,主要有医疗护理员、养老护理员、健康管理师、老年人能力评估师、健康照护师、社会工作者等。

(一) 医疗护理员

按照《职业分类大典(2015 年版)》定义,医疗护理员是医疗辅助服务人员之一,主要从事辅助护理等工作。其不属于医疗机构卫生专业技术人员,因此一些地区也称之为"护工"。

2019 年 7 月国家卫生健康委等 5 部门印发的《关于加强医疗护理员培训和规范管理工作的通知》(国卫医发〔2019〕49 号)规定,在医疗机构内,医疗护理员应当在医务人员的指导下,为服务对象提供生活照护、辅助活动等服务;在社会和家庭中可以提供生活照护等服务。严禁医疗护理员从事医疗护理专业技术性工作,切实保障医疗质量和安全。医养结合机构中医疗护理员与养老护理员在部分功能上有所趋同,但医疗护理员更侧重于医疗辅助功能,养老护理员则更侧重生活照顾功能。

(二) 养老护理员

养老护理员是在医养结合机构中与老年人接触时间最长、频次最高的人群,养老护理员素质和能力的高低直接决定了老年人医养结合服务的质量。《养老护理员国家职业技能标准(2019 年版)》将"养老护理员"定义为老年人生活照料、护理服务工作的人员。养老护理员共设五个等级:五级 / 初级工、四级 / 中级工、三级 / 高级工、二级 / 技师、一级 / 高级技师。

(三) 健康管理师

健康管理师是从事个体或群体健康的监测、分析、评估,以及健康咨询、指导和健康危险因素干预工作的专业人员。根据原劳动和社会保障部等部门制定的《健康管理师国家职业标准(试行)》规定,健康管理师设三个等级:三级、二级、一级。2020 年,根据国家职业资格证改革精神要求,水平评价类职业资格证从国家职业资格证目录中退出,转为由人力资源和社会保障部授权的第三方机构组织鉴定。改革后的健康管理师由各地市职业技能鉴定指导中心授权的第三方机构组织考试和发证。

健康管理师在康养服务中可以为老年人开展制订健康教育内容、后续康复治疗、心理指导和饮食指导等工作。部分专业医护人员也可以通过健康管理师培训考核,在慢性病防控上提供更专业的健康管理服务。

(四) 老年人能力评估师

老年人能力评估师是指为有需求的老年人提供日常生活活动能力、认知能力、精神状态等健康状况测量与评估的人员。根据人力资源和社会保障部颁布的《老年人能力评估师国家职业技能标准(2020 年版)》,老年人评估师职业等级分为:三级 / 高级工、二级 / 技师、一级 / 高级技师。

老年人能力评估师对老年人日常生活自理能力、认知功能状态、精神状态与沟通能力、视觉能力等进行评估分类,决定后续治疗或护理等级。在一些地区,老年人能力评估师的评估报告还作为老年人申领政府补贴的重要条件。

(五) 健康照护师

健康照护师是指运用基本医学护理知识与技能,在家庭、医院、社区等场所,为照护对象提供健康照护及生活照料的人员。根据人力资源和社会保障部颁布的《健康照护师国家职业技能标准(2022 年版)》,健康照护师职业等级分为:五级 / 初级工、四级 / 中级工、三级 / 高级工、二级 / 技师、一级 / 高级技师。

健康照护师需要具备生活照护、基础照护、活动与康复、心理照护等能力,较高等级的健康照护师还需具备培训指导、照护管理和技术改进等能力。健康照护师作为直接接触老年人的职业人员之一,其专业能力对保障老年人生命安全和身体健康至关重要。

(六) 社会工作者

根据 2006 年 7 月人事部和民政部印发的《社会工作者职业水平评价暂行规定》(国人部发〔2006〕71 号),社会工作者是在社会福利、社会救助、社会慈善、残障康复、优抚安置、卫生服务、青少年服务、司法矫治等社会服务机构中,从事专门性社会服务工作的专业技术人员。在医养结合机构中,社会工作者主要提供心理精神支持、文化娱乐等服务。

国家建立社会工作者职业水平评价制度,纳入全国专业技术人员职业资格证书制度统一规划。社会工作者职业水平评价分为助理社会工作师、社会工作师和高级社会工作师三个级别。根据《助理社会工作师、社会工作师职业水平考试实施办法》(国人部发〔2006〕71 号)和《高级社会工作师评价办法》(人社部规〔2018〕2 号)规定,社会工作者职业水平评价实行全国统一考试制度,原则上每年举行 1 次。考试合格者,颁发《中华人民共和国社会工作者职业水平证书》。该证书在全国范围有效。社会工作者职业水平证书实行登记服务制度。

第四节　医养结合机构医疗风险防范和处理的规定

医养结合机构作为老年人的固定生活场所,本身具有高风险的特点,加之随附医疗服务的功能,发生医疗风险的概率更高。因此,医养结合机构需要不断加强内部管理,降低医疗风险,保障好老年人生命健康安全。

一、医疗风险的概念和特点

(一) 医疗风险的概念

风险是指不能确定的事故发生所导致损失的不确定性。医疗风险是指医务人员或医疗机构在提供医疗服务过程中,由于各种不确定性因素,导致患者死亡或者受到损害的可能性。

医疗风险既包括诊疗活动可能产生的损害,也包括与诊疗活动配套的设施和服务可能产生的损害。

医养结合机构服务的对象为老年人群,大都患有各种疾病或失能、失智,生活自理能力较差,反应较慢,无论从生活安全还是医疗安全方面都极易受到风险损害。

(二) 医疗风险的特点

1. 客观性　医养结合服务的每个环节都蕴藏着风险,即便是最简单的医疗操作和膳食都存在风险,随时有可能损害老年人健康。这种风险不会因为医疗技术水平、医护人员职业素养或医养结合机构管理水平的提升而完全消失。

2. 不确定性　医养结合服务的对象是人,人存在较大的个体差异,在不同的时间节点采取相同或不同的医疗行为,对老年人是否产生风险以及风险结果的严重程度都难以确定。

3. 伤害性　从医疗风险的结果来看,一旦发生医疗风险,往往会对患者产生损害或者导致死亡。损害不仅包括财产损害,也包括医疗损害。

4. 可预防性　即便医疗风险存在客观性,不可避免。但仍可以通过完善制度、提高防范意识、提高职业能力、提升管理水平等措施加以预防和控制。

二、医疗风险的预防

医养结合机构中的老年人通常为封闭居住,身体状况较差,患病概率较高,一旦发生医疗安全风险,极易引起医疗纠纷,甚至导致老年人医疗损害。常见的医疗安全风险主要有走失、跌倒、噎食、误服药物、疾病发作或加重等。

(一) 医疗安全风险因素

1. 老年人自身因素　老年人生理功能逐渐衰退,反应能力、行动能力也日益下降,所以医养结合机构的老年人本身就是易发意外事件的高危人群。入住的老年人不少都患有各类急慢性疾病,这也加重了老年人诱发意外的风险。部分老年人因人生角色的转变,社会功能的减退,也可能出现心理上的消极情绪。这些因素无形中给养老机构带来很大的安全隐患。

2. 医养结合机构因素　医养结合机构如居住环境布局设计不合理容易造成老年人意外跌倒、锐器割刺、意外坠床等;护理不当造成老年人身体损伤、病情加重等;膳食管理不善造成老年人营养不良、食物中毒等。医养结合机构造成老年人身体损害的原因主要由于养老机构管理机制不健全,安全意识薄弱或是相应安全措施不到位。

3. 养老护理人员因素　养老护理队伍的建设仍然处于初级阶段,相当多的从业人员文化水平和职业素质不高,接受技能培训少。这些都给养老护理工作带来了安全隐患,护理过程中的工作不规范、健康指导不正确等都可能对老年人的身体造成伤害。

4. 社会因素　医养结合机构作为经济社会组织之一,与社会各行各业都有紧密联系。这些外部输入因素也容易导致老年人受到人身损害,比如外部环境污染或传染病的传播导致老年人罹患疾病、闲杂人员闯入造成老年人伤害等。

(二) 医疗安全风险防范

1. 完善硬件配置　医养结合机构的硬件设施是否完备直接关系到入住老年人的安危,因此在机构建设上要严格落实《养老机构安全管理》《医养结合机构服务指南(试行)》《医养结合机构管理指南(试行)》等服务规范和质量标准要求。

2. 落实规章制度　在老年人入住医养结合机构前要完善体检评估,入住后要与老年人家属及时签订服务协议,将可能预见的医疗风险和照护风险告知清楚,明确告知权利义务。

3. 加强沟通培训　医养结合机构要充分认识老年人体质的特殊性,加强对医护人员和辅助人员的业务培训,坚持持证上岗,合理配置人员。树立风险防范意识,多与老年人及其家属沟通,鼓励家属增加探望频次。

三、医疗损害的处理和法律责任

医疗损害是指因医疗机构或者其医务人员的过错或缺陷医疗产品,对就医患者造成的身体上或精神上的损害。医养结合机构具有医疗机构的属性,一旦因医疗行为对老年人产生损害,需要承担相应的民事责任。

(一) 医疗损害的类型

从法律归责原则上细分,医疗损害可以分为医疗技术损害、医疗伦理损害和医疗产品损害。

1. 医疗技术损害　医疗技术损害责任是指医疗机构或其医务人员在诊疗活动中,未尽到与当时的医疗水平相应的诊疗义务,造成患者损害的。医疗技术损害归责适用过错责任原则,即由患方承担举证责任,证明医疗机构或其医务人员的诊断治疗失当。但也有一定特例,如《民法典》第一千二百二十二条规定,患者在诊疗活动中受到损害,有下列情形之一的,推定医疗机构有过错:①违反法律、行政法规、规章以及其他有关诊疗规范的规定;②隐匿或者拒绝提供与纠纷有关的病历资料;③遗失、伪造、篡改或者违法销毁病历资料。

2. 医疗伦理损害　医疗伦理损害是指医疗机构或其医务人员未向患方充分告知必要的病情和医疗措施,未保守与患者病情有关的各种秘密,或未取得患者同意即采取某种医疗措施,造成患者损害的。医疗伦理损害归责适用过错推定原则,即直接推定医疗机构或其医务人员存在过错,除非医疗机构或其医务人员能够证明自己已经履行了相应的义务,否则应当就其医疗伦理过错造成的损害承担赔偿责任。

3. 医疗产品损害　医疗产品损害是指医疗机构或其医务人员在诊疗活动中,为患者使用的药品、消毒产品、医疗器械存在缺陷,或者为患者输入不合格的血液造成患者损害的。《民法典》第一千二百二十三条规定,因药品、消毒产品、医疗器械的缺陷,或者输入不合格的血液造成患者损害的,患者可以向药品上市许可持有人、生产者、血液提供机构请求赔偿,也可以向医疗机构请求赔偿。患者向医疗机构请求赔偿的,医疗机构赔偿后,有权向负有责任的药品上市许可持有人、生产者、血液提供机构追偿。医疗产品损害归责适用无过错责任原则,即无论医疗机构或者医疗产品的制造者、销售者是否具有过错,都应当承担侵权责任。

(二) 医疗损害的处理

医疗损害属于医疗纠纷的一种类型,2018 年 10 月 1 日起施行的《医疗纠纷预防和处理条例》对医疗纠纷的处理进行了详细规定。

1. 医疗机构的义务　发生医疗纠纷,医疗机构应当告知患者或者其近亲属下列事项:①解决医疗纠纷的合法途径;②有关病历资料、现场实物封存和启封的规定;③有关病历资料查阅、复制的规定。患者死亡的,还应当告知其近亲属有关尸检的规定。

2. 患方的权利　发生医疗纠纷,医患双方可以通过下列途径解决:①双方自愿协商;②申请人民调解;③申请行政调解;④向人民法院提起诉讼;⑤法律、法规规定的其他途径。

(三) 法律责任

赔偿是承担医疗损害责任的最主要形式,它是一种对过错行为所造成损失的经济上的弥补,也是对侵权行为承担法律责任的形式。

1. 赔偿原则　确定医疗损害赔偿数额,应当综合考虑医疗过错行为在医疗损害后果中的责任程度,医疗损害后果与患者原有疾病状况之间的关系,以及医疗发展水平、医疗风险状况等因素。

2. 赔偿项目　《民法典》规定,侵害他人造成人身损害的,应当赔偿医疗费、护理费、交通费、营养费、住院伙食补助费等为治疗和康复支出的合理费用,以及因误工减少的收入。造成残疾的,还应当赔偿辅助器具费和残疾赔偿金;造成死亡的,还应当赔偿丧葬费和死亡赔偿金。侵害自然人人身权益造成严重精神损害的,被侵权人有权请求精神损害赔偿。因故意或者重大过失侵害自然人具有人身意义的特定物造成严重精神损害的,被侵权人有权请求精神损害赔偿。《民法典》虽然没有明确提及被扶养人生活费的赔偿项目,但依据《最高人民法院关于审理人身损害赔偿案件适用法律若干问题的解释》第十六条规定,被扶养人生活费计入残疾赔偿金或者死亡赔偿金;第十七条规定,被扶养人生活费根据扶养人丧失劳动能力程度,按照受诉法院所在地上一年度城镇居民人均消费支出标准计算。被扶养人为未成年人的,计算至十八周岁;被扶养人无劳动能力又无其他生活来源的,计算二十年。但六十周岁以上的,年龄每增加一岁减少一年;七十五周岁以上的,按五年计算。被扶养人是指受害人依法应当承担扶养义务的未成年人或者丧失劳动能力又无其他生活来源的成年近亲属。被扶养人还有其他扶养人的,赔偿义务人只赔偿受害人依法应当负担的部分。被扶养人有数人的,年赔偿总额累计不超过上一年度城镇居民人均消费支出额。

《最高人民法院关于审理医疗损害责任纠纷案件适用法律若干问题的解释》规定,被侵权人同时起诉两个以上医疗机构承担赔偿责任,残疾赔偿金、死亡赔偿金的计算,按下列情形分别处理:①一个医疗机构承担责任的,按照该医疗机构所在地的赔偿标准执行;②两个以上医疗机构均承担责任的,可以按照其中赔偿标准较高的医疗机构所在地标准执行。医疗产品的生产者、销售者、药品上市许可持有人明知医疗产品存在缺陷仍然生产、销售,造成患者死亡或者健康严重损害,被侵权人请求生产者、销售者、药品上市许可持有人赔偿损失及 2 倍以下惩罚性赔偿的,人民法院应予支持。

3. 赔付方式　《民法典》规定,损害发生后,当事人可以协商赔偿费用的支付方式。协商不一致的,赔偿费用应当一次性支付;一次性支付确有困难的,可以分期支付,但应当提供相应的担保。

第五节　其他居家和社区医养结合模式的规定

目前居家和社区医养结合仍是我国医养结合服务的主要形式,但居家和社区医养结合也存在医疗资源供给不足的情况,如何在居家和社区医养结合中提高服务支撑能力,将决定居家和社区医养结合服务的质量。

一、家庭医生

(一)家庭医生的概念

家庭医生是以家庭医疗保健服务为主要任务,解决家庭日常健康问题和保健需求,提供预防、保健、治疗、康复、健康教育服务和指导,可以开展全面的、连续的、有效的、及时的和个性化医疗保健服务和照顾的新型医生。

(二)家庭医生签约服务的要求

《关于推进家庭医生签约服务高质量发展的指导意见》(国卫基层发〔2022〕10号)规定,家庭医生既可以是全科医生,也可以是在医疗卫生机构执业的其他类别临床医师(含中医类别)、乡村医生及退休临床医师,要积极引导符合条件的二、三级医院医师加入家庭医生队伍,以基层医疗卫生机构为平台开展签约服务。家庭医生既可以个人为签约主体,也可组建团队提供签约服务。家庭医生(团队)要丰富服务内容,拓展康复、医养结合、安宁疗护、智能辅助诊疗等服务功能。对行动不便、失能失智的老年人、残疾人等确有需求的人群,要结合实际提供上门治疗、随访管理、康复、护理、安宁疗护、健康指导及家庭病床等服务。

家庭医生签约服务是由居民或家庭自愿选择与家庭医生或服务团队签订服务协议,明确签约服务内容、方式、期限和双方的责任、权利、义务及其他有关事项,一般以1年为1个签约周期。家庭医生为居民提供约定的签约服务,根据签约服务人数按年收取签约服务费,由医保基金、基本公共卫生服务经费和签约居民付费等方式共同分担。具体标准和分担比例由各地卫生健康、人力资源社会保障、财政、价格等部门根据签约服务内容、签约居民结构,以及基本医保基金和公共卫生经费承受能力等因素协商确定。

根据《关于做好2023年基本公共卫生服务工作的通知》(国卫基层发〔2023〕20号)要求,家庭医生(团队)要按照基本公共卫生服务规范为签约的重点人群和高血压、2型糖尿病等慢性病患者提供相应的健康管理服务,推进打通电子健康档案和家庭医生签约服务管理信息系统,加强基本公共卫生服务、家庭医生签约服务数据的实时更新和共享。

二、家庭照护床位

家庭照护床位又称"家庭养老床位",是依托有资质的养老服务机构,将专业照护服务延伸至老年人家中,使老年人居家就能享受到专业的照护服务。《老年人权益保障法》第五十七条第一款规定,医疗机构应当为老年人就医提供方便,对老年人就医予以优先。有条件的地方,可以为老年人设立家庭病床,开展巡回医疗、护理、康复、免费体检等服务。

家庭照护床位一般具有下列特征:①是以专业照护机构为支点。家庭照护床位是养老服务机构的延伸服务,纳入养老服务机构床位的统一管理,由养老服务机构派出有资质的服务人员,依托相应的设施设备,根据老年人的实际照护需求,提供专业规范的机构式照护服务。②以社区为服务半径。养老服务机构在以机构所在地和服务对象居住地为中心的集中范围内开展服务,一般形成15分钟服务半径,确保及时响应和服务可及。③以家庭为基础。

充分发挥家庭成员在老年人照料中的基础性作用,为家庭照护增能,提升家庭照护的功能和水平,满足老年人原居安养的愿望。

家庭照护床位是我国构建"居家社区机构相协调、医养康养相结合"养老服务体系的新模式。目前我国已建成家庭照护床位 23.5 万张,累计为 41.8 万老年人提供居家养老上门服务。家庭照护床位可以根据老年人或家属的要求定制相关服务,其核心是把养老机构的专业照护服务送到老年人家中,从而尽可能推迟老年人进入养老机构的时间,让老年人获得更多家人的陪伴以及不出家门也能享受更为专业的照护。在与家庭照护床位配套的专业服务中,医疗护理服务往往是关键环节,虽然目前占比并不高,但这部分专业需求往往决定了老年人的生活质量。

拓展阅读

西宁市全面实施家庭养老"照护床位"

2022 年青海省西宁市制定《西宁市实施家庭养老照护床位试点工作方案》,以 60 岁以上的困难老年人及中等偏下收入独居老年人、失能半失能老年人作为重点服务对象,确定了一次性床位建设补贴最高不超过 5 000 元 / 人,服务补贴最高不超过每人每月 220 元;针对失能半失能老年人,确定了 7 大类 23 项医疗照料、康复护理、心理慰藉及信息化服务,并首次将高原病护理纳入服务范围。此外,西宁市民政局为老年人制订了"一人一策、一人一档"的改造及照护服务方案,并开展了"三合一"入户服务,通过适老化改造入户,为失能半失能老年人的家庭进行地面防滑,安装扶手及卫生间改造,打造安全、舒适的居家环境;通过智能监测设备入户,为老年人的家庭安装智能设备,实现了全天候监测老年人安全状态,老年人还可通过呼叫设备进行呼叫求助和预约上门服务;通过专业看护服务入户,为老年人开展了连续性、专业性的居家照护服务。同时,在市、县区两级养老服务信息平台上增设家庭照护床位模块并与承接机构的服务平台、养老信息平台有效对接,实现家庭照护床位建设、服务全过程监管。

复习思考题

1. 简述医养结合的概念。
2. 简述医养结合机构的概念。
3. 简述护士在医养结合机构的执业义务。
4. 简述医养结合机构医疗安全风险防范的措施。

PPT 课件

◇◇◇ **第七章** ◇◇◇

老年人社会保险政策法规

社会保险制度作为我国社会保障体系的核心部分,为劳动风险群体提供生活保障,有助于维持社会稳定。社会保险制度中与老年群体息息相关的险种主要包括基本养老、基本医疗和长期护理险,为老年人提供有效的生活及健康保障。

第一节 概 述

当前老年人面临更高的健康和意外风险。老龄是众多严重疾病的首要发病因素之一,很多老年人存在多病共存的情况,其生活质量受到严重影响;老年人思维、语言、决策、反应能力显著下降,更容易发生意外事故;与年轻人相比,老年群体普遍健康水平偏低、发病情况相对复杂,所需医疗服务的成本代价相对较高。社会保险制度是由国家立法建立,为因年老而丧失劳动能力的老年人提供生活保障的保险制度,对解决老龄问题,维护社会安定起着至关重要的作用。

一、社会保险的概念

社会保险是一种为丧失劳动能力、暂时失去劳动岗位或因健康原因造成损失的人口提供收入或补偿的一种社会和经济制度。社会保险的主要项目包括养老保险、医疗保险、失业保险、工伤保险、生育保险、长期护理保险等。通过国家立法形式,多渠道筹集资金,对参保对象在年老、疾病、工伤、失业、生育等情况下依法提供物质帮助,使其享有基本生活保障的社会保障制度。

《老年人权益保障法》第三条规定,老年人有从国家和社会获得物质帮助的权利,有享受社会服务和社会优待的权利,有参与社会发展和共享发展成果的权利。第四条规定,国家和社会应当采取措施,健全保障老年人权益的各项制度,逐步改善保障老年人生活、健康、安全以及参与社会发展的条件,实现老有所养、老有所医、老有所为、老有所学、老有所乐。上述规定为建立健全老年医疗保险法律法规提供了法律依据。

二、我国社会保险制度的主要类型

我国社会保险制度坚持广覆盖、保基本、多层次、可持续的方针,与老年群体息息相关的险种包括养老保险、医疗保险以及长期护理保险等。

(一)基本养老保险制度

随着现代医疗的发展和生活水平的提高,人均寿命不断延长,很多国家开始进入老年型社会,养老不可避免地成为各个国家和社会的主要社会问题之一。通过社会养老保险制度,在公民进入老年后,为其提供收入保障,增强抵御老年风险的能力,解决养老后顾之忧。

1. 基本养老保险制度的概念　基本养老保险制度是指由国家立法实施的,通过参保人、用人单位和政府等多方筹资形成基金,对参保人因患病而就医诊疗时提供资金支持,以保障其享有基本医疗服务的一项社会保险制度。基本养老保险制度是社会保障制度的重要组成部分,是按国家统一政策规定强制实施的为保障广大离退休人员基本生活需要的一种养老保险制度。

2. 基本养老保险制度的特点及意义　目前我国已形成以城乡居民养老保险和城镇职工养老保险为主体的保险体系,将统筹与个人账户相结合,在确保社会保险的社会互助、分散风险、覆盖广泛的同时,又强调了职工的自我保障意识和激励机制,并且全面整合城乡医保,消除人们在城乡间流动的障碍。其中,社会统筹与个人账户相结合的基本养老保险制度,是我国在世界上首创的一种新型的基本养老保险制度。该制度采用传统的基本养老保险费用的筹集模式,即由国家、单位和个人共同负担;基本养老保险基金实行社会互济,在基本养老金的计发上采用结构式的计发办法,强调个人账户养老金的激励因素和劳动贡献差别。因此,该制度既吸收了传统型的养老保险制度的优点,又借鉴了个人账户模式的长处;既体现了传统意义上社会保险的社会互济、分散风险、保障性强的特点,又强调了职工的自我保障意识和激励机制。

(二)基本医疗保险制度

1. 基本医疗保险制度的概念　广义的医疗保险是指为补偿疾病带来的直接经济损失,例如医疗费用,以及间接经济损失,例如误工费用,而建立的一种保险制度。狭义的医疗保险指对医疗支出费用的补偿。医疗保险通常分为社会医疗保险和商业医疗保险,其中社会医疗保险指通过国家立法,按照强制性社会保险原则和方法筹集、运用医疗资金,保证人们公平地获得适当的医疗服务的一种制度。

2. 基本医疗保险制度的特点及意义　基本医疗保险是为补偿劳动者因疾病风险造成的经济损失而建立的一项社会保险制度,是社会保障体系的重要组成部分,是由用人单位和职工共同参加的一种社会保险。我国老年医疗保险不作为独立险种,而是作为社会基本医疗保险制度的一部分。中央与地方结合国家和地方的生产力发展水平、经济发展阶段和医疗资源的稀缺程度,筹集、分配和使用医疗保险基金。与基本养老保险相同,我国基本医疗保险包括城乡居民基本医疗保险和城镇职工基本医疗保险。同时,为灵活就业者提供更为灵活的参保方式。

基本医疗保险制度的意义主要有以下几点：①医疗保险制度的建立和完善会进一步促进社会的进步和生产的发展；②医疗保险通过征收医疗保险费和偿付医疗保险服务费用来调节收入差别，是政府一种重要的收入再分配手段；③医疗保险对患病的劳动者给予经济上的帮助，有助于消除因疾病带来的社会不安定因素，是调整社会关系和社会矛盾的重要社会机制；④医疗保险和社会互助共济的社会制度，通过在参保人之间分摊疾病费用风险，体现了"一方有难，八方支援"的新型社会关系，有利于促进社会文明和进步。

（三）长期护理保险制度

1. 长期护理保险的概念　长期护理保险，是为有长期照料需求的被保险人提供护理医疗服务与费用补偿应运而生的保险。长期护理保险通过对参保失能人群护理提供经济补助，对达到一定护理需求的长期失能人员提供与基本生活照料密切相关的医疗护理服务，减轻失能人员家庭经济负担和子女及近亲属照护负担，让失能人员，尤其是重度失能人员提高生存质量，活得更有尊严。

2. 长期护理保险的特点及意义　长期护理保险属于健康保险，但与医疗保险不同，两者的区别不仅在于护理保期持续时间的长短，还在于医疗护理的结果是否可逆。护理的意义在于尽可能长地维持个体的身体功能，长期护理保险可以作为对护理费用的经济补偿。长期护理保险主要是支付老年人的日常照顾费用，或者由于疾病或伤残引起的日常照顾费用。

第二节　基本养老保险制度

基本养老保险作为一项社会保险类型，能够为老年人群提供更加多元和可靠的基本养老服务。经过不同阶段的发展和试点，我国养老保险政策日趋成熟，探索了一些创新做法，为老年人提供了有效保障。

一、基本养老保险制度概述

（一）基本养老保险制度的基本特征

1. 强制性　国家通过立法，强制用人单位和劳动者个人必须依法参加养老保险，履行法律所赋予的权利和义务，缴纳养老保险费，待劳动者到达法定退休年龄时，可向社会保险部门领取基本养老金，享受基本养老保险待遇，保障退休以后的基本生活。

2. 互济性　养老保险费用来源一般由国家、企业或单位、个人三方共同负担，并在较高的层次上和较大的范围内实现养老保险费用的社会统筹和互济。

3. 普遍性　养老问题不仅是社会问题，还是全球性问题，关乎一个国家或社会的经济、文明发展，需要我们予以足够重视。养老保险的实施范围很广，被保险人享受待遇的时间较长，费用收支规模庞大。因此，必须由政府设立专门机构，在全社会统一立法、统一规则、统一管理和统一组织实施。

（二）基本养老保险相关政策法规

目前基本养老保险制度实行社会统筹与个人账户相结合模式。1995 年 3 月国务院《关于深化企业职工养老保险制度改革的通知》、2009 年 9 月国务院《关于开展新型农村社会养老保险试点的指导意见》、2011 年 6 月国务院《关于开展城镇居民社会养老保险试点的指导意见》、2015 年 8 月国务院办公厅《基本养老保险基金投资管理办法》，以及人社部《关于阶段性降低社会保险费率的通知》《关于养老保险关系转移接续有关问题的函》《关于城镇企业职工基本养老保险关系转移接续若干问题的通知》等政策文件不断颁布。整体而言,我国不断推进城镇职工和城乡居民的基本养老保险制度的深化改革,促进制度更加成熟与健全,提升老龄化社会治理的综合能力,使基本养老保险制度的共享性、适应性及协同性得到稳步增强和提升。

二、基本养老保险制度的主要内容

基本养老保险制度是最重要的社会保险制度之一,因为养老保险制度涉及的人群多、周期长、资金规模大。我国基本养老保险包括城乡居民基本养老保险和城镇职工基本养老保险。

(一)城乡居民养老保险

1. 参保范围 城乡居民养老保险的参保条件为年满十六周岁(不含在校学生),非国家机关和事业单位工作人员以及不属于职工基本养老保险制度覆盖范围的城乡居民,可以在户籍地参加城乡居民养老保险。

城乡居民养老保险的参保范围需要注意:①对于灵活就业人员、个体工商户等职工基本养老保险制度的自愿参保者而言,既可以选择参加职工基本养老保险,也可以选择参加城乡居民基本养老保险,但不可以同时参加两项制度。②职工养老保险的参保与劳动关系特征密切相关,凡是签订了劳动合同的职工必须参加职工基本养老保险,但城乡居民基本养老保险则与户籍相关,城乡居民只能在户籍所在地参加居民养老保险。③职工基本养老保险有义务参保人和自愿参保人,而城乡居民养老保险则是非强制性的,所有参保人均是自愿参保人。

2. 制度模式与资金筹集 城乡居民基本养老保险采取统筹账户与个人账户相结合的模式,其中,统筹账户用于支付基础养老金。基础养老金全部来源于政府财政,其中,中央财政对中西部地区按中央确定的基础养老金标准给予全额补助,对东部地区给予50%的补助。个人账户则由个人缴费、地方人民政府对参保人的缴费补贴、集体补助,及其他社会经济组织、公益慈善组织、个人对参保人的缴费资助共同构成。

根据2014年2月国务院发布的《关于建立统一的城乡居民基本养老保险制度的意见》,缴费标准设为每年100元、200元、300元、400元、500元、600元、700元、800元、900元、1 000元、1 500元、2 000元12个档次,省(自治区、直辖市)人民政府可以根据实际情况增设缴费档次。

2018年3月,人力资源和社会保障部、财政部发布《关于建立城乡居民基本养老保险待遇确定和基础养老金正常调整机制的指导意见》,改为由中央根据全国城乡居民人均可支配收入和财力状况等因素,合理确定全国基础养老金最低标准,地方根据当地实际提高基础养老金标准。此外,各地要根据城乡居民收入增长情况,合理确定和调整城乡居民基本养老保险缴费档次标准,供城乡居民选择。最高缴费档次标准原则上不超过当地灵活就业人员参加职工基本养老保险的年缴费额。对重度残疾人等缴费困难群体,可保留现行最低缴费档次标准。此外,该意见要求,各地要建立城乡居民基本养老保险缴费补贴动态调整机制,根据经济发展、个人缴费标准提高和财力状况,合理调整缴费补贴水平,对选择较高档次缴费的人员可适当增加缴费补贴,引导城乡居民选择高档次标准缴费。鼓励集体经济组织提高缴费补助,鼓励其他社会组织、公益慈善组织、个人为参保人缴费加大资助。

3. 养老保险待遇 根据《社会保险法》,基本养老保险待遇包括三种类型:①参加基本养老保险制度的个人,达到法定退休年龄时,累计缴费满十五年的,按月领取基本养老金。②参加基本养老保险的个人,因病或者非因公死亡的,其遗属可以领取丧葬补贴和抚恤金。③参加基本养老保险的个人,在未达到法定退休年龄时因病或非因工致残完全丧失劳动能力的,可以领取病残津贴。达到法定退休年龄和累计缴费满十五年,是参保者领取基本养老金的两个前提条件。

领取城乡居民基本养老保险待遇的条件是:参加城乡居民基本养老保险的个人,年满六十周岁、累计缴费满十五年,且未领取国家规定的职工基本养老保障待遇的,可以按月领取城乡居民基本养老保险待遇。参加城乡居民基本养老保险的城乡居民,年满六十周岁、累计缴费满十五年,且未领取国家规定的基本养老保险待遇的,可以从年满六十周岁的次月起按月领取城乡居民养老保险待遇。养老金待遇由基础养老金和个人账户养老金构成,支付终身。

4. 城乡基本养老保险制度的衔接　为了解决劳动者跨行业流动过程中的基本养老保险权益问题,国家还建立了城乡居民基本养老保险制度与城镇职工基本养老保险制度之间的衔接机制。

根据 2014 年 2 月人力资源和社会保障部、财政部联合发布的《城乡养老保险制度衔接暂行办法》,参加城镇职工基本养老保险和城乡居民基本养老保险的人员,达到城镇职工基本养老保险法定退休年龄后,城镇职工基本养老保险缴费年限满十五年(含延长缴费至十五年)的,可以申请从城乡居民基本养老保险转入城镇职工基本养老保险,按照城镇职工基本养老保险办法计发相应待遇;城镇职工基本养老保险缴费年限不足十五年的,可以申请从城镇职工基本养老保险转入城乡居民基本养老保险,待达到城乡居民基本养老保险规定的领取条件时,按照城乡居民基本养老保险办法计发相应待遇。

参加城乡居民养老保险的人员,在缴费期间户籍迁移和需要跨地区转移城乡居民养老保险关系的,可在迁入地申请转移养老保险关系,一次性转移个人账户全部储存额,并按迁入地规定继续参保缴费,缴费年限累计计算;已经按规定领取城乡居民养老保险待遇的,无论户籍是否迁移,其养老保险关系不转移。

(二) 城镇职工养老保险

城镇职工基本养老保险是指国家和社会根据一定的法律和法规,为解决劳动者在达到国家规定的解除劳动义务的劳动年龄界限或因年老丧失劳动能力退出劳动岗位后的基本生活而建立的一种强制性的社会保险制度。

1. 参保范围　《社会保险法》在明确了劳动者社会保险权利的同时,区分了义务参保人和自愿参保人:所有签订了劳动合同的职工及其用人单位都是义务参保人,应当参加职工基本养老保险;无雇主的个体工商户、未在用人单位参加基本养老保险的非全日制从业人员,以及其他灵活就业人员则是自愿参保人,可以参加职工基本养老保险。因此,城镇职工养老保险的参保对象为城镇的国有企业、集体企业、外商投资企业、城镇私营企业等各类企业及其职工,事业单位及其职工,党政机关工勤人员,社会团体、基金会、社会服务机构、律师事务所、会计师事务所,以及无雇工的个体工商户、未在用人单位参加基本养老保险的其他灵活就业人员。

2. 制度模式与资金筹集　我国的职工基本养老保险制度实行社会统筹与个人账户相结合的制度模式。基本养老保险基金由用人单位缴费、个人缴费以及政府补助等构成。其中,用人单位应当按照本单位职工工资总额的一定比例缴纳基本养老保险费,记入社会统筹账户。

根据 2019 年 4 月国务院办公厅发布的《降低社会保险费率综合方案的通知》要求,自

2019年5月1日起,降低职工基本养老保险(包括企业和机关事业单位基本养老保险)单位缴费比例。各省、自治区、直辖市及新疆生产建设兵团养老保险单位缴费比例高于16%的,可降至16%;目前低于16%的,要研究提出过渡办法。职工按照国家规定的本人工资为缴费基数,按照8%的缴费比例缴纳基本养老保险费,记入个人账户。

基本养老金待遇由社会统筹养老金(也称基础养老金)和个人账户养老金构成。其中,个人账户养老金月标准为职工退休时本人个人账户累计储存额(包括本金和投资收益)除以计发月数,不同的退休年龄对应不同的计发月数。根据《国务院关于深化企业职工养老保险制度改革的通知》,职工离退休后,个人账户的储存额已经领取完毕时,由社会统筹基金按照规定标准继续支付,直到参保人死亡。根据《国务院关于完善企业职工基本养老保险制度的决定》,基础养老金以职工退休时当地上年度在岗职工月平均工资与本人指数化月平均缴费工资的算术平均数为基数,缴费每满一年发给1%。计算公式为:基础养老金 =(参保人退休时当地上年度在岗职工月平均工资 + 参保人本人指数化月平均缴费工资)÷2× 缴费年限 ×1%。该养老金计发公式体现的是养老保险制度的基本原则,即缴费水平越高(在公式中体现为本人指数化月平均缴费工资),待遇水平越高;缴费时间越长(在公式中体现为缴费年限),待遇水平越高。

此外,以上个人账户养老金和基础养老金的计发办法确定的都是参保人退休时的养老金水平。根据《社会保险法》第十八条的规定,国家建立基本养老金正常调整机制,根据职工平均工资增长、物价上涨情况,适时提高基本养老保险待遇水平。

3. 职工养老保险关系的转移、接续　我国现行的职工养老保险制度面临地区之间的分割、统筹层次较低等问题。为此,《社会保险法》第十九条明确规定,个人跨统筹地区就业的,其基本养老保险关系随本人转移,缴费年限累计计算。个人达到法定退休年龄时,基本养老金分段计算、统一支付。2009年12月,人力资源和社会保障部与财政部下发了《城镇企业职工基本养老保险关系转移接续暂行办法》,旨在解决跨区域流动过程中的基本养老保险权益问题。该办法规定了职工基本养老保险关系转移接续过程中的责任主体、资金转移方式以及退休后的待遇领取地。

参加基本养老保险的个人,达到法定退休年龄时累计缴费不足十五年的,可以缴费至满十五年,按月领取基本养老金;也可以转入城乡居民社会养老保险,按照国务院规定享受相应的养老保险待遇。

第三节　基本医疗保险制度

我国老年医疗保险主要通过社会基本医疗保险制度,来保障老年人的医疗保险权益,商业医疗保险为补充。经过了不同阶段的发展和试点工作的实施,我国逐步建立完善以城乡居民基本医疗保险和城镇职工基本医疗保险为主要类型的多层次、广覆盖的医疗保险制度。

一、基本医疗保险概述

(一) 基本医疗保险的内涵

《社会保险法》第二条规定,国家建立基本医疗保险,保障公民在年老、医疗、工伤、失业、生育等情况下依法从国家和社会获得物质帮助的权利。第二十八条规定,符合基本医疗保险药品名录、诊疗项目、医疗服务设施标准以及急诊、抢救的医疗费用,按照国家规定从基本医疗保险基金中支付。

我国老年医疗保险并非以一种险种单独存在,而是通过社会基本医疗保险制度保障老年人的医疗保险权益。《老年人权益保障法》对老年医疗保险事业亦有更为细致的规定。《老年人权益保障法》第二十九条规定,国家通过基本医疗保险制度,保障老年人的基本医疗需要。享受最低生活保障的老年人和符合条件的低收入家庭中的老年人参加新型农村合作医疗和城镇居民基本医疗保险所需个人缴费部分,由政府给予补贴。第四十八条规定,国家鼓励养老机构投保责任保险,鼓励保险公司承担责任保险。

(二) 基本医疗保险的基本特征

1. 强制性和自愿性相结合　对于企事业单位职工,《社会保险法》第二十三条规定,由用人单位和职工按照国家规定共同缴纳基本医疗保险费。无雇工的个体工商户、未在用人单位参加职工基本医疗保险的非全日制从业人员以及其他灵活就业人员可以参加职工基本医疗保险,由个人按照国家规定缴纳基本医疗保险费。根据《关于城镇灵活就业人员参加基本医疗保险的指南》,非全日制从业人员可按用人单位参加基本医疗保险的方法参保,灵活就业人员可按当地的缴费率,以个人身份缴费参保,参保后,应当依法缴费。

2. 普遍性　社会医疗保险的保障对象为全体公民,相较于失业、工伤等风险,患病风险的概率更大,是每个人,尤其是老年人,随时可能遇到的风险。中国社会保险体系坚持"全覆盖、保基本、多层次、可持续方针",而社会医疗保险是社会保险体系中覆盖面最广的一个险种。

3. 复杂性　基本医疗保险需与国家的生产力发展水平、经济发展阶段和医疗资源的稀缺程度相协调,需对医保基金以收定支,设置必要的管理制度,进行合理的管控和引导,才能保障人人公平享有基本医疗保险待遇。

(三) 基本医疗保险的主要类型

与基本养老保险类似,我国基本医疗保险包括城乡居民基本医疗保险和城镇职工基本医疗保险。

1. 城乡居民基本医疗保险　城乡居民基本医疗保险的参保对象为农村和城镇非从业居民(包括中小学生和学龄前儿童)、各类全日制普通大中专学生或办理了当地居住证的人员。城乡居民首先在户籍所在地或居住地的乡镇人民政府或社区进行参保登记,按时间要求登记缴费,以家庭或个人为单位,按年度一次性缴费,缴费可在税务部门委托的代征银行网点或手机应用程序等方式进行。缴费标准在不同年份和地区有所不同,以2023年为例,《关于2022年中央和地方预算执行情况与2023年中央和地方预算草案的报告》中规定,2023年城乡居民基本医疗保险筹资标准为1 020元,其中人均财政补助标准达到每人每年不低于640元,个人缴费标准每人每年380元。城乡居民参保后,在次年1月1日至12月31日期间发生的医疗费用均可按规定进行报销。

2. 城镇职工基本医疗保险　《社会保险法》第二十三条规定,职工应当参加基本医疗保险,由用人单位和职工按照国家规定共同缴纳基本医疗保险费。以职工身份参保的,根据《国务院关于建立城镇职工基本医疗保险制度的决定》规定,基本医疗保险费由用人单位和职工共同缴纳。用人单位缴费率应控制在职工工资总额的6%左右,职工缴费率一般为本人工资收入的2%。具体缴费比例根据各地实际情况确定。以灵活就业人员身份参保的,可自愿参加职工基本医疗保险,由个人按照国家规定缴纳基本医疗保险费。《劳动和社会保障部办公厅关于城镇灵活就业人员参加基本医疗保险的指导意见》中规定,灵活就业人员参加基本医疗保险要坚持权利和义务相对应、缴费水平与待遇水平相挂钩的原则。缴费率原

笔记栏

则上按照当地的缴费率确定。

二、老年医疗保险相关法规

（一）一般性缴费支付相关法规

《国务院关于建立统一的城乡居民基本养老保险制度的意见》第二十五条规定,城镇居民基本医疗保险实行个人缴费和政府补贴相结合,享受最低生活保障的人、丧失劳动能力的残疾人、低收入家庭六十岁以上的老年人和未成年人等所需个人缴费部分,由政府给予补贴。第二十七条规定,参加职工基本医疗保险的个人,达到法定退休年龄时累计缴费达到国家规定年限的,退休后不再缴纳基本医疗保险费,按照国家规定享受基本医疗保险待遇;未达到国家规定年限的,可以缴纳至国家规定年限。第二十八条规定,符合基本医疗保险药品目录、诊疗目录、医疗服务设施标准以及急诊、抢救的医疗费用,按照国家规定从基本医疗保险基金中支付。第二十九条规定,参保人员医疗费用中应当由基本医疗保险基金支付的部分,由社会保险经办机构与医疗机构、药品经营单位直接结算。社会保险行政部门和卫生行政部门应当建立异地就医医疗费用结算制度,方便参保人员享受基本保险待遇。

（二）跨省异地就医相关法规

跨省异地就医是指基本医疗保险参保人员在参保关系所在省、自治区、直辖市以外的定点医疗机构发生的就医、购药行为。跨省异地就医结算是指参保人员跨省异地就医时只需支付按规定由个人负担的医疗费用,其他费用由就医地经办机构与跨省联网定点医疗机构按医疗保障服务协议约定审核后支付。参加基本医疗保险,可以申请办理跨省异地就医直接结算的人群中,包括了异地安置退休人员。

2022 年 6 月国家医保局、财政部发布《关于进一步做好基本医疗保险跨省异地就医直接结算工作的通知》,进一步明确了异地就医备案人员的范围,规定跨省异地长期居住或跨省临时外出就医的参保人员办理异地就医备案后可以享受跨省异地就医直接结算服务。其中,跨省异地长期居住人员包括异地安置退休人员。

（三）伤残、失业相关法规

根据《工伤保险条例》第四十条规定,工伤职工符合领取基本养老金条件的,停发伤残津贴,享受基本养老保险待遇。基本养老保险待遇低于伤残津贴的,从工伤保险基金中补足差额。《失业保险条例》第五十一条规定,基本养老保险实行累计缴费,失业人员失业前参加基本养老保险并按规定缴费的,在其享受事业保险待遇期间,基本养老保险关系暂时中断,其缴费年限和个人账户可以存续,待重新就业后,应当接续基本养老保险关系。事业人员达到退休年龄时缴费满十五年可从享受事业保险直接过渡到享受基本养老保险,按其缴费年限享受养老保险待遇,基本生活由基本养老保险金予以保障,在此情况下,应当终止其享受事业保险待遇。

（四）医疗保险资金的保障

相关法律法规对用于养老、医疗等保险的资金进行了充分的保护。《社会保险费征缴暂行条例》第六十四条规定,基本养老保险基金逐步实行全国统筹,其他社会保险基金逐步实行省级统筹,具体时间、步骤由国务院规定。《最高人民检察院关于贪污养老、医疗等社会保险基金能否适用(最高人民法院最高人民检察院关于办理贪污贿赂刑事案件适用法律若干问题的解释)第一条第二款第一项规定的批复》规定,养老、医疗、工伤、失业、生育等社会保险基金可以认定为《最高人民法院、最高人民检察院关于办理贪污贿赂刑事案件适用法律若干问题的解释》第一条第二款第一项规定的"特定款物"。

第四节 长期护理保险制度

长期护理保险制度是党和国家为应对人口老龄化所作出的一项重大战略安排。党的二十大报告指出,要健全多层次社会保障体系,其中就包括建立长期护理保险制度。目前长期护理保险制度已成为我国医疗保险制度的重要补充,也是医疗养老工作开展的重要抓手。2016年与2020年,国家先后围绕长期护理保险开展了两批试点,鼓励各地探索各具特色的长期护理保险政策。不同城市也结合自身特点开展了长期护理保险政策制定和实践的尝试。

一、长期护理保险的基本特征

(一)保障形式的福利性

长期护理保险是由政府作为主要主体来引导和制定相关政策并进一步实施的制度,是国家为社会弱势群体提供的一项社会福利。长期护理保险的覆盖群体主要为达到一定护理需求的长期失能人员。

(二)保障范围的公平性

长期护理保险属于医疗保障的一种形式,是旨在实现社会公平而进行的对社会成员权利和义务关系的再分配和再调整。长期护理保险为长期失能人员提供基本的医疗护理和照料,进一步减轻失能人员及其家庭成员的经济负担与照护负担,为更多人群和家庭提供更有效的保障。

(三)筹资来源的多元性

长期护理保险往往依靠多方筹资,具有筹资来源的多元性和社会性的特点。长期护理保险的资金主要来自政府,由医保基金统筹开支,同时还通过企业、社会组织以及个人缴费等方式进行多方筹集。

(四)制度结构的补充性

长期护理保险对于基本医疗保险制度而言,主要是一项补充性制度。长期护理保险制度本身也是我国多层次医疗保障体系的重要组成部分。能够为城镇职工基本医疗保险、城乡居民基本医疗保险等主体性保险未能覆盖到或保障到的主体提供更全面的照顾和补偿。

二、长期护理保险的制度建立

《老年人权益保障法》第三十条规定,国家逐步开展长期护理保障工作,保障老年人的护理需求。对生活长期不能自理、经济困难的老年人,地方各级人民政府应当根据其失能程度等情况给予护理补贴。2016年人力资源和社会保障部印发《关于开展长期护理保险制度试点的指导意见》(人社厅发〔2016〕80号),确定了2个国家试点的重点联系省份和35个试点市。2020年国家医保局、财政部发布《关于扩大长期护理保险制度试点的指导意见》(医保发〔2020〕37号),新增14个城市作为试点城市。

《"十四五"国家老龄事业发展和养老服务体系规划》(国发〔2021〕35号)提出,要适应我国经济社会发展水平和老龄化发展趋势,构建长期护理保险制度政策框架,协同促进长期照护服务体系建设。《关于进一步推进医养结合发展的指导意见》(国卫老龄发〔2022〕25号)提出,要稳步推进长期护理保险制度试点,适应失能老年人基本护理保障需求。2022年党的二十大报告进一步明确,建立长期护理保险制度。

三、长期护理保险的主要类型

根据不同标准,可以将长期护理保险划分为不同类型。

(一)长期护理社会保险与长期护理商业保险

按照性质来划分,可将长期护理保险划分为长期护理社会保险与长期护理商业保险。长期护理社会保险是指由政府主导和供给的,对于因年老、疾病、伤残等而需要长期照顾的群体所提供的一类长期护理保险产品。我国的长期护理保险制度是在政府主导下制定和实施的一项社会保险类型,也被称为"第六险"。长期护理商业保险是指依靠市场机制来提供的一类长期护理保险产品,需要通过购买商业保险公司的相关产品来获得长期护理相关的权益保障。

(二)个人长期护理保险产品与团体长期护理保险产品

按照投保人划分,可以将长期护理保险划分为个人长期护理保险产品与团体长期护理保险产品。个人长期护理保险产品是指由个人购买并根据约定对被保险人提供相关保险和服务的长期护理保险产品。团体长期护理保险产品是指由团体为满足一定条件的被保险人购买并享受相关保险赔付的长期护理保险产品,往往由一张保险单为多名被保险人提供保障。

(三)费用补偿型长期护理保险、定额给付型长期护理保险、直接提供服务型长期护理保险

按给付方式划分,可以将长期护理保险划分为费用补偿型长期护理保险、定额给付型长期护理保险、直接提供服务型长期护理保险。费用补偿型长期护理保险是对于符合给付条件的被保险人因长期护理所导致的实际费用进行给付和补偿。定额给付型长期护理保险是按照政策或合同约定的固定额度对被保险人进行费用给付,被保险人因长期护理所产生的实际费用对于给付金额不构成影响。直接提供服务型长期护理保险是指对于符合条件的被保险人直接提供长期护理服务的一种长期护理保险模式。

(四)单一护理保险与综合护理保险

按照保险责任进行划分,可以把长期护理保险划分为单一护理保险与综合护理保险。单一护理保险仅承担长期护理的相关责任,即保险公司根据被保险人在保险期间接受的符合条件的护理服务来对被保险人给付一定数额的保险金。综合责任护理保险是指在承担长期护理责任以外,再增加生存和死亡给付责任及相关的保障。

四、长期护理保险制度内容

长期护理是由非专业照料者和专业照料者进行的照护活动,以保证自理能力不完全的老人的生活质量、最高程度的独立生活能力和人格尊严。长期护理保险是以保障老年人的生活照料、医疗护理服务需要为主要内容的保险制度。

(一)长期护理保险参保对象

长期护理保险的覆盖群体主要是达到一定护理需求的长期失能人员,参保对象主要涉及参加城镇职工医保的群体,部分地区也纳入了城乡基本医疗保险的参保人员。从试点情况来看,试点城市都以医疗保险作为基础,保障对象原则上主要覆盖职工基本医疗保险参保人群,但有一些城市也涵盖了城镇居民基本医疗保险、城乡居民医疗保险参保人员或灵活就业人员。

(二)长期护理保险资金筹集

长期护理保险资金筹集主要包括长期护理保险的资金筹资主体及各方责任、筹资渠道、

筹资水平、对特殊困难人群的资助安排等。在试点过程中,各地长期护理保险都采取统筹基金账户与个人账户相结合的方式,筹资模式主要依靠个人缴纳、财政补助、医保统筹基金余额划转相结合的方式;部分地区对长期护理保险按年度设定了固定额度进行定额筹资,部分地区从医保基金中对长期护理保险所需资金进行统筹开支,在具体缴费标准上各地有所不同。对于经济不发达地区,长期护理保险所需资金仍然需要依靠财政和医保基金划拨,因此,如何实现长期护理保险的可持续发展成为重要问题。

(三) 长期护理保险待遇支付

长期护理保险待遇支付主要涉及长期护理保险的待遇支付程序、范围、标准、水平等。在长期护理保险的待遇支付方面,各地采取的政策也不同。大部分试点城市仅覆盖了重度失能老年人,部分城市将中度失能群体纳入长期护理保险保障范围,还有部分城市将失智等特殊人群作为保障对象。

长期护理保险主要解决失能人员尤其是失能老年人的健康服务问题,可以选择的护理方式包括医疗机构医疗护理、养老机构和护理院的照护服务、居家照护等多种形式,具体形式由参保人员根据失能评定结果和自我选择来确定,基本以居家护理和医疗机构护理为主。

(四) 长期护理保险管理服务

长期护理保险管理服务主要包括长期护理保险的基金管理、服务管理和经办管理等相关制度和安排。从各试点地区的做法来看,目前提供的服务主要包括基本生活照料以及与基本生活照料密切相关的医疗护理。随着长期护理保险政策和实践的发展,各地也在动态调整长期护理保险服务的内容,例如对家庭难以自行护理的照料项目提供上门照料和相关帮助等。在长期护理保险服务提供过程中,各地首先需要摸排调查本地的参保职工中失能和半失能人员情况,尤其是了解不同失能失智程度的老年人的具体情况及保障方式,还需要调查包括公立和民营的长期护理机构的人员、床位、费用及供给情况,从而探索形成有效的供给匹配机制,进一步提供更加便捷高效的长期护理保险管理服务。

📖 拓展阅读

长期护理保险试点成效

1. 社会成效 一方面,满足更多失能老年人的照料需求,显著减轻家庭照料者负担。截至 2022 年,有 120.8 万人享受长期护理保险待遇,人均待遇支付水平达到 8 642 元/年。截至 2023 年 6 月,长期护理保险的实施使得年人均减负约 1.4 万元。另一方面,制度规则不断创新,各地开展区域性探索。如南通探索引入社会力量参与经办,采取购买第三方服务经办与政府部门监督相结合的管理模式,公开招标遴选商业保险公司作为经办方,通过多方协作有效结合政府的治理优势以及市场主体的信息优势和下沉优势,实现经办效率的提升。

2. 经济成效 一方面,推动照护服务产业发展,创造就业岗位。截至 2021 年底,全国 49 个试点城市长期护理保险定点服务机构共 6 819 个。截至 2023 年 6 月,试点地区定点服务机构护理人数达 33 万人,是试点初期的近 10 倍。另一方面,有利于节约医保基本支出,促进不同社会保障项目之间的平衡。长期护理保险显著降低了老年人的医疗服务使用次数和相关支出,有效节约了医保基金,有利于缓解医保运行压力。

复习思考题

1. 简述基本养老保险的基本特征及类型。
2. 我国老年医疗保险相关政策法规有哪些?
3. 长期护理保险的基本特征有哪些?

◆◆◆ **第八章** ◆◆◆

老年社会救助政策法规

✎ **学习目标**

知识目标

掌握我国老年社会救助的主要内容以及普通救助、专项救助、临时性(应急)救助的概念、认定标准、救助方式、申请及核查的相关程序等。

能力目标

能够基本判断经济困难的老年人能否适用社会救助、适用哪些种类的社会救助，以及在申请社会救助的过程中所应履行的相关程序。

素质目标

理解国家筑牢基本民生保障底线的制度安排，以及老年社会救助工作在民生保障方面的价值追求。

课程思政目标

引导学生深入社会实践并关注民生现实问题，增强对新时代民生工作的认同，坚定树立对我国老龄工作民生扶持的制度自信。

随着我国人口老龄化程度的持续加深，以及受年龄因素影响导致的劳动能力减退，未来我国困难的老龄人口将大幅度增加。为此，国务院发布《"十四五"国家老龄事业发展和养老服务体系规划》(国发〔2021〕35号)，指出"进一步健全社会保障制度"，强调要"健全分层分类的社会救助体系，将符合条件的老年人纳入相应社会救助范围，予以救助"。当前我国在养老保障体系中已建立以基本养老保险、基本医疗保险以及长期护理保险等为主的社会保险制度，由于社会保险主要定位为已知的社会风险预防，部分经济困难的老龄人口尚需社会救助制度予以托底保障。为此，社会救助对于经济困难的老龄人口的保障具有十分重要的作用。

第一节 概 述

一、社会救助制度的概念

社会救助是指国家对于遭受灾害、失去劳动能力的公民以及低收入人群的物质救助，以维持其最低生活水平的一项社会保障法律制度。社会救助主要是以经济贫困人口等社会弱势群体为救助对象，通过国家履行相应的给付义务，以满足该部分群体维持基本生活水平的需要。它是保障基本民生、促进社会公平、维护社会稳定的兜底性、基础性制度安排。

关于老年人社会救助，《老年人权益保障法》第三十一条规定，国家对经济困难的老年人给予基本生活、医疗、居住或者其他救助。老年人无劳动能力、无生活来源、无赡养人和扶养人，或者其赡养人和扶养人确无赡养能力或者扶养能力的，由地方各级人民政府依照有关规定给予供养或者救助。对流浪乞讨、遭受遗弃等生活无着的老年人，由地方各级人民政府依照有关规定给予救助。关于老年人住房救助，《老年人权益保障法》第三十二条规定，地方各级人民政府在实施廉租住房、公共租赁住房等住房保障制度或者进行危旧房屋改造时，应当优先照顾符合条件的老年人。

二、社会救助制度的基本原则

（一）国家责任原则

社会救助是社会保障制度的重要组成部分，是公民实现社会保障权的一种方式。根据现代人权"基本权利—国家义务"的相关理论，国家在实现公民的社会保障权方面具有不可推卸的责任。我国《宪法》第十四条第四款、第四十五条等条款明确了社会保障的国家责任。

（二）保基本原则

社会救助是为贫困人口提供必要的生活救扶而设立的一项社会保障制度，该制度致力于对贫困人口的基本生活保障。其对基本生活的保障标准并非越高越好，可以理解为在与经济社会发展水平相适应的基础上，仅以满足贫困人口对生存权以及人格尊严的保障为需要。保基本的原则在各层次的社会救助中均有所体现。在基本生活救助方面，国家应为符合条件的家庭给予最低生活保障，对获得最低生活保障后生活仍有困难的老年人、未成年人、重度残疾人和重病患者，县级以上地方人民政府应当采取必要措施给予生活保障以满足基本生活的要求；在特困人员供养的内容中也包括了提供基本生活条件的要求。在专项救助方面，医疗救助仅针对个人及其家庭难以承担的符合规定的基本医疗自付费用给予补助，有医疗救助基金支付的药品、医用耗材、诊疗项目等，原则上应符合国家有关基本医保支付范围的规定。所以，国家为贫困人口提供的社会救助应该以满足其基本生活需求为原则，在充分保障救助者的生存权以及人格尊严的情况下，防止社会救助泛福利化现象的发生。

（三）兜底线原则

根据《社会救助暂行办法》第二条第一款规定，社会救助制度坚持托底线、救急难、可持续，与其他社会保障制度相衔接，社会救助水平与经济社会发展水平相适应。2020年民政部发布的《社会救助法（草案征求意见稿）》将"兜底线"代替了先前的"托底线"，将其确定为社会救助法的基本原则。在实践中对兜底线原则的落实主要表现为受救助者是否"穷尽其他帮助"，具体表现为：①个人能力的穷尽。公民获得社会救助必须符合已通过自身的努力且尚不能维持基本生活水平的前提。救助对象有劳动能力和就业条件的，应当接受与其健康状况、劳动能力相适应的工作；未就业的应当接受公共就业服务机构等提供的免费培训、介绍的工作；无正当理由拒绝就业或者接受就业培训的则应拒绝其救助申请或者终止社会救助。②共同生活家庭成员帮扶义务的穷尽。通常，社会救助对象的确定并非以个人的收入以及财产状况作为审核标准，而是以共同生活的家庭成员人均收入和家庭财产状况作为衡量依据。此外，只要申请人尚有其他法定的负有赡养、抚养、扶养义务的组织和个人，有能力履行赡养、抚养、扶养的义务且未充分履行的，则被视为未达到穷尽帮扶义务。③保障制度的穷尽。社会救助的适用是所有社会保障制度的最后一个环节，兜底线原则要求符合条件的救助对象只有在穷尽了各种社会保障制度之后，才可以适用社会救助。

（四）救助效率原则

社会救助作为事关困难群众基本生活的兜底性、基础性制度安排，其直接关系到被救助对象的生存权、健康权等基本权利。对这些权利的保障要求社会救助必须予以及时、高效的回应。迟到的救助无法切实满足申请者即刻的需求,甚至有损害其生存权的可能,所以,救助的效率与救助的效果息息相关。这一原则在许多具体的救助措施中均有所体现。如2022年10月,民政部等四部门发布《关于进一步做好最低生活保障等社会救助兜底保障工作的通知》(民发〔2022〕83号),各地要明确低保审核确认的办理期限,"低保审核确认工作应当自受理之日起30个工作日之内完成;审核确认权限下放到乡镇人民政府(街道办事处)的,应当自受理之日起20个工作日之内完成。发生公示有异议、人户分离、异地申办或者家庭经济状况调查难度较大等特殊情况的,可以延长至45个工作日"。此外,针对急难型临时救助,可实行"小金额在先救助",事后补充说明情况;医疗救助畅通低保边缘家庭成员和农村返贫致贫人口、因病致贫重病患者医疗救助申请渠道,推行"一站式"服务、"一窗口"办理等都是对救助效率原则的具体体现。

三、老年人社会救助的类型

由政府主导或者负责的社会救助类型主要包括普通救助、专项救助以及临时性(应急)救助三种。2020年8月,中共中央办公厅、国务院办公厅发布《关于改革完善社会救助制度的意见》(中办发〔2020〕18号),明确提出建立"以基本生活救助、专项社会救助、急难社会救助为主体,社会力量参与为补充,建立健全分层分类的救助制度体系"。

普通救助是社会救助的基本救助类型,主要包括最低生活保障和特困人员供养两种。专项救助在《社会救助暂行办法》中确定了四种方式,分别是:医疗救助、教育救助、住房救助、就业救助。其中,由于教育救助主要针对在义务教育阶段就学的最低生活保障家庭成员、特困供养人员,以及在高中教育(含中等职业教育)、普通高等教育阶段就学的最低生活保障家庭成员、特困供养人员,以及不能入学接受义务教育的残疾儿童根据实际情况给予适当教育救助,所以教育救助不适用于老龄人口,其他三种社会救助方式均适用于老龄社会救助。临时性(应急)救助主要是针对灾害或者临时困难进行的急难救助,具体包括受灾人员救助和临时救助两种。

对于上述三类社会救助,普通救助适用的群体最大,是社会救助的基础救助类型;专项救助是政府针对特定时间、特定群体和特定环境进行的特有的救助项目,具有时空上的阶段性;而临时性(应急)救助主要是针对急难性的救助。对于政府的义务而言,普通救助彰显公平,专项救助突显民生保障,应急性救助强调救助的效率。

四、老年人社会救助的主体与客体

(一)社会救助的主体

社会救助的主体,指在社会救助法律关系中享有权利和履行义务的人。其中,享有权利的主体称为权利人,承担义务的主体称为义务人。

1. 权利主体　根据我国《宪法》第四十五条第一款规定,我国公民在特殊情况下都有获得社会救助的权利。即公民是我国社会救助的权利主体。在具体救助对象方面,根据我国现行法律、法规及相关政策规定,社会救助对象主要包括:最低生活保障家庭、特困人员、低收入家庭、支出型贫困家庭、受灾人员、生活无着的流浪乞讨人员、临时遇困家庭或者人员、需要急救但身份不明或者无力支付费用的人员,以及省、自治区、直辖市人民政府确定的其他特殊困难家庭或者人员。

2. 义务主体　根据我国《宪法》第十四条第四款规定,国家建立健全同经济发展水平相适应的社会保障制度。社会救助作为社会保障制度中的一种,其义务主体主要是国家,即国家有为公民提供社会救助的积极义务。此处需要注意,社会救助的义务主体和具体管理部门之间的区别。根据《社会救助暂行办法》第三条规定,国务院民政部门统筹全国社会救助体系建设。国务院民政、卫生健康、教育、住房城乡建设、人力资源和社会保障等部门,按照各自职责负责相应的社会救助管理工作。县级以上地方人民政府民政、卫生健康、教育、住房城乡建设、人力资源和社会保障等部门,按照各自职责负责本行政区域内相应的社会救助管理工作。上述所列行政部门统称社会救助管理部门。此处所指的行政部门均属于社会救助事务的具体管理部门,而只有国家才是社会救助法律关系的义务主体。此外,《社会救助暂行办法》第五十二条规定,国家鼓励单位和个人等社会力量通过捐赠、设立帮扶项目、创办服务机构、提供志愿服务等方式,参与社会救助。但单位、个人参与的社会救助只是道德上的义务而非法律上的义务,社会救助的义务主体只能是国家。

(二) 社会救助的客体

我国目前已形成了现金救助、实物救助与服务救助相组合的救助体系。其中,大多数的救助类型,如最低生活保障、特困人员供养、教育救助、医疗救助、住房救助、临时救助等,已形成了以现金救助为主或者包含现金救助的方式;临时救助、住房救助、受灾人员救助则主要以实物救助的方式为主;而特困人员救助中的供养服务、受灾人员救助中的开展心理抚慰服务以及就业救助中的就业服务等,则属于服务型救助。

《宪法》明确规定物质帮助是社会救助的主要客体之一。根据《宪法》第四十五条第一款规定,中华人民共和国公民在年老、疾病或者丧失劳动能力的情况下,有从国家和社会获得物质帮助的权利。实践中对社会救助的物质帮助既可以表现为救助金的发放,也可以表现为实物的配发。对于救助金的发放,如《社会救助暂行办法》第十二条第一款,对批准获得最低生活保障的家庭,县级人民政府民政部门按照共同生活的家庭成员人均收入低于当地最低生活保障标准的差额,按月发给最低生活保障金;对于实物的配发,如《社会救助暂行办法》第二十二条针对受灾人员的救助,自然灾害发生后,县级以上人民政府或者人民政府的自然灾害救助应急综合协调机构应当根据情况紧急疏散、转移、安置受灾人员,及时为受灾人员提供必要的食品、饮用水、衣被、取暖、临时住所、医疗防疫等应急救助。

此外,社会救助的客体除了物质帮助之外,还包括服务。例如《社会救助暂行办法》第十五条关于对特困人员供养的内容中包括对生活不能自理的给予照料就属于服务的提供。随着社会的发展,国家对服务救助方式给予更多关注。《关于改革完善社会救助制度的意见》强调"积极发展服务类社会救助,形成'物质+服务'的救助方式。探索通过政府购买服务对社会救助家庭中不能自理的老年人提供必要的访视、照料服务"。

五、我国社会救助政策法律制度

我国《宪法》第十四条第四款、第四十五条第一款等法律条款,为社会救助制度立法奠定了宪法依据。为了规范城市居民最低生活保障制度,保障城市居民基本生活,1999年9月28日,国务院颁布了《城市居民最低生活保障条例》,自1999年10月1日起施行。为了加强社会救助,保障公民的基本生活,促进社会公平,维护社会和谐稳定,2014年2月21日,国务院颁布了《社会救助暂行办法》,并于2019年3月2日修订。此外,一些单行法律也有涉及社会救助的法律条款,如《老年人权益保障法》第三十一条、第三十二条规定了针对老年人的社会救助制度;《基本医疗卫生与健康促进法》第八十三条第一款规定"国家建立以基本医疗保险为主体,商业健康保险、医疗救助、职工互助医疗和医疗慈善服务等为补充的、多层次的医疗保障体系"。

🔍 **拓展阅读**

社会救助法草案公开征求意见

2018 年 9 月 7 日,十三届全国人大常委会公布立法规划,将《社会救助法》列为第一类项目,属于条件比较成熟、任期内提请审议的法律草案。2020 年 9 月 7 日,民政部、财政部起草《社会救助法(草案征求意见稿)》全文公布,征求社会各界意见。草案征求意见稿共计 8 章 80 条,拟明确 9 类社会救助对象,即最低生活保障家庭、特困人员、低收入家庭、支出型贫困家庭、受灾人员、生活无着的流浪乞讨人员、临时遇困家庭或者人员,以及需要急救、但身份不明或者无力支付费用的人员,省、自治区、直辖市人民政府确定的其他特殊困难家庭或者人员。拟规定 11 类救助制度,即最低生活保障、特困人员救助供养、医疗救助、疾病应急救助、教育救助、住房救助、就业救助、受灾人员救助、生活无着的流浪乞讨人员救助、临时救助和法律法规规定的其他社会救助制度。

我国颁发的社会救助政策性文件对社会救助具有重要的指导意义。例如 2020 年中共中央办公厅、国务院办公厅印发的《关于改革完善社会救助制度的意见》(中办发〔2020〕18 号);2022 年民政部会同中央农村工作领导小组办公室、财政部、国家乡村振兴局联合印发《关于进一步做好最低生活保障等社会救助兜底保障工作的通知》(民发〔2022〕83 号);2023 年民政部办公厅印发的《关于社会救助改革创新试点和 2022 年度社会救助领域创新实践活动有关情况的通报》(民办函〔2023〕4 号);2023 年国务院办公厅转发民政部等单位《关于加强低收入人口动态监测做好分层分类社会救助工作的意见》(国办发〔2023〕39 号)等。

第二节　普　通　救　助

普通救助是我国多层次社会救助体系中最基本的救助方式。我国的普通救助措施根据救助对象、认定标准等的不同,可分为最低生活保障和特困人员供养两种。这两种救助措施尤其是特困人员供养均适用于老年人。

一、最低生活保障

(一) 最低生活保障的概念及其认定标准

1. 最低生活保障的概念　最低生活保障是指政府对于家庭平均收入水平,以及财产状况低于政府公示的最低生活标准的公民,按照法定程序和标准提供现金或者实物救助,以保证公民基本生活所需的社会救助制度。

2. 最低生活保障的考虑因素　对最低生活保障的认定应当主要考虑家庭收入状况以及家庭财产状况。《社会救助暂行办法》第九条规定,国家对共同生活的家庭成员人均收入低于当地最低生活保障标准,且符合当地最低生活保障家庭财产状况规定的家庭,给予最低生活保障。根据中共中央办公厅、国务院办公厅《关于改革完善社会救助制度的意见》(中发〔2020〕18 号)对共同生活的家庭成员人均收入低于当地生活保障标准且符合财产状况规定的家庭,给予最低生活保障。除此之外,不得随意附加非必要限制性条件。此外,根据民政部等四部门《关于进一步做好最低生活保障等社会救助兜底保障工作的通知》(民发〔2022〕83号),在低保审核确认工作中,除了需要综合考虑申请家庭收入、财产状况等基础上,不得随意附加非必要限制性条件,不得以特定职业、特殊身份为由认定申请家庭符合或者不符合条件。

3. 实践中认定申请家庭符合救助的标准　《社会救助暂行办法》第十条第一款规定,最低生活保障标准,由省、自治区、直辖市或者设区的市级人民政府按照当地居民生活必需的费用确定、公布,并根据当地经济社会发展水平和物价变动情况适时调整。《关于进一步做好最低生活保障等社会救助兜底保障工作的通知》(民发〔2022〕83号)对家庭收入核算以及家庭经济状况评估做了更为具体的规定。

(1)家庭收入的核算:各地要细化刚性支出、必要就业成本的认定措施,在核算家庭收入时按规定给予扣减。精神、智力和重度残疾人每月所得辅助性就业收入不超过当地最低生活保障标准部分,在申请和享受低保期间可根据不同情形给予扣减,具体办法由设区的市制定。采取行业收入评估基本标准、最低工资标准等指标核算非固定从业收入的,要客观考虑家庭成员实际情况,对确实难以就业或者连续6个月以上无法获得收入的,根据家庭实际困难情况,综合判断是否纳入低保范围。道路交通事故一次性困难救助金,在申请和享受低保期间不计入家庭收入。对因就业创业等产生的租住房屋、往来交通等必要的就业成本,在申请和享受低保期间,可参照当地最低生活保障标准的一定比例在每月就业收入中进行扣减,最高不超过最低生活保障标准,具体扣减比例由设区的市结合实际确定。在申请和享受低保期间,家庭成员因病、因残、无固定住房而租住普通住房等长期存在的刚性支出,可在认定收入时予以扣除。

(2)低保、低保边缘家庭经济状况评估认定办法:合理设置低保、低保边缘家庭金融资产、有价证券、机动车辆、船舶、大型农机具、房产等财产认定条件并随经济社会发展逐步调整,综合考量家庭财产市值、实际营收情况及其家庭实际生活状况等,实事求是予以认定。对于维持家庭生产生活的必需财产,可在认定时予以适当豁免。对共同生活家庭成员中有重度残疾人员或重病患者的特殊困难家庭,虽然拥有机动车辆,但确为保障其疾病治疗或残疾康复等基本生活所需且现值不高于当地年低保标准3倍的,在核算家庭财产时可予豁免。以低保金、特困人员基本生活费作为家庭唯一或主要收入来源形成的银行存款等金融资产,人均数额分别超过当地年低保标准2倍和特困人员基本生活保障标准2倍的部分,在动态管理复核家庭财产时可予豁免,具体豁免限额由各设区的市确定。在申请低保或低保边缘家庭认定之日前1年内购置家庭生活必需唯一普通住房的,不作为纳入低保或低保边缘家庭认定的排除情形。鼓励各地研究制定适度区别于低保家庭的低保边缘家庭和支出型困难家庭财产认定标准。

(二) 最低生活保障的申请及核查程序

1. 申请程序　根据《社会救助暂行办法》第十一条规定,申请最低生活保障,按照下列程序办理:①由共同生活的家庭成员向户籍所在地的乡镇人民政府、街道办事处提出书面申请;家庭成员申请有困难的,可以委托村民委员会、居民委员会代为提出申请。②乡镇人民政府、街道办事处应当通过入户调查、邻里访问、信函索证、群众评议、信息核查等方式,对申请人的家庭收入状况、财产状况进行调查核实,提出初审意见,在申请人所在村、社区公示后报县级人民政府民政部门审批。③县级人民政府民政部门经审查,对符合条件的申请予以批准,并在申请人所在村、社区公布;对不符合条件的申请不予批准,并书面向申请人说明理由。

2. 定期核查　对审核确认的最低生活保障家庭应进行定期核查。根据《社会救助暂行办法》第十三条规定,最低生活保障家庭的人口状况、收入状况、财产状况发生变化的,应当及时告知乡镇人民政府、街道办事处。县级人民政府民政部门以及乡镇人民政府、街道办事处应当对获得最低生活保障家庭的人口状况、收入状况、财产状况定期核查。最低生活保障家庭的人口状况、收入状况、财产状况发生变化的,县级人民政府民政部门应当及时决定增发、减发或者停发最低生活保障金;决定停发最低生活保障金的,应当书面说明理由。同时,根据中共中央办公厅、国务院办公厅《关于改革完善社会救助制度的意见》(中发〔2020〕18号)规定,对特困人员、短期内经济状况变化不大的低保家庭,每年核查一次;对收入来源不固定、家庭成员有劳动能力的低保家庭,每半年核查一次。复核期内救助对象家庭经济状况没有明显变化的,不再调整救助水平。

(三) 最低生活保障金的发放

最低生活保障金可以分档发放,也可以按照共同生活的家庭成员人均收入与当地最低生活保障标准的实际差额发放。根据《关于改革完善社会救助制度的意见》,最低生活保障金可以分档,或是根据家庭成员人均收入与低保标准的实际差额发放低保金。同时,国家对最低生活保障对象按月发放最低生活保障金,实施最低生活保障。根据《社会救助暂行办法》第十二条规定,对批准获得最低生活保障的家庭,县级人民政府民政部门按照共同生活的家庭成员人均收入低于当地最低生活保障标准的差额,按月发给最低生活保障金。对获得最低生活保障后生活仍有困难的老年人、未成年人、重度残疾人和重病患者,县级以上地方人民政府应当采取必要措施给予生活保障。

二、特困人员供养

(一) 特困人员供养的概念及认定标准

特困人员供养是指国家对无劳动能力、无生活来源且无法定赡养、抚养、扶养义务人,或者其法定赡养、抚养、扶养义务人无赡养、抚养、扶养能力的老年人、残疾人以及未成年人,给予的社会救助。

上述定义所指的有资格被认定为特困供养的人员应满足以下条件。

首先,有资格被认定为特困人员主体的应为老年人、残疾人以及未成年人三种。其中,老年人指年满六十周岁的中国公民。残疾人指残疾等级为一、二、三级的智力、精神残疾人,残疾等级为一、二级的肢体残疾人,残疾等级为一级的视力残疾人。对于未成年人而言,根据《社会救助暂行办法》第十四条规定未成年人以未满十六周岁为限,然而,2020年由民政部、财政部印发的《关于进一步做好困难群众基本生活保障工作的通知》(民发〔2020〕69号)强调将特困人员救助供养覆盖的未成年人年龄从十六周岁延长至十八周岁,且这一规定得到了2021年民政部印发的《特困人员认定办法》(民发〔2021〕43号)的确认,特困人员中的未成年人,可继续享有救助供养待遇至十八周岁;年满十八周岁仍在接受义务教育或者在普通高中、中等职业学校就读的,可继续享有救助供养待遇。

其次,符合上述主体条件的人员还应具备无劳动能力、无生活来源且无法定赡养、抚养、扶养义务人或者其法定赡养、抚养、扶养义务人无赡养、抚养、扶养能力。

对于无劳动能力的认定,应根据《特困人员认定办法》第五条的规定,符合下列情形之一的,应当认定为本办法所称的无劳动能力:①六十周岁以上的老年人;②未满十六周岁的未成年人;③残疾等级为一、二、三级的智力、精神残疾人,残疾等级为一、二级的肢体残疾人,残疾等级为一级的视力残疾人;④省、自治区、直辖市人民政府规定的其他情形。

对于无生活来源的认定,应根据《特困人员认定办法》第六条的规定,收入低于当地最低生活保障标准,且财产符合当地特困人员财产状况规定的,应当认定为本办法所称的无生活来源。前款所称收入包括工资性收入、经营净收入、财产净收入、转移净收入等各类收入。中央确定的城乡居民基本养老保险基础养老金、基本医疗保险等社会保险和优待抚恤金、高龄津贴不计入在内。

对于法定义务人是否具有履行义务的能力,应根据《特困人员认定办法》第八条的规定,法定义务人符合下列情形之一的,应当认定为本办法所称的无履行义务能力:①特困人员;②六十周岁以上的最低生活保障对象;③七十周岁以上的老年人,本人收入低于当地上年人均可支配收入,且其财产符合当地低收入家庭财产状况规定的;④重度残疾人和残疾等级为三级的智力、精神残疾人,本人收入低于当地上年人均可支配收入,且其财产符合当地低收入家庭财产状况规定的;⑤无民事行为能力、被宣告失踪或者在监狱服刑的人员,且其财产符合当地低收入家庭财产状况规定的;⑥省、自治区、直辖市人民政府规定的其他情形。

(二) 特困人员供养的内容

对特困人员供养的内容主要分为四个方面。根据《社会救助暂行办法》第十五条规定,特困人员供养的内容包括:①提供基本生活条件;②对生活不能自理的给予照料;③提供疾病治疗;④办理丧葬事宜。特困人员供养标准,由省、自治区、直辖市或者设区的市级人民政府确定、公布。特困人员供养应当与城乡居民基本养老保险、基本医疗保障、最低生活保障、孤儿基本生活保障等制度相衔接。

其中,对生活不能自理的给予照料应参照《特困人员认定办法》第五章生活自理能力评估的相关规定。对特困人员生活自理能力的评估应综合以下六项指标:①自主吃饭;②自主穿衣;③自主上下床;④自主如厕;⑤室内自主行走;⑥自主洗澡。如果特困人员生活自理状况 6 项指标全部达到的,可以视为具备生活自理能力;有 3 项以下(含 3 项)指标不能达到的,可以视为部分丧失生活自理能力;有 4 项以上(含 4 项)指标不能达到的,可以视为完全丧失生活自理能力。

此外,特困供养人员可以自愿选择供养的形式。根据《社会救助暂行办法》第十九条规定,特困供养人员可以在当地的供养服务机构集中供养,也可以在家分散供养。特困供养人员可以自行选择供养形式。

(三) 特困人员供养的申请受理及审核确认程序

1. 申请受理程序　申请特困人员供养救助的,应当由本人向户籍所在地乡镇人民政府或者街道办事处提出书面申请。如果本人申请确有困难的,可以委托村(居)民委员会或者他人代为提出申请。申请人或者代理人应携带申请材料,包括:本人有效身份证明,劳动能力、生活来源、财产状况以及赡养、抚养、扶养情况的书面声明,残疾人应当提供中华人民共和国残疾人证,申请人还需提供申请材料真实、完整的承诺书。申请人及其法定义务人还应当履行授权核查家庭经济状况的相关手续。同时,如果乡镇人民政府(街道办事处)、村(居)民委员会发现本辖区居民可能存在符合特困人员供养救助条件的情况,应当告知其救助供养政策。对因无民事行为能力或者限制民事行为能力等原因无法提出申请的,应当主动帮助其申请。

乡镇人民政府(街道办事处)对申请人或者其代理人提交的材料应当及时进行审查。材料齐备的,予以受理;材料不齐备的,应当一次性告知申请人或者其代理人补齐所有规定的材料。

2. 审核确认程序　乡镇人民政府(街道办事处)自受理申请之日起 15 个工作日内,应当通过入户调查、邻里访问、信函索证、信息核对等方式,对申请人的经济状况、实际生活状况以及赡养、抚养、扶养状况等进行调查核实,并提出初审意见。申请人以及有关单位、组织或者个人应当配合调查,如实提供有关情况。村(居)民委员会应当协助乡镇人民政府(街道办事处)开展调查核实。

在调查核实的过程中,乡镇人民政府(街道办事处)可视具体情况组织民主评议,在村(居)民委员会协助下,对申请人书面声明内容的真实性、完整性及调查核实结果的客观性进行评议。乡镇人民政府(街道办事处)应当将初审意见及时在申请人所在村(社区)公示,公示期为 7 天。公示期满无异议的,乡镇人民政府(街道办事处)应当将初审意见连同申请、调查核实等相关材料报送县级人民政府民政部门。对公示有异议的,乡镇人民政府(街道办事处)应当重新组织调查核实,在 15 个工作日内提出初审意见,并重新公示。

县级人民政府民政部门应当全面审核乡镇人民政府(街道办事处)上报的申请材料、调查材料和初审意见,按照不低于 30% 的比例随机抽查核实,并在 15 个工作日内提出确认意见。对符合救助供养条件的申请,县级人民政府民政部门应当及时予以确认,建立救助供养档案,从确认之日下月起给予救助供养待遇,并通过乡镇人民政府(街道办事处)在申请人所在村(社区)公布。不符合条件、不予同意的,县级人民政府民政部门应当在作出决定的 3 个工作日内,通过乡镇人民政府(街道办事处)书面告知申请人或者其代理人,并说明理由。

(四) 特困人员供养的终止

特困人员供养资格在某些情况下应被认定终止。具体的认定应根据《特困人员认定办法》第二十四条规定,当特困人员存在下列情形之一的,应当及时终止救助供养:①死亡或者被宣告死亡、被宣告失踪;②具备或者恢复劳动能力;③依法被判处刑罚,且在监狱服刑;④收入和财产状况不再符合本办法第六条规定;⑤法定义务人具有了履行义务能力或者新增具有履行义务能力的法定义务人;⑥自愿申请退出救助供养。

特困人员不再符合救助供养条件的,本人、照料服务人、村(居)民委员会或者供养服务机构应当及时告知乡镇人民政府(街道办事处),由乡镇人民政府(街道办事处)调查核实并报县级人民政府民政部门核准。县级人民政府民政部门、乡镇人民政府(街道办事处)在工作中发现特困人员不再符合救助供养条件的,应当及时办理终止救助供养手续。

对拟终止救助供养的特困人员,县级人民政府民政部门应当通过乡镇人民政府(街道办事处),在其所在村(社区)或者供养服务机构公示。公示期为 7 天。公示期满无异议的,县级人民政府民政部门应当作出终止决定并从下月起终止救助供养。对公示有异议的,县级人民政府民政部门应当组织调查核实,在 15 个工作日内作出是否终止救助供养决定,并重新公示。对决定终止救助供养的,应当通过乡镇人民政府(街道办事处)将终止理由书面告知当事人、村(居)民委员会。对终止救助供养的原特困人员,符合最低生活保障、临时救助等其他社会救助条件的,应当按规定及时纳入相应救助范围。

第三节　专 项 救 助

根据《社会救助暂行办法》的规定,我国专项救助主要包括医疗救助、教育救助、住房救助、就业救助等类型。结合老龄社会救助主体的特殊性,并非所有的专项救助都可适用。本节主要介绍医疗救助、住房救助和就业救助。

一、医疗救助

(一) 医疗救助的概念

医疗救助,是指通过政府拨款和社会捐助等多渠道筹集资金,以资助参加基本医疗保险、补助或减免医疗费用等方式,对生活贫困无力承担医疗费用的患病居民进行帮扶。医疗救助是医疗保障体系的重要环节之一。中共中央、国务院《关于深化医疗保障制度改革的意见》(中发〔2020〕5号)强调,到2030年全面建成以基本医疗保险为主体、医疗救助为托底,补充医疗保险、商业健康保险、慈善捐助、医疗互助共同发展的医疗保障体系。

(二)医疗救助对象的确定

关于医疗救助对象,《社会救助暂行办法》第二十八条规定,下列人员可以申请相关医疗救助:①最低生活保障家庭成员;②特困供养人员;③县级以上人民政府规定的其他特殊困难人员。此外,根据国务院办公厅《关于健全重特大疾病医疗保险和救助制度的意见》(国办发〔2021〕42号)的相关规定,医疗救助不仅公平覆盖上述低保对象、特困人员,而且低保边缘家庭成员和纳入监测范围的农村易返贫致贫人口按规定也给予必要的救助。同时,对不符合低保、特困人员救助供养或低保边缘家庭条件,但因高额医疗费用支出导致家庭基本生活出现严重困难的大病患者,根据实际给予一定救助。

(三)救助方式

目前,我国法律确定的医疗救助方式主要有两种。根据《社会救助暂行办法》第二十九条规定,医疗救助方式主要包括:①对救助对象参加城镇居民基本医疗保险或者新型农村合作医疗的个人缴费部分,给予补贴;②对救助对象经基本医疗保险、大病保险和其他补充医疗保险支付后,个人及其家庭难以承担的符合规定的基本医疗自负费用,给予补助。

其中,对于第一种救助方式,2021年国务院办公厅印发的《关于健全重特大疾病医疗保险和救助制度的意见》作了进一步解释,要求对个人缴费确有困难的群众给予分类资助。全额资助特困人员,定额资助低保对象、返贫致贫人口。定额资助标准由省级人民政府根据实际确定。对于第二种救助方式,民政部等六部委印发《关于进一步加强医疗救助与城乡居民大病保险有效衔接的通知》(民发〔2017〕12号)要求积极拓展重特大疾病医疗救助费用报销范围,原则上经基本医疗保险、大病保险、各类补充保险等报销后个人负担的合规医疗费用,均计入救助基数。合规医疗费用范围应参照大病保险的相关规定,并做好与基本医疗保险按病种付费改革衔接。鼓励有条件的地方对困难群众合规医疗费用之外的自付费用按照一定比例给予救助,进一步提高大病保障水平。

(四)救助费用保障范围

《关于健全重特大疾病医疗保险和救助制度的意见》明确坚持保基本,妥善解决救助对象政策范围内基本医疗需求。救助费用主要覆盖救助对象在定点医疗机构发生的住院费用、因慢性病需长期服药或重特大疾病需要长期门诊治疗的费用。由医疗救助基金支付的药品、医用耗材、诊疗项目,原则上应符合国家有关基本医保支付范围的规定。基本医保、大病保险起付线以下的政策范围内个人自付费用,按规定纳入救助保障。除国家另有明确规定外,各统筹地区不得自行制定或用变通的方法擅自扩大医疗救助费用保障范围。

同时,根据《关于健全重特大疾病医疗保险和救助制度的意见》规定要求,各地区按救助对象家庭困难情况,分类设定年度救助起付标准:①对低保对象、特困人员原则上取消起付标准,暂不具备条件的地区,其起付线标准不得高于所在统筹地区上年居民人均可支配收入的5%,并逐步探索取消起付线标准。②低保边缘家庭成员起付标准按所在统筹地区上年居民人均可支配收入的10%左右确定,因病致贫重病患者按25%左右确定。③对低保对象、特困人员符合规定的医疗费用可按不低于70%的比例救助,其他救助对象救助比例原则上略低于低保对象。具体救助比例的确定要适宜适度,防止泛福利化倾向。

(五)医疗救助的申请及结算程序

申请医疗救助的,应当向乡镇人民政府、街道办事处提出,经审核、公示后,由县级人民政府民政部门审批。已认定为低保对象、特困人员的,直接获得医疗救助。

医疗救助要按照精准测算、无缝对接的工作原则和"保险在先、救助在后"的结算程序，准确核定结算基数，按规定结算相关费用，避免重复报销、超费用报销等情况。对于年度内单次或多次就医，费用均未达到大病保险起付线的，要在基本医疗保险报销后，按次及时结算医疗救助费用。对于单次就医经基本医疗保险报销后费用达到大病保险起付线的，应及时启动大病保险报销，并按规定对经基本医疗保险、大病保险支付后的剩余合规费用给予医疗救助。对于年度内多次就医经基本医疗保险报销后费用累计达到大病保险起付线的，要分别核算大病保险和医疗救助费用报销基数，其中大病保险应以基本医疗保险报销后超出大病保险起付线的费用作为报销基数；原则上，医疗救助以基本医疗保险、大病保险支付后的剩余多次累计个人自付合规总费用作为救助基数，对照医疗救助起付线和年度最高救助限额，分类分档核算救助额度，并扣减已按次支付的医疗救助费用。

二、住房救助

结合老年人群自身的特殊性，住房救助与老龄救助工作密切相关。

（一）住房救助的概念

住房救助是对城乡特殊困难居民和因灾倒房户在住房修缮、重建和租房方面给予现金与物质补助的制度。根据《社会救助暂行办法》第三十七条规定，国家对符合规定标准的住房困难的最低生活保障家庭、分散供养的特困人员，给予住房救助。

（二）住房救助的对象

住房救助的对象包括符合县级以上地方人民政府规定标准的、住房困难的最低生活保障家庭和分散供养的特困人员。城镇住房救助对象，属于公共租赁住房制度保障范围；农村住房救助对象，属于优先实施农村危房改造的对象范围。同时，根据中共中央办公厅、国务院办公厅《关于改革完善社会救助制度的意见》，对不符合低保或特困供养条件的低收入家庭和刚性支出较大导致基本生活出现严重困难的家庭，根据实际需要给予相应的医疗、住房等专项救助或者其他必要救助措施。

（三）老年人住房救助的方式

老年人的经济状况直接影响他们是否有能力租房或购买适宜的住房。一些老年人因为经济条件受限，无法承担高昂的租金或购房成本，导致住房来源不稳定或居住环境较差。因此，经济条件较差的老年人更需要政府提供相应的住房保障和补贴。

住房救助的方式主要包括通过配租公共租赁住房、发放低收入住房困难家庭租赁补贴、农村危房改造等方式实施住房救助。对城镇住房救助对象，要优先配租公共租赁住房或发放低收入住房困难家庭租赁补贴，其中对配租公共租赁住房的，应给予租金减免，确保其租房支出可负担。对农村住房救助对象，应优先纳入当地农村危房改造计划，优先实施改造。

县级以上地方人民政府要统筹考虑本行政区域经济发展水平和住房价格水平等因素，合理确定、及时公布住房救助对象的住房困难条件，以及城镇家庭实施住房救助后住房应当达到的标准和对住房救助对象实施农村危房改造的补助标准。住房困难标准及住房救助标准应当按年度实行动态管理，以确保救助对象住房条件能随着经济和社会发展水平的进步而相应地提高。

三、就业救助

（一）就业救助的概念

就业救助是指国家对最低生活保障家庭中有劳动能力并处于失业状态的成员，通过贷款贴息、社会保险补贴、岗位补贴、培训补贴、费用减免、公益性岗位安置等办法，给予的社会

笔记栏

救助方式。

（二）就业救助对象

最低生活保障家庭有劳动能力的成员均处于失业状态的,县级以上地方人民政府应当采取有针对性的措施,确保该家庭至少有一人就业。

（三）就业救助方式

最低生活保障家庭中有劳动能力但未就业的成员,应当接受人力资源和社会保障等有关部门介绍的工作;无正当理由,连续3次拒绝接受介绍的与其健康状况、劳动能力等相适应的工作的,县级人民政府民政部门应当决定减发或者停发其本人的最低生活保障金。

（四）就业救助申请程序

申请就业救助的,应当向住所地街道、社区公共就业服务机构提出,公共就业服务机构核实后予以登记,并免费提供就业岗位信息、职业介绍、职业指导等就业服务。

第四节　临时性（应急）救助

根据中共中央办公厅、国务院办公厅《关于改革完善社会救助制度的意见》对遭遇突发事件、意外伤害、重大疾病,受传染病疫情等突发公共卫生事件影响或由于其他特殊原因导致基本生活暂时陷入困境的家庭或个人以及临时遇困、生活无着人员,给予急难社会救助。临时性（应急）救助具体主要包括受灾人员救助和临时救助。

一、受灾人员救助

（一）受灾人员救助概念

国家对基本生活受到自然灾害严重影响的人员提供生活救助,保障自然灾害发生后救助物资的紧急供应。

（二）救助方式

自然灾害发生后,县级以上人民政府或者人民政府的自然灾害救助应急综合协调机构应当根据情况紧急疏散、转移、安置受灾人员,及时为受灾人员提供必要的食品、饮用水、衣被、取暖、临时住所、医疗防疫等应急救助。自然灾害危险消除后,受灾地区人民政府民政等部门应当及时核实本行政区域内居民住房恢复重建补助对象,并给予资金、物资等救助。当受灾地区人民因当年冬寒或者次年春荒遇到生活困难的,当地人民政府应当为受灾人员提供基本生活救助。

二、临时救助

（一）临时救助的概念

国家对因火灾、交通事故等意外事件,家庭成员突发重大疾病等原因,导致基本生活暂时出现严重困难的家庭,或者因生活必需支出突然增加超出家庭承受能力,导致基本生活暂时出现严重困难的最低生活保障家庭,以及遭遇其他特殊困难的家庭,给予临时救助。

（二）救助的申请审核程序

申请临时救助的,应当向乡镇人民政府、街道办事处提出,经审核、公示后,由县级人民政府民政部门审批;救助金额较小的,县级人民政府民政部门可委托乡镇人民政府、街道办事处审批。情况紧急的,可以按照规定简化审批手续。

（三）救助的内容

国家对生活无着的流浪、乞讨人员提供临时食宿、急病救治、协助返回等救助。公安机关和其他有关行政机关的工作人员在执行公务时发现流浪、乞讨人员的,应当告知其向救助管理机构求助。对残疾人、未成年人、老年人和行动不便的其他人员,应当引导、护送到救助管理机构。对突发急病人员,应当立即通知急救机构进行救治。

复习思考题

1. 简述社会救助的基本原则。
2. 简述社会救助的客体。
3. 简述特困人员供养的认定标准。
4. 简述医疗救助的方式。

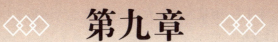

第九章

老年人社会优待政策法规

ER-9-1

PPT 课件

随着社会进步和人口老龄化趋势的不断加剧,老年人的福利和权益保障成为社会关注的焦点,国家出台各项优待老年人的政策法规,以满足老年群体切实需求,让老年人共享经济社会发展成果。老年人社会优待政策的实施不仅有助于提高老年人生活质量,为老年人创造一个更加美好和有尊严的晚年生活,还有利于促进社会和谐稳定,以及传承和弘扬社会主义核心价值观。

第一节　老年人社会优待概述

一、老年人社会优待的概念

老年人优待是政府和社会在做好公民社会保障和基本公共服务的基础上,在医、食、住、用、行、娱等方面,积极为老年人提供的各种形式的经济补贴、优先优惠和便利服务。做好老年人优待工作,是增进老年人福祉的重要举措,也是社会文明进步的重要标志。

二、老年人社会优待的特征

加强老年人社会优待工作,要坚持从老年人的需求出发,解决老年人的实际困难;坚持可持续发展,使老年人优待水平与经济社会发展水平相适应;坚持政府主导、社会参与,政府在政策制定和公共资金投入上发挥主导作用,同时注重引导社会力量承担老年人优待的义务;在优待对象上,分年龄、分层次优先考虑和保障特殊老年人群的需求;坚持社会福利适度普惠原则,既要照顾特殊的、困难的老年人群,也要考虑大多数老年人的需求。

(一)普惠性和选择性相结合

老年人对于社会优待既存在普遍性需要,也存在特殊性需要。具体而言,普惠性老年人优待项目主要针对老年人一般性的各种优待需要以及应当在全国范围内统一政策的各类优待需要,旨在让所有老年人普遍享受;选择性老年人优待项目主要针对老年人特殊优待需要以及各地根据自身经济社会发展实际情况而附加的福利待遇,旨在照顾特殊群体以及满足地方特色需要。除此之外,老年优待制度也应当在经济补贴、优先优惠和便利服务等三类常见的优待方式中做好相应定位和分工。鉴于经济补贴主要由政府和公共财政来负担,并考虑到老年人的实际经济状况,本类优待项目应向贫困老年人等经济困难老年群体倾斜,而优先优惠和便利服务项目主要由社会主体、市场主体以及社会成员来承担,应向高龄和失能老年人倾斜。

我国大部分省份将 60 岁以上老年人作为基本优待对象,并对不同年龄区间的老年人给予不同的优待项目和优惠幅度,上海和陕西规定基本优待年龄为 70 岁;湖北、贵州、宁夏、青海等四个省区对外埠老年人实行同等优待,广西和海南惠及常住的外埠老年人;大部门分省份规定凭本省优待证享受优待,广西、贵州、云南规定也可以凭身份证、离休证、退休证、户籍证明等有效身份证件享受优待。

(二)政府主导和多方参与相结合

老年优待制度适应“福利多元主义”发展趋势,将政府、社会主体乃至社会成员都纳入责任主体,实现“政府主导、多方参与”。政府在老年优待制度中承担主导责任,但政府不可能包办老年人优待政策,其主要提供的是政务服务优待。由于老年人优待涉及的主体多为利用公共资源发展起来的公益性主体或者是获得公共资源管理经营权的市场主体,理应承担向老年人提供优待服务的社会责任。还有一些纯粹的市场主体,政府也可以通过提供对价补偿的方式将其纳入到老年优待制度中来。此外,普通社会成员也有尊老敬老的社会伦理责任。

三、老年人社会优待相关政策法规概述

作为一项老年福利政策,老年优待制度的发展应遵循老年福利政策乃至社会保障政策一贯追求的公平原则。在老年优待制度中,公平原则的最充分体现就是建立覆盖全体老年人的优待项目体系,让老年人普遍享受优待福利。

(一)法律

敬老尊老是我国的优良传统美德,也是社会大众的伦理认同,老年人的社会优待是其社会福利权的组成部分,优待老年人是我国政府的一项法定职责。《老年人权益保障法》《无障碍环境建设法》《基本医疗卫生与健康促进法》等法律是我国目前老年人福利法律体系的重要支撑。

《老年人权益保障法》是发展老年人福利事业的专项法律,通过详尽地规范老年人事业的内涵和老年人福利,逐步推进老年人生活、健康、安全以及社会参与水平的提升,在老年人社会福利保障方面具有提纲挈领的作用,全面体现了国家对于老年人生存权、健康服务权、适当生活水准权、社会参与权、困境老年人特别照顾权等权利的重点关照。《老年人权益保障法》第三条规定,老年人有从国家和社会获得物质帮助的权利,有享受社会服务和社会优待的权利,有参与社会发展和共享发展成果的权利。第六条规定,各级人民政府应当将老龄事业纳入国民经济和社会发展规划,将老龄事业经费列入财政预算,建立稳定的经费保障机制,并鼓励社会各方面投入,使老龄事业与经济、社会协调发展。第五十三条规定,县级以上

人民政府及其有关部门根据经济社会发展情况和老年人的特殊需要,制定优待老年人的办法,逐步提高优待水平。对常住在本行政区域内的外埠老年人给予同等优待。该法对于社会优待的职责和经费负担的问题进行了明确的规范。

《无障碍环境建设法》重视对老年人的健康服务权、社会参与权的保障。其核心目的在于建设一个便捷、普惠的无障碍社会,能够方便老年人进入社会活动场所之中,服务于高龄、失能、孤寡等生活困顿的老年人。《无障碍环境建设法》第二章、第三章、第四章分别规定了无障碍设施建设、无障碍信息交流、无障碍社会服务,保障了老年人平等、充分、便捷地参与和融入社会生活。例如第四条规定了,无障碍环境建设应当与适老化改造相结合,遵循安全便利、实用易行、广泛受益的原则。

此外,其他法律规范则在老年人社会优待的内涵之外,建构老年人优待权的具体外延。如《旅游法》第十一条规定了老年人适当生活水准权;《数据安全法》第十五条、《公共文化服务保障法》第九条和《体育法》第十六条规定了老年人社会参与权;《基本医疗卫生与健康促进法》第二十五条、第二十八条第二款、第三十六条第二款、第七十六条第一款规定了老年人健康服务权。

(二) 行政法规

行政法规是由国务院制定的为方便开展有序行政管理的规范性法律文件,其在各级政府推进老年人福利事业,落实老年人社会优待工作中具有重要指导和保障作用,同时对于养老机构、社区机构、医院等企事业单位来说,中央的行政法规也指明了其在老年人福利事业中的具体权利义务和职责,需要贯彻落实,遵法守法或是依法开办事业。

老年人社会优待可以散见于许多行政法规之中,具体包括:《社会救助暂行办法》第十二条第二款规定了老年人的困难特别照顾权。《博物馆条例》第三十三条第一款规定,博物馆未实行免费开放的,应当对未成年人、成年学生、教师、老年人、残疾人和军人等实行免费或者其他优惠。《公共文化体育设施条例》第二十一条规定,需要收取费用的公共文化体育设施应当对老年人免费或优惠开放。《城市生活无着的流浪乞讨人员救助管理办法》第五条规定了老年人的困难特别照顾权。

(三) 相关政策

以 2005 年《全国老龄委办公室、中宣部、国家发改委等关于加强老年人优待工作的意见》(以下简称《关于加强老年人优待工作的意见》)以及 2013 年《全国老龄工作委员会办公室、最高人民法院、中共中央宣传部等关于进一步加强老年人优待工作的意见》(以下简称《关于进一步加强老年人优待工作的意见》)等具有典型代表性的政策调整作为阶段划分节点,将我国老年人优待政策发展分为探索(1992—2004 年)、初始(2005—2012 年)以及发展(2013 年至今)三个阶段。总体来看,有关老年人优待的中央及地方政策数量呈现出阶段性增长的态势,体现了各级政府对老年人优待问题的重视程度在不断提升。与此同时,老年人优待政策发展的各阶段呈现出不同特点,且地方政策受中央政策影响较大。

1. 政策探索阶段(1992—2004 年) 在探索阶段,从总体上看,与老年人优待相关的中央及地方政策都呈现出了政策内容及主题较为单一的特点,主要集中于保障老年人的合法权益、对有需要的老年人优先提供相应的法律援助,以及在某些方面对老年人提供优待和照顾等。依据《老年人权益保障法》中提出的在参观、游览、乘坐公共交通工具等方面,对老年人给予优待和照顾的规定,《司法部、民政部关于保障老年人合法权益做好老年人法律援助工作的通知》中提出:"对生活困难、无力支付法律服务费用的老年当事人,应当依照规定减免其法律服务费用。"由此可见,在此阶段,有关老年人优待的中央政策的内容集中于保障老年人的合法权益,对于有需要的老年人优先提供相应的法律援助,以及在参观、游览、乘坐公共交通工具等方面对老年人提供优待和照顾。

2. 政策初始阶段(2005—2012年)　在此阶段,与老年人优待相关的中央及地方政策的发布数量明显增多,且相较于上一阶段有了较为丰富的主题,即老年人优待相关政策内容逐渐丰富。2005年《关于加强老年人优待工作的意见》是我国老年人社会优待领域第一部全国性的专项文件,较为全面地阐述了老年人优待的基本要求和具体内容。该意见指出,各省要制定相应的优待办法,逐渐扩大对老年人的优待范围、关注特殊群体的需求,将老年人优待具体分为"养老优待、医疗保健优待、生活服务优待、文体休闲优待、维权服务优待"等。与第一阶段的相关政策相比,该意见内容更为具体、清晰,也更具有可行性。该阶段,与老年人优待相关的地方政策的涉及范围逐渐扩大,这与2005年《关于加强老年人优待工作的意见》所划分的不同类型的老年人优待内容相对应。但就主题来看,该阶段相关的地方政策并没有涉及所有的老年人优待类型,虽然较上一阶段有了较为丰富的内容,但涉及的相关优待类型依然存在不全面的问题,并且只有部分地区颁布出台了相应的老年人优待专项政策。

3. 政策发展阶段(2013年至今)　在此阶段,老年人优待政策的数量总体增加,且根据相关政策的主题来看,内容较为丰富。2013年《关于进一步加强老年人优待工作的意见》使老年人优待工作得到进一步加强。2017年,《国务院关于印发"十三五"国家老龄事业发展和养老体系建设规划的通知》指出"优先保障特困供养人员集中供养需求和其他经济困难的孤寡、失能、高龄等老年人的服务需求""在推进老旧居住(小)区改造、棚户区改造、农村危房改造等工程中优先满足符合住房救助条件的老年人的基本住房安全需求""优先发展城乡社区老年教育"等,进一步强调了老年人优待工作的重要性,同时也对实施内容进行了更为具体的阐述。

综合来看,无论是中央还是地方,我国老年人优待政策的阶段性增长态势都体现了对老年人优待工作的关注度不断提高,并且地方政策受中央政策影响较大,二者在数量变化趋势上较为一致,在内容上,地方政策受中央政策影响也较大。

第二节　老年人社会优待的方式与内容

一、老年人社会优待的方式

健全政府主导、老龄委组织协调、相关部门各司其职、企事业单位和社会团体以及志愿者积极参与的老年人社会优待工作体制和运行机制是落实老年人权益保障的重要表现。主要包括经济补贴、优先优惠、便利服务三种形式。

(一) 经济补贴

经济补贴是指政府在老年人接受服务过程中给予他们的资金补贴。实践中,经济补贴既可以直接给予作为服务需方的老年人,也可以拨付给承担服务的供方。通过经济补贴,能够减轻老年人支出负担,有利于缓解贫困,使得老年人更有能力购买特定服务,享受经济社会发展成果,提高生活质量。

(二) 优先优惠

优先优惠是指社会服务和特定的市场服务提供方给予老年人的优先服务权和经济优惠。给予老年人优先待遇基于社会价值认同,是公民权利的一种自觉让渡,是社会公认的机制规范,是社会文明的重要表现。服务优先的适用场合主要有排队等候、资源有限和发生拥挤以及维权服务时。服务提供方给予老年人经济上特别是服务价格上的优惠并不违反市场公平交易原则,而是服务提供方履行社会责任的表现。

(三)便利服务

便利服务主要是指服务提供方采取给予老年人以区别服务的方式,为老年人购买产品、接受服务提供方便。这些便利待遇的形式通常有设立老年人专座、专门窗口、专用通道等。

二、老年人社会优待的内容

《关于进一步加强老年人优待工作的意见》将老年人优待工作分为了政务服务、卫生保健、交通出行、商业服务、文体休闲、维权服务等六个方面。

(一)政务服务优待

1. 保障制度和公共服务方面　各地在落实和完善社会保障制度和公共服务政策时,应对老年人予以适度倾斜。鼓励地方建立八十周岁以上低收入老年人高龄津贴制度。政府投资兴办的养老机构,要在保障"三无""五保"老年人服务需求的基础上,优先照顾经济困难的孤寡、失能、高龄老年人。

2. 生活照护及住房方面　各地对经济困难的老年人要逐步给予养老服务补贴。对生活长期不能自理、经济困难的老年人,要根据其失能程度等情况给予护理补贴。各地在实施廉租住房、公共租赁住房等住房保障制度时,要照顾符合条件的老年人,优先配租配售保障性住房;进行危旧房屋改造时,优先帮助符合条件的老年人进行危房改造。政府有关部门在办理房屋权属关系变更等涉及老年人权益的重大事项时,应依法优先办理,并就办理事项是否为老年人的真实意愿进行询问,有代理人的要严格审查代理资格。

3. 物质帮助及服务方面　政府有关部门要为老年人及时、便利地领取养老金、结算医疗费和享受其他物质帮助创造条件,提供便利。鼓励和引导公共服务机构、社会志愿服务组织优先为老年人提供服务。免除农村老年人兴办公益事业的筹劳任务。经农村集体经济组织全体成员同意,将未承包的集体所有的部分土地、山林、水面、滩涂等作为养老基地,收益供老年人养老,纳入国家和地方湿地保护体系及其自然保护区的重要湿地除外。

4. 社会参与及特殊关照方面　政府有关部门要完善老年人社会参与方面的支持政策,充分发挥老年人参与社会发展的积极性和创造性。对有老年人去世的城乡生活困难家庭,减免其基本殡葬服务费用,或者为其提供基本殡葬服务补贴。对有老年人去世的家庭,选择生态安葬方式的,或者在土葬改革区自愿实行火葬的,要给予补贴或奖励。

(二)卫生保健优待

1. 健康服务方面　医疗卫生机构要优先为辖区内 65 周岁以上常住老年人免费建立健康档案,每年至少提供 1 次免费体格检查和健康指导,开展健康管理服务。定期对老年人进行健康状况评估,及时发现健康风险因素,促进老年疾病早发现、早诊断、早治疗。积极开展老年疾病防控的知识宣传,开展老年慢性病和老年期精神障碍的预防控制工作。为行动不便的老年人提供上门服务。

2. 医疗服务方面　鼓励设立老年病医院,加强老年护理院、老年康复医院建设,有条件的二级以上综合医院应设立老年病科。医疗卫生机构应为老年人就医提供方便和优先优惠服务。通过完善挂号、诊疗系统管理,开设专用窗口或快速通道、提供导医服务等方式,为老年人特别是高龄、重病、失能老年人挂号(退换号)、就诊、转诊、综合诊疗提供便利条件。鼓励各地医疗机构减免老年人普通门诊挂号费和贫困老年人诊疗费。提倡为老年人义诊。

3. 医养结合方面　倡导医疗卫生机构与养老机构建立业务协作机制,开通预约就诊绿色通道,协同做好老年人慢性病管理和康复护理,加快推进面向养老机构的远程医疗服务试点,为老年人提供便捷、优先、优惠的医疗服务。支持符合条件的养老机构内设医疗机构,申请纳入城镇职工(居民)基本医疗保险和新型农村合作医疗定点范围。

(三) 交通出行优待

1. 交通便利　城市公共交通、公路、铁路、水路和航空客运,要为老年人提供便利服务。交通场所和站点应设置老年人优先标志,设立等候专区,根据需要配备升降电梯、无障碍通道、无障碍洗手间等设施。对于无人陪同、行动不便的老年人给予特别关照。

2. 费用优惠　城市公共交通工具应为老年人提供票价优惠,鼓励对65周岁以上老年人实行免费,有条件的地方可逐步覆盖全体老年人。各地可根据实际情况制定具体的优惠办法,对落实老年优待任务的公交企业要给予相应经济补偿。倡导老年人投保意外伤害保险,保险公司对参保老年人应给予保险费、保险金额等方面的优惠。

3. 设施方面　公共交通工具要设立不低于座席数10%的"老幼病残孕"专座。铁路部门要为列车配备无障碍车厢和座位,对有特殊需要的老年人订票和选座位提供便利服务。严格执行《无障碍环境建设法》《社区老年人日间照料中心建设标准》《养老设施建筑设计规范》等建设标准,重点做好居住区、城市道路、商业网点、文化体育场馆、旅游景点等场所的无障碍设施建设,优先推进坡道、电梯等与老年人日常生活密切相关的公共设施改造,适当配备老年人出行辅助器具,为老年人提供安全、便利、舒适的生活和出行环境。公厕应配备便于老年人使用的无障碍设施,并对老年人实行免费。

(四) 商业服务优待

1. 消费需求方面　各地要根据老年人口规模和消费需求,合理布局商业网点,有条件的商场、超市设立老年用品专柜。商业饮食服务网点、日常生活用品经销单位,以及水、电、暖气、燃气、通信、电信、邮政等服务行业和网点,要为老年人提供优先、便利和优惠服务。

2. 金融服务方面　金融机构应为老年人办理业务提供便捷服务,设置老年人取款优先窗口,并提供导银服务,对有特殊困难、行动不便的老年人提供特需服务或上门服务。鼓励对养老金客户实施减费让利,对异地领取养老金的客户减免手续费。对办理转账、汇款业务或购买金融产品的老年人,应提示相应风险。

(五) 文体休闲优待

1. 文化体育场馆　各级各类博物馆、美术馆、科技馆、纪念馆、公共图书馆、文化馆(站)等公共文化服务设施,应向老年人免费开放。减免老年人参观文物建筑及遗址类博物馆的门票。公共文化体育部门应对老年人优惠开放,免费为老年人提供影视放映、文艺演出、体育赛事、图片展览、科技宣传等公益性流动文化体育服务。关注农村老年人文化体育需求,适当安排面向农村老年人的专题专场公益性文化体育服务。公共文化体育场所应为老年人健身活动提供方便和优惠服务,安排一定时段向老年人减免费用开放,有条件的可适当增加面向老年人的特色文化体育服务项目。提倡体育机构每年为老年人进行体质测定,为老年人体育健身提供咨询、服务和指导,提高老年人科学健身水平。提倡经营性文化体育单位对老年人提供优待。鼓励影剧院、体育场馆为老年人提供优惠票价,为老年文艺体育团体优惠提供场地。

2. 公园、旅游景点及相关场所　公园、旅游景点应对老年人实行门票减免,鼓励景区内的观光车、缆车等代步工具对老年人给予优惠。老年活动场所、老年教育资源要对城乡老年人公平开放,公共教育资源应为老年人学习提供指导和帮助。贫困老年人进入老年大学(学校)学习的,给予学费减免。

(六) 维权服务优待

1. 诉讼程序　各级人民法院对侵犯老年人合法权益的案件,要依法及时立案受理、及时审判和执行。司法机关应开通电话和网络服务、上门服务等形式,为高龄、失能等行动不便的老年人报案、参与诉讼等提供便利。

2. **法律援助**　法律援助,是国家建立的为经济困难公民和符合法定条件的其他当事人无偿提供法律咨询、代理、刑事辩护等法律服务的制度,是公共法律服务体系的组成部分。老年人因其合法权益受到侵害提起诉讼,需要律师帮助但无力支付律师费用的,可依法获得法律援助。对老年人提出的法律援助申请,要简化程序,优先受理、优先审查和指派。各地可根据经济社会发展水平,适度放宽老年人经济困难标准,将更多与老年人权益保护密切相关的事项纳入法律援助补充事项范围,扩大老年人法律援助覆盖面。要健全完善老年人法律援助体系,不断拓展老年人申请法律援助的渠道,科学设置基层法律援助站点,简化程序和手续,为老年人就近申请和获得法律援助提供便利条件。

> ### 📖 拓展阅读
>
> 老年人申请法律援助的经济困难标准
>
> 　　我国《法律援助法》规定,经济困难标准由省、自治区、直辖市人民政府根据本行政区域经济发展状况和法律援助工作需要确定,并实行动态调整;对遭受虐待、遗弃或者家庭暴力的老年人主张相关权益的,申请法律援助不受经济困难条件限制;对无固定生活来源的老年人,免予核查经济困难状况。
>
> 　　根据 2023 年 7 月《司法部对十四届全国人大一次会议第 0577 号建议的答复》,司法部明确完善老年人法律援助申请标准问题,指导各地贯彻落实《法律援助法》,结合本地经济社会发展情况,以当地最低收入或者最低工资标准为参照基数,依法放宽经济困难认定标准,使法律援助覆盖人群由低保人群拓展至低收入群体。推动地方将与老年人权益保护密切相关的事项纳入法律援助补充事项范围,对农村高龄、失能、失独、空巢老人免予核查经济困难状况。

3. **诉讼费用**　老年人因追索赡养费、扶养费、养老金、退休金、抚恤金、医疗费、劳动报酬、人身伤害事故赔偿金等提起诉讼,交纳诉讼费确有困难的,可以申请司法救助,缓交、减交或者免交诉讼费。因情况紧急需要先予执行的,可依法裁定先予执行。鼓励律师事务所、公证处、司法鉴定机构、基层法律服务所等法律服务机构,为经济困难的老年人提供免费或优惠服务。

复习思考题

1. 简述老年人社会优待的概念和特征。
2. 简述我国老年人社会优待的内容。
3. 简述我国老年人社会优待的表现形式。

ER-10-1

PPT 课件

◇◇◇ **第十章** ◇◇◇

老年社会环境政策法规

✎ **学习目标**

知识目标

掌握老年社会环境的相关知识,掌握老年友好社区建设和规划的要求以及孝老文化环境的营造方式。

能力目标

能将理论知识用于创建老年友好社会环境的建设实践,发现产业建设中的不足之处,并提出合理建议。

素质目标

培养尊重、关爱老年人的道德品质,敬老、为老的社会责任感和使命感,积极参与为老服务和老龄社会建设的意识。

课程思政目标

继承和发扬尊老爱老的中华民族优良传统,积极营造孝老、敬老、爱老的社会风尚,主动投身为老志愿服务。

社会环境对人们的认知、行为、生活方式和健康水平等具有重要影响,在很大程度上能决定人们的生活质量和幸福感。老年人因其身体功能的衰退和受各种慢性疾病的影响,对周围环境的依赖程度更大。因此,营造一个对老年人友好的物理空间、文化和舆论环境对老年人的生存和发展至关重要。2007 年,世界卫生组织(World Health Organization,WHO)发布《全球老年友好城市建设指南》,成为老年友好城市领域的纲领性文件。该指南确定了老年人关注的八个主要问题,即室外空间和建筑、交通、住房、社会参与、尊重与包容、市民参与与就业、信息交流和社会支持与健康服务,并给出了每个主题的关键特征和评价标准。在此基础上,我国政府针对现实国情和老龄化特点相继出台了一系列政策法规标准,基本覆盖了老年社会环境建设的主要方面。

第一节　概　　述

一、老年友好型社会环境的概念

社会环境是指与人生存相关的社会因素以及生物遗传、心理状态相互作用而形成的社会系统,是在自然环境的基础上,人类通过长期有意识的社会劳动,加工和改造的自然物质、创造的物质生产体系、积累的物质文化等所形成的环境体系,是与自然环境相对应的概念。

根据社会环境所包含的要素的性质,可以分为物理社会环境(包括建筑物、道路、工厂等)、生物社会环境(包括驯化、驯养的植物和动物)、心理社会环境(包括人的行为、风俗习惯、法律和语言等)。

老年友好型社会环境是针对老年人这一特定群体形成的社会系统,是与老年人生存和发展有关的各社会因素的集合,其致力于满足老年人的需求,尊重老年人的权益,并促进他们在社会中的积极参与,为老年人提供一个无障碍、安全、健康和充满关爱的生活空间,让他们可以在晚年时继续享受有质量的生活。随着我国人口老龄化的加速,构建老年友好型社会已经成为国家的重要战略。

二、老年社会环境的内容

(一) 物理环境

物理环境是人的活动最为基本和广阔的背景,居住空间、公共设施和建筑、交通等作为物理环境的重要构成,对老年人的日常起居、安全、出行、交流、健康行为和社会参与都有重大影响,必须根据老年人的需求对社区环境、建筑、道路和设施等进行合理的规划和建设。

(二) 文化环境

老年友好型社会的核心是社会文化的友好,体现在社会成员之间平等、尊重、理解、包容、共同发展上。文化作为一种世界观和价值观,潜移默化地塑造着个人的价值取向、认知方式、情感认同和行为方式。在全社会营造老龄友好文化环境,既要转变社会大众对于老年群体固有的、片面的,甚至污名化的认知,还要帮助老年人改变错误的自我定位,摆脱不断产生的无助、无能、无力感,正确地认识自身的价值。如此,才能促使老年人积极面对、适应老年生活,参与社会发展,发挥自身优势,做出新的贡献。

(三) 科技环境

科技进步对社会环境的影响深远,尤其体现在生活方式、社会交往、基础建设和经济发展等方面。对老龄事业而言,数字化发展带来了"智慧养老"。智慧养老是一种基于信息技术的养老服务模式,其通过运用现代科技手段来提高老年人生活质量、满足老年人个性化需求、完善养老服务体系、解决社会养老问题。现代信息技术的发展为应对人口老龄化挑战提供了新的工具,未来将是一个智能科技支持的老龄社会,因此,更需要通过智慧养老来促进老年友好型社会的建设。

第二节　老年友好社区建设与规划

《老年人权益保障法》规定,国家推动老年宜居社区建设,引导、支持老年宜居住宅的开发,推动和扶持老年人家庭无障碍设施的改造,为老年人创造无障碍居住环境。国家制定无障碍设施工程建设标准。新建、改建和扩建道路、公共交通设施、建筑物、居住区等,应当符合国家无障碍设施工程建设标准。打造老年友好型城市空间环境需要从老年人的特点出发,在居家设施、建筑工程、社区环境、交通出行等方面充分满足老年人日常活动的需求,将无障碍环境建设和适老化改造纳入城市更新、城镇老旧小区改造、农村危房改造、农村人居环境整治提升等项目中统筹推进,让老年人参与社会活动更加安全方便。

一、老年人家庭居住环境和居住建筑

(一)老年人家庭居住环境的政策要求

居家养老是绝大多数老年人的现实选择,实施居家适老化改造对于提升居家养老质量、释放新兴消费、培育经济动能具有重要意义。2020年7月,民政部等九部委发布《关于加快实施老年人居家适老化改造工程的指导意见》(民发〔2020〕86号),明确2020年底前,采取政府补贴等方式,对纳入分散供养特困人员和建档立卡贫困人口范围的高龄、失能、残疾老年人(以下统称特殊困难老年人)家庭实施居家适老化改造,为决战决胜脱贫攻坚提供兜底保障。"十四五"期间,继续实施特殊困难老年人家庭适老化改造,有条件的地方可将改造对象范围扩大到城乡低保对象中的高龄、失能、残疾老年人家庭等。该指导意见进一步提出"老年人居家适老化改造项目和老年用品配置推荐清单",具体包括:地面改造、门改造、卧室改造、如厕洗浴设备改造、厨房设备改造、物理环境改造、老年用品配置等七大项目。上述项目具体细分为基础类和可选类,其中基础类项目是政府对特殊困难老年人家庭予以补助支持的改造项目和老年用品,是改造和配置的基本内容;可选类项目是根据老年人家庭意愿,供自主付费购买的适老化改造项目和老年用品。

(二)老年人居住建筑的政策要求

支持适老住宅建设。在城镇住房供应政策中,对开发老年公寓、老少同居的新社区和有适老功能的新型住宅提供相应政策扶持。鼓励发展通用住宅,注重住宅的通用性,满足各年龄段家庭成员,居住环境是老年人选择住宅的必要需求。在推进老(旧)居住(小)区、棚户区、农村危房改造中,将符合条件的老年人优先纳入住房保障范围。

老年人居住建筑日照标准不应低于冬至日日照时数2小时。在原设计建筑外增加任何设施不应使相邻住宅原有日照标准降低,既有住宅建筑进行无障碍改造加装电梯除外。旧区改建项目内新建住宅建筑日照标准不应低于大寒日照时数1小时。

居住建筑应每100套住房设置不少于2套无障碍住房。同时加强对《无障碍环境建设条例》的执法监督检查,新建、改建、扩建的居住建筑应严格执行无障碍设施建设相关标准,规范建设无障碍设施。

二、宜居环境和公共设施建设

《老年人权益保障法》第六十一条规定,国家采取措施,推进宜居环境建设,为老年人提供安全、便利和舒适的环境。

(一)改善人居环境

1. 城镇社区 加强社区生态环境建设,大力绿化和美化社区,营造卫生清洁、空气清新的社区环境。做到社区内垃圾清运及时、无卫生死角、无暴露积存垃圾。帮助老年人学习垃圾分类知识,鼓励和协助老年人实施垃圾分类回收。

2. 农村社区 推动将适老化标准融入农村人居环境建设。基本完成农村户厕改造,无露天粪坑和简易茅厕。生活垃圾及时清扫、收集,日产日清,村内无暴露和积存垃圾。河沟渠塘无积存垃圾、无白色污染、水面无明显漂浮物,村内无黑臭水体。帮助老年人养成文明如厕习惯,调动农村老年人家庭积极参与农村户厕改造。

3. 社区绿化 居住区内绿地建设及其绿化应遵循适用、美观、经济、安全的原则,通过合理的规划设计打造出老年人宜居的生活环境。绿地空间应包含一定数量的活动场地和活动设施,符合无障碍设计要求并与居住区的无障碍系统相衔接,满足老年人运动、健身的需要。

(二) 推动社区公共基础设施无障碍建设和适老化改造

《老年人权益保障法》提出各级人民政府在制定城乡规划时,应根据人口老龄化发展趋势、老年人口分布和老年人的特点,统筹考虑适合老年人的公共基础设施、生活服务设施、医疗卫生设施和文化体育设施建设。

1. 强化住区无障碍通行　加强老年人住宅公共设施无障碍改造,重点对坡道、楼梯、电梯、扶手等公共建筑节点进行改造,满足老年人基本的安全通行需求。支持城镇老旧小区既有多层住宅加装电梯或者其他无障碍设施,尤其在老年人口比例高的老旧小区要优先完善电梯、坡道、休息座椅等无障碍设施,为老年人出门提供便利。

2. 构建社区步行路网　遵循安全便利原则,加强社区路网设施规划与建设,加强对社区道路系统、休憩设施、标识系统的综合性无障碍改造。包括社区道路系统设计人车分流,机动车道路采用低噪或降噪路面,并设置限速行驶标识和路面减速设施;清除步行道路、出入口和通道障碍物,对地面进行防滑处理,保持小区步行道路平整安全,严禁非法占用小区步行道;步行道路、台阶、活动场地等设施设置照明设施,保持安全通行的亮度等。

3. 推动公共设施适老化改造　按照国家无障碍设施工程建设标准加强社区公共基础设施无障碍建设,优先推进社区卫生服务中心、社区综合服务设施等与老年人日常生活密切相关的公共服务设施的适老化改造。加大对住宅小区消防安全保障设施建设力度,完善公共消防基础设施建设。鼓励公共场所提供老花镜、放大镜等方便老年人阅读的物品,有条件的可配备大字触屏读报系统,使公共设施更适合老年人使用。有条件的小区可建设凉亭、休闲座椅等。

(三) 加强公共建筑无障碍建设和适老化改造

2007 年世界卫生组织发布的《全球老年友好城市建设指南》提出,老年友好建筑在老年人发挥自主能动性和提高生活质量方面起着很大作用,公共建筑的设计需要从各方面考虑老年人的特点,有利于老年人方便进出和自由活动。要按照无障碍设施工程建设相关标准和规范,加强对银行、商场、超市、便民网点、图书馆、影剧院、博物馆、公园、景区等与老年人日常生活密切相关的公共场所和公共建筑的无障碍设计与改造。尤其需要加强公共交通建筑和设施的无障碍建设,有条件的地区,要在机场、火车站、汽车站、港口码头、旅游景区等人流密集场所为老年人设立等候区域和绿色通道,重点对坡道、电梯、扶手等进行适老化改造。

2012 年 3 月,住房和城乡建设部发布国家标准《无障碍设计规范》(GB50763-2012),对医疗康复建筑、福利及特殊服务建筑、体育建筑、文化建筑、商业服务建筑、城市公共厕所等公共建筑的无障碍设计作出具体规定,并提出历史文物保护建筑无障碍建设与改造的基本原则和相关要求,以满足老年人的日常生活需要。此外,2021 年 9 月,住房和城乡建设部还发布了《建筑与市政工程无障碍通用规范》(GB 55019-2021)。

三、老年友好城市的公共交通建设

(一) 发展适老公共交通

加强城市道路建设,完善公共交通标志标线,强化对老年人的安全提醒,重点对大型交叉路口的安全岛、隔离带及信号灯进行适老化改造。落实老年人乘车优惠政策,改善老年人乘车环境,按规定设置"老幼病残孕"专座,鼓励老年人错峰出行。发展适老型智能交通体系,提供便捷舒适的老年人出行环境。

(二) 加强公共交通工具的无障碍建设与改造

新投入运营的民用航空器、客运列车、客运船舶、公共汽电车、城市轨道交通车辆等公共交通运输工具,应当确保一定比例符合无障碍标准。既有公共交通运输工具具备改造条件的,应进行无障碍改造,逐步符合无障碍标准的要求;不具备改造条件的,公共交通运输工具的运营单位应当采取必要的替代性措施。

第三节 孝老文化的营造和为老志愿服务

孝道在我国传统道德规范中具有特殊的地位,孝老文化作为我国优秀传统文化的重要组成部分,承载着百代相传的深厚价值观念,在维护和谐社会氛围、增强社会凝聚力和推动社会主义核心价值观的实践中发挥着重要作用。孝老文化的营造是一项系统工程,需要政府、社会、家庭和个人的共同参与。一方面,要在全社会中弘扬孝亲敬老的社会风尚,宣传"老吾老以及人之老"的传统美德,要求家庭成员敬老爱老,鼓励社会大众尊重和善待所有的老年人,积极参与为老志愿服务活动;另一方面,政府要结合我国当前人口老龄化的趋势和社会文明发展的要求推出相应的政策举措,以平等、和谐、共享为理念,实施积极应对人口老龄化国家战略,为老年人的晚年生活带来幸福和美好的体验。

一、培育敬老、孝老、爱老的社会风尚

《关于推进老年宜居环境建设的指导意见》指出要倡导代际和谐社会文化。巩固经济供养、生活照料和精神慰藉的家庭养老功能,完善家庭支持政策。加强家庭美德教育,开展寻找"最美家庭"活动和"好家风好家训"宣传展示活动。引导全社会增强接纳、尊重、帮助老年人的关爱意识,增强不同代际间的文化融合和社会认同,统筹解决各年龄群体的责任分担、利益调处、资源共享等问题,实现家庭和睦、代际和顺、社会和谐,为老年人创造良好的生活氛围。

为构建敬老、孝老、尊老、爱老、助老的文化环境,《老年人权益保障法》《"十四五"国家老龄事业发展和养老服务体系规划》《关于推进老年宜居环境建设的指导意见》《关于加强新时代老龄工作的意见》等法规与政策作出了如下规定和要求。

(一)传承和弘扬家庭孝亲敬老传统美德

1. 巩固和增强家庭养老功能 《老年人权益保障法》对老年人的"家庭赡养与扶养"作出了专门规定:老年人养老以居家为基础,家庭成员应当尊重、关心和照料老年人;赡养人应当履行对老年人经济上供养、生活上照料和精神上慰藉的义务,照顾老年人的特殊需要。此外,还要在全社会开展人口老龄化国情教育,积极践行社会主义核心价值观,传承弘扬"百善孝为先"的中华民族传统美德。建立常态化指导监督机制,督促赡养人履行赡养义务,防止欺老虐老弃老问题发生,将有能力赡养而拒不赡养老年人的违法行为纳入个人社会信用记录。支持地方制定具体措施,推动解决无监护人的特殊困难老年人监护保障问题。

2. 完善家庭养老支持政策体系 将家庭照护者纳入养老护理员职业技能培训等范围,支持有关机构、行业协会开发公益课程并利用互联网平台等免费开放,依托基层群众性自治组织等提供指导,帮助老年人家庭成员提高照护能力。支持有条件的地区对分散供养特困人员中的高龄、失能、残疾老年人家庭实施居家适老化改造,配备辅助器具和防走失装置等设施设备。探索设立独生子女父母护理假制度。探索开展失能老年人家庭照护者"喘息服务"。

(二)构建社会敬老环境

1. 开展人口老龄化国情教育 《老年人权益保障法》第八条规定,国家进行人口老龄化

国情教育,增强全社会积极应对人口老龄化意识。为推动全社会积极开展应对人口老龄化行动,国务院相继出台的一系列政策和规划做了更为细致的规定,将法律的条款落实到具体操作层面。如国务院《"十四五"国家老龄事业发展和养老服务体系规划》明确提出中华孝亲敬老文化传承和创新工程,具体要求:每年在重阳节当月开展为期一个月的"敬老月"活动,广泛组织动员政府部门、社会组织、企事业单位和家庭个人,以走访慰问、权益维护、文化活动、志愿服务、主题宣传等多种方式,为老年人办实事、做好事、献爱心。每年举办一次中华孝亲敬老文化传承和创新大会。持续开展全国"敬老文明号"创建和全国敬老爱老助老模范人物评选,营造养老孝老敬老社会氛围。深入开展人口老龄化国情教育,增强全社会人口老龄化国情意识,推动形成积极应对人口老龄化广泛共识。

2. 培育敬老、孝老、爱老、助老社会风尚　《老年人权益保障法》第八条规定,全社会应当广泛开展敬老、养老、助老宣传教育活动,树立尊重、关心、帮助老年人的社会风尚。首先,加强弘扬孝亲敬老美德的艺术作品创作,推出养老相关公益广告,发挥广播电视和网络视听媒体作用,在各大平台增加播出,积极宣传引导,营造良好的敬老社会氛围。其次,鼓励各地争创积极应对人口老龄化重点联系城市,开展全国示范性老年友好型社区创建活动,将老年友好型社会建设情况纳入文明城市评选的重要内容。再次,开展有利于促进代际互动、邻里互助的社区活动,增强不同代际间的文化融合和社会认同。最后,围绕关爱老年人开展慈善募捐、慈善信托等公益活动,呼吁社会关注老年群体以及他们遇到的各种难题,培养公众助老扶老的社会责任感。

3. 加强老龄法治建设　《老年人权益保障法》第七条规定,保障老年人合法权益是全社会的共同责任。国家机关、社会团体、企业事业单位和其他组织应当按照各自职责,做好老年人权益保障工作。第八条规定,广播、电影、电视、报刊、网络等应当反映老年人的生活,开展维护老年人合法权益的宣传,为老年人服务。青少年组织、学校和幼儿园应当对青少年和儿童进行敬老、养老、助老的道德教育和维护老年人合法权益的法治教育。具体而言,要健全老年人权益保障机制,开展老龄法律法规普法宣传教育,增强全社会依法保护老年人合法权益的意识,反对和打击对老年人采取任何形式的歧视、侮辱、虐待、遗弃和家庭暴力,引导律师、公证、基层法律服务所和法律援助机构深入开展老年人法律服务和法律援助工作。

二、为老志愿服务

发展志愿服务是创新基层治理模式、激发社会活力的重要渠道。为积极应对人口老龄化,《老年人权益保障法》明确提出,鼓励慈善组织、志愿者为老年人服务,倡导老年人互助服务。随着志愿服务制度化、常态化发展,养老志愿服务作为一种非正式照护资源,逐渐成为专业化养老服务的重要补充。志愿服务领域的基本法规是2017年8月国务院发布的《志愿服务条例》。为了促进志愿服务事业发展,保障志愿者和志愿服务组织等志愿服务活动参与者的合法权益,2020年民政部发布《志愿服务记录与证明出具办法(试行)》。

(一) 为老志愿服务的概念

1. 志愿服务　志愿服务是指志愿者、志愿服务组织和其他组织自愿、无偿向社会或者他人提供的公益服务。志愿服务具有自愿性、无偿性和公益性的特征。

2. 志愿者　志愿者是指以自己的时间、知识、技能、体力等从事志愿服务的自然人。

3. 志愿服务组织　志愿服务组织,是指依法成立,以开展志愿服务为宗旨的非营利性组织,可以采取社会团体、社会服务机构、基金会等组织形式。

(二) 志愿服务中的权利义务关系

志愿服务中涉及志愿者、志愿服务组织、志愿服务对象各方权利义务关系,需要对其进行规范管理。《志愿服务条例》明确了各方权利义务,并且三方可以根据需要签订协议,明确当事人的权利和义务,约定志愿服务的内容、方式、时间、地点、工作条件和安全保障措施等。

1. 志愿服务组织的权利　主要包括:①可以依法成立行业组织,反映行业诉求,推动行业交流,促进志愿服务事业发展;②可以招募志愿者开展志愿服务活动,招募时,应当说明与志愿服务有关的真实、准确、完整的信息以及在志愿服务过程中可能发生的风险;③开展志愿服务活动,可以使用志愿服务标志。

2. 志愿服务组织的义务　主要包括:①在志愿服务组织中,根据中国共产党章程的规定,设立中国共产党的组织,开展党的活动。应当为党组织的活动提供必要条件。②应当对需要志愿服务的组织或个人提供的信息进行核实,并及时予以答复。③安排志愿者参与志愿服务活动,应当与志愿者的年龄、知识、技能和身体状况相适应,不得要求志愿者提供超出其能力的志愿服务。④安排志愿者参与的志愿服务活动需要专门知识、技能的,应当对志愿者开展相关培训。⑤应当为志愿者参与志愿服务活动提供必要条件,解决志愿者在志愿服务过程中遇到的困难,维护志愿者的合法权益。⑥安排志愿者参与志愿服务活动,应当如实记录志愿者个人基本信息、志愿服务情况、培训情况、表彰奖励情况、评价情况等信息,按照统一的信息数据标准录入国务院民政部门指定的志愿服务信息系统,实现数据互联互通。⑦志愿者需要志愿服务记录证明的,志愿服务组织应当依据志愿服务记录无偿、如实出具。⑧开展应对突发事件的志愿服务活动,应当接受有关人民政府设立的应急指挥机构的统一指挥、协调。

3. 志愿者的权利　主要包括:①可以将其身份信息、服务技能、服务时间、联系方式等个人基本信息,通过国务院民政部门指定的志愿服务信息系统自行注册,也可以通过志愿服务组织进行注册;②志愿者可以参与志愿服务组织开展的志愿服务活动,也可以自行依法开展志愿服务活动;③志愿服务组织、志愿服务对象应当尊重志愿者的人格尊严,未经志愿者本人同意,不得公开或者泄露其有关信息。

4. 志愿者的义务　主要包括:①提供的个人基本信息应当真实、准确、完整;②法律、行政法规对开展志愿服务活动有职业资格要求的,志愿者应当依法取得相应的资格;③开展专业志愿服务活动,应当执行国家或者行业组织制定的标准和规程;④接受志愿服务组织安排参与志愿服务活动的,应当服从管理,接受必要的培训;⑤应当按照约定提供志愿服务,志愿者因故不能按照约定提供志愿服务的,应当及时告知志愿服务组织或者志愿服务对象;⑥开展应对突发事件的志愿服务活动,应当接受有关人民政府设立的应急指挥机构的统一指挥、协调。

5. 志愿服务对象的权利　主要包括:①需要志愿服务的组织或者个人可以向志愿服务组织提出申请;②志愿服务组织、志愿者应当尊重志愿服务对象人格尊严,不得侵害志愿服务对象个人隐私,不得向志愿服务对象收取或者变相收取报酬。

6. 志愿服务对象的义务　提供与志愿服务有关的真实、准确、完整的信息,说明在志愿服务过程中可能发生的风险。

(三) 志愿服务记录与证明出具的管理

1. 志愿服务记录与证明的管理原则　志愿服务记录是指志愿服务组织和依法开展志愿服务活动的其他组织通过志愿服务信息系统或者纸质载体等形式,记录志愿者参与志愿服务活动的有关信息。志愿服务记录证明是指志愿服务组织和依法开展志愿服务活动的其他组织依据志愿服务记录信息形成的、能够证明志愿者参加志愿服务有关情况的材料。

记录志愿服务信息、出具志愿服务记录证明,应当遵循真实、准确、完整、无偿、及时的原则。志愿服务组织可以通过国务院民政部门指定的志愿服务信息系统记录志愿服务信息，也可以通过其他志愿服务信息系统或者纸质载体等形式记录。其他志愿服务信息系统或者纸质载体等形式记录的志愿者个人基本信息、志愿服务情况等信息，志愿服务组织应当按照统一的信息数据标准录入国务院民政部门指定的志愿服务信息系统，实现数据互联互通。志愿服务组织应当根据志愿者的需要，以志愿服务记录信息为依据，为志愿者无偿、如实出具志愿服务记录证明。志愿者可以在志愿服务信息系统中打印本人的志愿服务记录证明。

2. 志愿服务记录的主要内容　志愿服务组织记录的志愿服务信息，包括：①志愿者的个人基本信息。包括姓名、性别、出生日期、身份证件号码、居住区域、联系方式、专业技能和服务类别等。②志愿者的志愿服务情况。包括志愿者参加志愿服务活动的名称、日期、地点、服务内容、服务时间、活动组织单位和活动负责人。服务时间是指志愿者参与志愿服务实际付出的时间，以小时为计量单位。志愿服务组织应当根据志愿服务活动的实际情况，科学合理确定服务时间。③志愿者的培训情况。包括志愿者参加志愿服务有关培训的名称、主要内容、学习时长、培训举办单位和日期等信息。④志愿者的表彰奖励情况。包括志愿者获得志愿服务表彰奖励的名称、日期和授予单位。⑤志愿者的评价情况。包括对志愿者的服务质量评价以及评价日期。此外，根据工作需要，志愿服务组织还可以记录与志愿服务有关的其他信息。

📖 拓展阅读

北京市养老服务时间互助平台

2022 年北京市民政局、财政局、团市委印发《北京市养老服务时间互助平台实施方案（试行）》，坚持公益性、互助性、激励性、持续性原则，按照"今天存时间、明天换服务"的思路，重点围绕养老服务时间互助平台管理体系、服务主体与服务内容、需求发布与服务对象、时间储蓄、转移和兑换机制、服务评价激励监督机制等方面，制定具有北京特色的、科学的养老服务时间互助平台制度规范，搭建养老服务时间互助信息管理平台，建立数据开放共享机制，逐步构建"政府主导、通存通兑、权威统一"的养老服务时间互助平台运行机制。

养老服务时间互助平台是我国积极应对人口老龄化的第三条道路，也是打造共建共治共享的社会治理格局的重要平台和工具，养老服务时间互助平台将对推动慈善公益事业发展以及国家公益资产管理发挥探索性作用。

第四节　智慧助老建设及相关规定

随着我国互联网、大数据、人工智能等信息技术快速发展，智能化服务得到广泛应用，深刻改变了生产生活方式，提高了社会治理和服务效能。但同时，我国老龄人口数量快速增长，不少老年人不会上网、不会使用智能手机，在出行、就医、消费等日常生活中遇到不便，无法充分享受智能化服务带来的便利，老年人面临"数字鸿沟"的问题日益凸显。2020 年 11 月，国务院办公厅发布《关于切实解决老年人运用智能技术困难实施方案》（国办发〔2020〕45 号）。为贯彻落实该方案有关要求，国务院相关部门又陆续发布《关于进一步优化人社公共服务切实解决老年人运用智能技术困难的实施方案》(人社部发〔2020〕94号)、《关于切实解决老年人运用智能技术困难便利老年人日常交通出行的通知》(交运发〔2020〕131号)、《关于切实解决老年人运用智能技术困难便利老年人使用智能化产品和服务的通知》(工信部信管函〔2021〕18号)等政策文件。

一、便利老年人日常交通出行

(一)优化老年人打车出行服务

各地交通运输主管部门要督促指导出租汽车经营者保持扬召服务,充分发挥"95128"等电召服务电话作用,提供电话预约或即时叫车服务;完善网约车"一键叫车"功能,鼓励网约车平台公司优化约车软件,增设适合老年人使用的"一键叫车"功能;便利老年人支付结算,出租汽车经营者要完善老年乘客支付方式,不得拒收现金,鼓励使用移动支付和交通一卡通等多种支付方式。

(二)便利老年人乘坐公共交通

各地客运场站要保留现金、纸质票据、凭证、证件等乘车方式,方便老年人使用;推广老年人凭身份证等有效证件乘车,鼓励各地客运场站推进交通一卡通全国互通与便捷应用,支持具备条件的社保卡增加交通出行功能;各地客运场站要配备管理人员或志愿者,引导老年人使用智能设备,并提供咨询、帮扶等服务。

(三)提高客运场站人工服务质量

各地客运场站要保留人工服务窗口,为老年人提供咨询、购票、退票、改签等服务;各地客运场站要为老年人提供优先购票、优先上下车等服务,并设置老年人候车专区或专座。

二、便利老年人日常就医

(一)提供多渠道挂号等就诊服务

医疗机构、相关企业要完善电话、网络、现场等多种预约挂号方式,畅通家人、亲友、家庭签约医生等代老年人预约挂号的渠道。医疗机构应提供一定比例的现场号源,保留挂号、缴费、打印检验报告等人工服务窗口,配备导医、志愿者、社会工作者等人员,为老年人提供就医指导服务。

(二)优化老年人网上办理就医服务

简化网上办理就医服务流程,为老年人提供语音引导、人工咨询等服务,逐步实现网上就医服务与医疗机构自助挂号、取号叫号、缴费、打印检验报告、取药等智能终端设备的信息联通,促进线上线下服务结合。推动通过身份证、社保卡、医保电子凭证等多介质办理就医服务,鼓励在就医场景中应用人脸识别等技术。

(三)完善老年人日常健康管理服务

搭建社区、家庭健康服务平台,由家庭签约医生、家人和有关市场主体等共同帮助老年人获得健康监测、咨询指导、药品配送等服务,满足居家老年人的健康需求。推进"互联网+医疗健康",提供老年人常见病、慢性病复诊以及随访管理等服务。

三、便利老年人日常消费

(一)保留传统金融服务方式

任何单位和个人不得以格式条款、通知、声明、告示等方式拒收现金。要改善服务人员的面对面服务,零售、餐饮、商场、公园等老年人高频消费场所,水电气费等基本公共服务费用、行政事业性费用缴纳,应支持现金和银行卡支付。强化支付市场监管,加大对拒收现金、拒绝银行卡支付等歧视行为的整改整治力度。采用无人销售方式经营的场所应以适当方式满足消费者现金支付需求,提供现金支付渠道或转换手段。

(二) 提升网络消费便利化水平

完善金融科技标准规则体系,推动金融机构、非银行支付机构、网络购物平台等优化用户注册、银行卡绑定和支付流程,打造大字版、语音版、民族语言版、简洁版等适老银行手机应用程序,提升手机银行产品的易用性和安全性,便利老年人进行网上购物、订餐、家政、生活缴费等日常消费。平台企业要提供技术措施,保障老年人网上支付安全。

四、便利老年人文体活动

(一) 提高文体场所服务适老化程度

需要提前预约的公园、体育健身场馆、旅游景区、文化馆、图书馆、博物馆、美术馆等场所,应保留人工窗口和电话专线,为老年人保留一定数量的线下免预约进入或购票名额。同时,在老年人进入文体场馆和旅游景区、获取电子讲解、参与全民健身赛事活动、使用智能健身器械等方面,提供必要的信息引导、人工帮扶等服务。

(二) 丰富老年人参加文体活动的智能化渠道

引导公共文化体育机构、文体和旅游类企业提供更多适老化智能产品和服务,同时开展丰富的传统文体活动。针对广场舞、群众歌咏等方面的普遍文化需求,开发设计适老智能应用,为老年人社交娱乐提供便利。探索通过虚拟现实、增强现实等技术,帮助老年人便捷享受在线游览、观赛观展、体感健身等智能化服务。

五、便利老年人办事服务

(一) 优化"互联网 + 政务服务"应用

依托全国一体化政务服务平台,进一步推进政务数据共享,优化政务服务,实现社会保险待遇资格认证、津贴补贴领取等老年人高频服务事项便捷办理,让老年人办事少跑腿。各级政务服务平台应具备授权代理、亲友代办等功能,方便不使用或不会操作智能手机的老年人网上办事。

(二) 设置必要的线下办事渠道

医疗、社保、民政、金融、电信、邮政、信访、出入境、生活缴费等高频服务事项,应保留线下办理渠道,并向基层延伸,为老年人提供便捷服务。实体办事大厅和社区综合服务设施应合理布局,配备引导人员,设置现场接待窗口,优先接待老年人,推广"一站式"服务,进一步改善老年人办事体验。

六、便利老年人使用智能化产品和服务应用

(一) 扩大适老化智能终端产品供给

推动手机等智能终端产品适老化改造,使其具备大屏幕、大字体、大音量、大电池容量、操作简单等更多方便老年人使用的特点。积极开发智能辅具、智能家居和健康监测、养老照护等智能化终端产品。发布智慧健康养老产品及服务推广目录,开展应用试点示范,按照适老化要求推动智能终端持续优化升级。建设智慧健康养老终端设备的标准及检测公共服务平台,提升适老产品设计、研发、检测、认证能力。

(二) 推进互联网应用适老化改造

组织开展互联网网站、移动互联网应用改造专项行动,重点推动与老年人日常生活密切相关的政务服务、社区服务、新闻媒体、社交通讯、生活购物、金融服务等互联网网站、移动互

联网应用适老化改造,使其更便于老年人获取信息和服务。优化界面交互、内容朗读、操作提示、语音辅助等功能,鼓励企业提供相关应用的"关怀模式""长辈模式",将无障碍改造纳入日常更新维护。

复习思考题

1. 简述老年友好型社会环境的内涵。
2. 简述老年友好型城市空间环境的主要内容。
3. 简述智慧助老建设的主要内容。

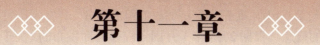

第十一章
养老产业发展政策法规

PPT 课件

学习目标

知识目标

掌握养老产业、银发经济等概念,熟悉发展和鼓励养老产业相关政策法规,了解养老产业总体发展概况。

能力目标

具备运用发展养老产业的政策法规开展养老服务实践工作的能力,能够参与养老产业并为其提供政策和发展建议。

素质目标

认识发展养老产业和银发经济对我国经济和社会发展的作用。

课程思政目标

培养学生树立积极老龄观,鼓励学生积极投身养老产业。

养老产业是一个综合性产业,涉及老年人生活、健康和社会参与等各方面。养老产业的发展离不开政府宏观政策的引导,政府在养老产业发展中发挥重要作用。目前我国发布了一系列支持养老产业发展的政策法规,以促进养老产业和养老事业协同发展,落实积极应对人口老龄化国家战略。

第一节　概　　述

发展养老产业是完善养老服务体系的重要支撑,也是积极老龄观、健康老龄化理念融入经济社会发展的必然要求。2013 年国务院发布《关于加快发展养老服务业的若干意见》,提出发展养老服务业的总体要求,多地陆续出台一系列促进养老产业发展的政策措施。

一、养老产业的概念和分类

(一)养老产业与银发经济的概念

1. 养老产业的概念　根据 2020 年 2 月国家统计局发布的《养老产业统计分类(2020)》,养老产业是以保障和改善老年人生活、健康、安全以及参与社会发展,实现老有所养、老有所医、老有所为、老有所学、老有所乐、老有所安等为目的,为社会公众提供各种养老及相关产品(货物和服务)的生产活动集合,包括专门为养老或老年人提供产品的活动,以及适合老年人的养老用品和相关产品制造活动。养老产业涵盖老年人生活照料和护理服务等领域,上连老年用品、智慧健康、康复辅具等产业,下接养老金融、旅游服务、适老化改造等业态,涉及第二产业与第三产业,是银发经济的核心组成部分。

2. 银发经济的概念　根据 2024 年 1 月国务院办公厅发布的《关于发展银发经济增进老年人福祉的意见》(国办发〔2024〕1 号),银发经济是向老年人提供产品或服务,以及为老龄阶段做准备等一系列经济活动的总和,涉及面广、产业链长、业态多元、潜力巨大,包含"老年阶段的老龄经济"和"未老阶段的备老经济"。银发经济涵盖了养老产业和养老事业的主要内容。养老事业的责任主体主要是政府,养老产业的责任主体主要是市场。

(二)养老产业分类

根据提供养老产品和服务特征的不同,养老服务产业可分为养老照护服务、老年医疗卫生服务、老年健康促进与社会参与、老年社会保障、养老教育培训、养老人力资源服务、养老金融服务、养老科技和智慧养老服务、养老公共管理、老年用品及相关产品制造、老年用品及相关产品销售和租赁、养老设施建设等 12 类。

二、养老产业发展相关规定

(一)产业结构调整指导政策

根据《国务院关于发布实施〈促进产业结构调整暂行规定〉的决定》(国发〔2005〕40 号)以及国家发展改革委《产业结构调整指导目录(2024 年本)》,将养老照护服务、养老金融服务、养老设施建设、养老科技和智慧养老服务、老年用品及相关产品制造、老年社会保障、养老公共管理、老年用品及相关产品销售和租赁、老年健康促进与社会参与、其他养老服务及养老教育培训和人力资源服务列为鼓励发展产业。

(二)养老服务市场放开政策

2016 年 12 月,国务院办公厅发布《关于全面放开养老服务市场提升养老服务质量的若干意见》(国办发〔2016〕91 号),围绕进一步放宽准入条件、优化市场环境来全面放开养老服务市场,围绕推进居家社区养老服务全覆盖、提升农村养老服务能力水平、提高老年人生活便捷化水平来大力提升居家社会养老生活品质,围绕推进"互联网＋"养老服务创新、建立医养结合绿色通道、促进老年产品用品升级、发展适老金融服务来全力建设优质养老服务供给体系,围绕加强统筹规划、完善土地支持政策、提升养老服务人员素质、完善财政支持和投融资政策来增强政策保障能力。

(三)促进银发经济发展政策

2021 年 11 月,中共中央、国务院发布的《关于加强新时代老龄工作的意见》提出,积极培育银发经济,发展适老产业。2022 年 2 月,国务院出台的《"十四五"国家老龄事业发展和养老服务体系规划》(国发〔2021〕35 号),从老年用品研发、优质产品推广和鼓励发展产业集群等方面,要求在全国规划布局一批银发经济重点发展区域。2024 年 1 月,国务院办公厅发布的《关于发展银发经济增进老年人福祉的意见》指出,推动有效市场和有为政府更好结合,促进事业产业协同,加快银发经济发展。这是推动银发经济发展的纲领性文件。

促进银发经济发展的主要措施包括:①发展民生事业,解决"急难愁盼"问题。以需求为牵引,从"关键小事"着力增进民生福祉,围绕老年助餐服务、居家助老服务、社区便民服务、老年健康服务、养老照护服务、老年文体服务、农村养老服务等 7 个方面发展养老产业。②扩大产品供给,提升质量水平。重点开展培育高质量经营主体、推进产业集群示范发展、提升行业组织效能、推动品牌化发展、开展高标准领航行动、拓宽消费供给渠道等 6 大行动,通过高质高效的供给创造需求,提升银发经济整体规模。③聚焦多样化需求,培育潜力产业。主要围绕老年用品制造、智慧健康养老、康复辅助器具、抗衰老产业、养老金融、旅游服务、适老化改造等培育潜力产业。④强化要素保障,切实把实事办好,优化发展环境。通过完善科技创新应用、用地用房保障、财政金融支持、人才队伍建设、数据要素支撑、打击涉老诈骗等推进养老产业发展。

第二节　发展老年医疗卫生服务

为了满足老年人日益增长的健康服务需求,政府积极制定和实施相关政策,推动老年医疗卫生服务的发展。本节主要介绍老年医疗卫生服务和老年康复护理服务的发展现状与特点,阐述相关政策法规主要内容。

一、老年医疗卫生服务

(一) 老年医疗卫生服务概念

1. 老年预防保健和健康管理　老年预防保健和健康管理是指医院、基层医疗卫生机构、专业卫生机构等医疗卫生机构以防止和减少老年人损伤、疾病及其后遗症和并发症的数量或严重程度,提高老年人健康水平为目的,开展疾病预防、营养、中医养生等非诊疗性健康服务,以及预防保健、健康咨询、健康状态辨识、健康危险因素的干预和家庭医生、老年疾病档案管理等健康管理服务,包括老年人中医治未病、家庭医生签约服务,不包括养老机构内设诊所、卫生所(室)、医务室、护理站提供的服务。

2. 老年人疾病诊疗服务　老年人疾病诊疗服务是指医院、基层医疗卫生机构、专业卫生机构等医疗卫生机构以减轻老年人疾病或损伤的症状和严重程度,阻止威胁生命或正常生活功能为首要目标的门诊、住院等诊疗服务,包括老年人中医药疾病诊疗服务。

3. 安宁疗护服务　安宁疗护服务是指安宁疗护中心、其他具备安宁疗护服务能力的机构或组织通过控制老年患者疾病终末期或临终前痛苦和不适症状,提供生理、心理等方面的照料和人文关怀等服务,以提高生命质量,帮助老年患者舒适、安详、有尊严地离世。

(二) 老年医疗卫生服务发展趋势

1. 老年医疗卫生服务从单病种模式向多病共治模式转变　2022年9月国家卫生健康委员会发布的统计数据显示,我国超过1.8亿老年人患有慢性病,占老年人口比例高达75%,其中50%以上老年人患有2种及以上的慢性疾病。慢性病共病成为导致老年人身体功能衰退、生活质量下降、医疗服务利用增加和疾病负担加重的重要因素。在医疗机构推广多学科诊疗模式,加强老年综合征管理,老年医疗服务逐步从单病种模式向多病共治模式转变。

2. 医疗服务逐步向居家社区延伸　随着人口老龄化程度的不断加深,老弱失能患者对医疗服务需求剧增,因此成为居家医疗的主要对象。居家医疗服务主要提供诊疗服务、医疗护理、康复治疗、药学服务、安宁护理和中医服务等上门医疗服务。医疗卫生机构逐步为失能、慢性病、高龄、残疾等行动不便或确有困难的老年人提供家庭病床、上门巡诊等居家医疗服务。

3. 医疗卫生服务与养老服务有机结合　医养结合服务强调促进医疗卫生服务与养老服务结合,除向老年人群提供传统的生活护理服务外,还提供健康咨询、预防保健、健康检查、疾病诊疗、康复护理等一系列医疗健康相关服务。据调查,2020年失能半失能老年人占老年人口的17%,预计到2050年我国患有慢性病的老年人数量将增长至3亿,为医疗机构开展医养结合提供巨大的市场空间。

4. 智慧医疗提高老年医疗保健服务可及性　近年来,在以5G为代表的云计算、物联网、大数据、人工智能等新技术驱动下,智能手表、可穿戴设备功能不断完善,移动智慧医疗实现患者与医务人员、医疗机构、医疗设备之间的互联互通和信息共享,极大地提高了对老年人健康信息长期跟踪和预警监测能力,为老年人提供医疗保健服务提供信息基础,进一步提高了老年人医疗保健服务的可及性。

（三）老年医疗卫生服务相关政策法规

医疗保健是养老服务产业的重中之重,政府部门高度重视,制定了一系列政策。自2013年国务院发布《关于加快发展养老服务业的若干意见》(国发〔2013〕35号),首次提出积极推进医疗卫生与养老服务相结合的发展方向,医养结合成为医疗服务与养老产业的主要模式。2015年《国务院办公厅转发卫生计生委等部门关于推进医疗卫生与养老服务相结合指导意见的通知》(国办发〔2015〕84号),进一步详细规定医疗卫生与养老服务结合的重点任务,之后政府部门就医养结合发布了一系列文件。

在老年疾病诊疗方面,2020年12月,国家卫生健康委办公厅、国家中医药管理局办公室发布《关于加强老年人居家医疗服务工作的通知》(国卫办医发〔2020〕24号),围绕开展居家医疗服务要素、规范居家医疗服务行为、加强居家医疗服务管理等做出规定。2021年6月,国家卫生健康委办公厅发布《关于实施进一步便利老年人就医举措的通知》(国卫办医函〔2021〕311号),提出围绕预约挂号、服务流程、药事服务等便利老年人就医的措施。

二、老年康复护理服务

（一）老年康复护理服务内涵

老年康复护理服务包括老年康复和医疗护理服务及老年康复辅具配置服务。老年康复和医疗护理服务是指为老年人提供的以达到、恢复或维持最佳的身体、感官、智力、心理和社会功能水平为目的的康复服务,为需要长期照护的老年患者提供的以减轻疼痛、减少健康状况恶化的专业化护理服务,包括老年中医康复、偏瘫肢体综合训练、认知功能康复训练等老年康复医疗护理服务。老年康复辅具配置服务是指为老年人、老年残疾人提供假肢、矫形器、轮椅车、助行器、助听器等康复辅具适配服务的活动,不包括医疗、康复机构的康复辅具适配服务。

系统的老年康复护理服务可提高老年人的生活质量,促进其身心健康和社会参与。与一般康复护理服务不同,老年康复护理服务更注重康复性、综合性,致力于帮助老年人实现身体功能的康复、心理素质的提升以及生活自理能力的维持。

（二）老年康复护理服务发展趋势

1. 养老机构布局老年康复护理服务　在国家医养结合政策的指引下,养老机构引入专业康复机构提供运动康复训练、认知功能训练和综合性康复服务等。2023年12月,民政部公布《养老机构康复服务规范》,为养老机构开展康复服务提供标准。

2. 养老机构整合医疗与照护服务　不同生命阶段和不同健康状态老年人的医疗和养老服务需求不同。功能衰弱的老年人以疾病干预和保健康复需求为主,而失能老年人除了基本的生活照料服务外更侧重疾病诊治和康复护理,医养康养结合的养老服务体系成为解决多层次老年人健康服务需求的支撑。

（三）老年康复护理服务相关政策法规

2019年12月,国家卫生健康委办公厅发布《关于加强老年护理服务工作的通知》(国卫办医发〔2019〕22号),提出增加提供老年护理服务的医疗机构和床位数量、医疗机构增加老年护理服务供给、提高老年护理从业人员服务能力、丰富老年护理服务模式等要求。2021年6月,国家卫生健康委发布《关于加快推荐康复医疗工作发展意见的通知》(国卫医发

〔2021〕19号），提出推动康复医疗相关产业发展，鼓励各地通过科技创新、产业转型、成果转化等方式，结合实际和特色优势，培育康复医疗相关产业。优先在老年人、残疾人、伤病患者及儿童等人群的康复医疗方面，推动医工结合。积极支持研发和创新一批高智能、高科技、高品质的康复辅助器具产品和康复治疗设备等，逐步满足人民群众的健康需要。

第三节　发展养老文体休闲服务的相关规定

积极应对人口老龄化，加快发展养老休闲服务业，不断满足老年人持续增长的养老休闲服务需求，有利于保障和改善民生，推进经济社会持续健康发展。

一、老年旅游服务

（一）老年旅游服务概念

老年旅游服务，是指依托旅游资源、休闲疗养机构等，面向老年游客开展的健康与旅游融合的服务，主要包括以体育运动为目的的旅游景区服务、为老年人提供健康疗养或医疗旅游的旅行社相关服务等，如向老年人提供咨询、旅游计划和建议、日程安排等服务，不包括以医疗机构、康复护理机构、疗养院为主要载体开展的医疗康复服务部分。随着老年消费力的增强和健康保障水平提高，老年人主动追求健康的康复性旅居养老行为日渐盛行。老年人为缓解疼痛、获得健康提升等，选择在常住地域以外适宜自身健康的目的地居住，并享受旅居过程中各类养老、适老服务设施的全部行为。

（二）老年旅游服务发展现状

1. 老年人成为康养旅居的市场主力军　中国老龄协会（China National Committee on Ageing，CNCA）预测，到2050年，我国的老年人口将达到4.87亿的峰值，占总人口的35%。中国旅游研究院发布的《中国国内旅游发展年度报告（2022—2023）》显示，2021年45岁以上的中老年旅游者合计出游11.94亿人次，占据国内旅游客源市场的36.81%，成为国内旅游市场的重要客源。老年群体将成为我国康养旅居的消费主力军。

2. 老年旅游市场快速增长　旅游能有效促进和提升老年人的生命质量，老年旅游是实现积极老龄化和健康老龄化的有效途径。随着我国老龄化快速加深，老龄人口迅速增长，以及老年人消费能力的提升，老年旅游业呈现出专业化、个性化、多样化、新型化和智能化特点。据预测，2040年，我国将进入老年旅游的稳定发展期，老年旅游的消费将占到全国旅游市场的50%左右；2050年，我国老年人口将突破4.8亿人，老年人的旅游消费总额将会达到2.4万亿元以上。

3. 旅居养老成为老年旅游的主要形式　随着社会经济的发展与人群健康素养的提升，老年人的养老生活方式也在发生转变，旅居养老逐渐成为全自理老年人旅游的选择方式。旅居养老的形式正朝着个性化、多元化、交叉融合方向发展。例如候鸟式养老、疗养式养老、文艺鉴赏式养老、田园式养老、社区互动养老、中医药康养式养老等模式。

（三）老年旅游服务相关政策法规

政策推动是促进老年旅游市场发展的重要因素之一。近年来，国家出台了与老年旅游相关的政策规定，行业的有序发展带来政策红利，也为各参与方提出了明确的要求和标准，促进了老年旅游市场的稳定发展。

1. 促进老年旅游业融合发展　为积极应对老龄化，促进老年旅游业快速发展，满足老年人旅游和养老需求，相关政策鼓励多产业相互交融，实现"老年旅游业＋"发展。2016年中共中央、国务院印发的《"健康中国 2030"规划纲要》提出,积极促进健康与养老、旅游、互联网、健身休闲、食品融合,催生健康新产业、新业态、新模式。《旅游法》第二十三条规定,国务院和县级以上地方人民政府应当制定并组织实施有利于旅游业持续健康发展的产业政策,推进旅游休闲体系建设,采取措施推动区域旅游合作,鼓励跨区域旅游线路和产品开发,促进旅游与工业、农业、商业、文化、卫生、体育、科教等领域的融合发展。《"十四五"国家老龄事业发展和养老服务体系规划》提出促进养老和旅游融合发展。

2. 老年旅游市场的细分 为满足老年多样化旅游需求,伴随乡村旅游发展和老年养生需求提高,国家政策鼓励老年乡村旅游和旅居养老等的发展。2015 年国务院办公厅发布《关于进一步促进旅游投资和消费的若干意见》(国办发〔2015〕62 号)提出,各地要加大对乡村养老旅游项目的支持,大力推动乡村养老旅游发展,鼓励民间资本依法使用农民集体所有的土地举办非营利性乡村养老机构。2021 年国务院发布《关于印发"十四五"国家老龄事业发展和养老服务体系规划的通知》(国发〔2021〕35 号),提出引导各类旅游景区、度假区加强适老化建设和改造,建设康养旅游基地。鼓励企业开发老年特色旅游产品,拓展老年医疗旅游、老年观光旅游、老年乡村旅游等新业态,支持社会力量建设旅居养老旅游服务设施,结合各地自然禀赋,形成季节性地方推介目录,加强跨区域对接联动,打造旅居养老旅游市场。

案例分析

探索创新旅居养老模式

案例简介:近年来,广东省探索创新"养老 + 旅居 +N"养老服务新模式,通过政府部门主导、社会力量参与、市场化运作模式开展旅居养老合作,共同打造旅居养老模式,为老年人提供更多更好的优质养老服务,推动养老服务业高质量、协同融合发展,为全国养老服务业创新发展提供新范本、探索新路子。

广东与东北三省南北呼应,在区域、生态和资源上具有天然的互补优势。东北三省丰富的整体生态系统,在健康养老产业方面有着独特的天然优势和广阔的发展前景。2019 年 10 月 31 日,广东、辽宁、吉林、黑龙江省民政厅共同签署旅居养老合作框架协议。2020 年 1 月 6 日,广东、江西、广西民政厅共同签署旅居养老合作框架协议,合作发展旅居养老。截至 2023 年 3 月,广东已与包括山西、辽宁、吉林、黑龙江、江西、湖南、广西、重庆、四川、贵州、云南、陕西、宁夏等在内的 14 地签署合作协议并审议通过《十四省区市旅居养老合作规程》,旅居养老省际合作已形成基本模式、达到初步规模。同时,共有 14 家社会组织和近 300 家养老机构加入了旅居养老合作平台,在合作省、自治区、直辖市共评选出 66 家旅居养老示范基地。旅居养老新模式也从市场自发走向规范有序,体现了创新、协调、绿色、开放、共享的理念。

分析:"旅居养老"是"候鸟式养老"和"度假式养老"的融合,是结合目前养老模式诸多特点而呈现出来的新养老模式,是老年人从观光旅游方式向休养居住、开启幸福老年生活的新模式,即旅居一地、慢游细品,以达到既健康养生、又开阔视野的目的。

二、老年文体服务

(一)老年文体服务的概念

老年文体服务主要包括老年运动休闲和群众体育活动、老年体育健康服务、老年文化娱乐活动等。其中,老年运动休闲和群众体育活动,是指为老年人提供的运动休闲服务和老年人参与的公益性群众体育活动,包括广场舞、棋牌类等健身活动和游乐场体育休闲活动等。老年体育健康服务,是指国民体质监测与康体服务,以及科学健身指导、运动康复按摩、体育健康指导等服务,不包括由各类医院、疗养院等提供的运动创伤治疗、康复、保健等服务。老年文化娱乐活动,是指主要由老年人参与的文艺类演出、学习培训、比赛、展览、鉴赏等文化娱乐活动,以及博物馆、图书馆等机构开展的养老相关的各类文化娱乐活动。

(二)老年文体服务的基本特点

1. 满足多样化老年文娱需求　随着老龄事业与产业、基本公共服务与多样化服务的发展,老年人的休闲文娱生活逐步丰富,活动方式不断创新,呈现出参与性、健身性、娱乐性、趣味性和多样性特征。多地按照"因地制宜、就地就近、小型多样、持久经常"的原则开展老年人喜闻乐见的体育健身活动,依托"科技 + 体育""互联网 + 健身"举办适合老年人的线上赛事活动,扩大老年休闲文娱服务供给,努力满足老年人多层次多样化的休闲文娱需求。

2. 融入现代数智技术　第 52 次《中国互联网络发展状况统计报告》显示,2023 年,多地通过校园行、社区科普、助老公益、科技成果进乡村等形式,针对学生、老年人、农村居民等重点人群推动数字技能普及。截至 2023 年 6 月,我国 50~59 岁网民中至少掌握一种初级数字技能的比例为 72.8%,60 岁及以上网民中至少掌握一种初级数字技能的比例为 54.6%。各地也相继推出将数字技术应用于辅助老年人科学健身的公共服务项目。如浙江省"浙里练"小程序,可通过扫码服务功能为老年人群体提供多场景的健身指导。上海"长者运动健康之家",为老年人提供全方位的康养服务,打造一站式的服务平台,等等。数智技术的融入提升了老年人体验休闲文娱活动的便捷性,使休闲文娱活动的精准服务得到推广。

拓展阅读

打造"长者运动健康之家"

2021 年,首批"长者运动健康之家"在上海徐汇区康健街道揭牌。之后青浦区、杨浦区、奉贤区、静安区以及大桥街道、金汇镇、浦仓路等地陆续开设"长者运动健康之家",为周边的老年人带来专属健身服务。截至 2022 年底,上海累计建成"长者运动健康之家"94 家,累计服务超过 150 万人次。"长者运动健康之家"设置体质监测区、有氧锻炼区、速肌力锻炼区、微循环促进区、柔韧拉伸区、综合干预区和休闲交流区等,并配备专人为参加锻炼的老年群体提供基础健康锻炼、运动方案制订、慢性病干预等服务。

(三)老年文体服务相关政策法规

老年文体服务产业作为我国养老服务业的重要补充产业,各级政府高度重视,出台一系列相关政策,旨在规范和支持行业发展。

2013 年 9 月,国务院发布《关于加快发展养老服务业的若干意见》(国发〔2013〕35号),提出发展老年人文体娱乐服务。地方政府要支持社区利用社区公共服务设施和社会场所组织开展适合老年人的群众性文化体育娱乐活动,并发挥群众组织和个人积极性。2015年 2 月,民政部等部门发布《关于鼓励民间资本参与养老服务业发展的实施意见》(民发〔2015〕33 号),鼓励和引导民间资本拓展适合老年人特点的文化娱乐、教育、体育健身、休闲旅游、健康服务、精神慰藉、法律维权等服务。2015 年 9 月,国家体育总局发布《关于进一步加强新形势下老年人体育工作的意见》(体群字〔2015〕155号),促进老年人体育健身与养老服务、健康服务、公共文化服务、文化创意和设计、教育培训、医疗卫生、家政、保险、旅游等相关领域交互融通。2016年11月,国务院办公厅发布《关于进一步扩大旅游文化体育健康养老教育培训等领域消费的意见》(国办发〔2016〕85号),提出全面提升养老消费,抓紧落实全面放开养老服务市场,提升养老服务质量。2020年12月,国务院发布《关于切实解决老年人运用智能技术困难的实施方案》(国办发〔2020〕45号),引导公共文化体育机构、文体和旅游类企业提供更多适老化智能产品和服务。2021年11月,中共中央、国务院发布《关于加强新时代老龄工作的意见》提出,各地要通过盘活空置房、公园、商场等资源,支持街道社区积极为老年人提供文化体育活动场所,组织开展文化体育活动,实现老年人娱乐、健身、文化、学习、消费、交流等方面的结合。培养服务老年人的基层文体骨干,提高老年人文体活动参与率和质量,文化和旅游、体育等部门要做好规范和管理工作。开发老年旅游产品和线路,提升老年旅游服务质量和水平。县(市、区、旗)应整合现有资源,设置适宜老年人的教育、文化、健身、交流场所。2022年,国家卫生健康委等多部门印发发布《"十四五"健康老龄化规划》(国卫老龄发〔2022〕4号),提出要推进体卫融合,研究推广适合老年人的体育健身休闲项目、方式和方法,发布老年人体育健身活动指南。2022年,中共中央办公厅、国务院办公厅发布了《"十四五"文化发展规划》,提出补齐公共文化服务短板,丰富老年人、进城务工人员、农村留守妇女儿童、残疾人的公共文化供给,保障特殊群体的基本文化权益。

第四节　发展智慧养老服务产业

随着人口老龄化持续快速增长,老年人对精神文化生活的需求日益强烈,养老服务和产品需求日趋多样化。侧重于为老年人提供物质生活产品和服务的传统养老产业不能满足老年人多样化养老需求。智慧养老产业融合物联网、大数据、云计算、人工智能等现代信息技术,实现养老服务的个性化、精准化和差异化,缓解了传统养老的资源分散、人员匮乏、服务同质化、数据孤岛等问题。

一、智慧养老服务

(一)智慧养老服务相关概念

智慧养老是指利用信息技术等现代科技手段,围绕老年人的生活起居、安全保障、医疗卫生、保健康复、娱乐休闲、学习分享等各方面,为老年人提供的生活服务和管理,通过对涉老信息的自动监测、预警和处置,实现这些技术与老年人友好、自主式、个性化的智能交互。智慧养老服务主要涵盖互联网养老服务平台、养老大数据与云计算服务、物联网养老技术服务,以及其他智慧养老技术服务。

1. 互联网养老服务平台　互联网养老服务平台是指专门为老年人提供第三方服务平台的互联网活动,包括互联网养老服务和产品销售平台、互联网老年旅游出行服务平台等。

2. 养老大数据与云计算服务　是指养老相关数据处理与存储、大数据处理、云存储、云计算、云加工、区块链技术等服务。

3. 物联网养老技术服务　是指面向养老行业所开展的物联网咨询、设计、建设、维护、管理等服务,物联网和远程智能安防监控技术服务。

4. 其他智慧养老技术服务　是指养老服务领域的人工智能等新一代信息技术和智能硬件等产品的技术服务,以及其他与养老相关的应用软件开发与经营,基础环境、网络、软硬件等运行维护,健康信息技术咨询等服务,包括与户籍、医疗、社会保险、社会救助等信息资源对接的国家养老服务管理信息系统的技术服务,以及在保障数据安全的前提下,研发涉及老年人的人口、保障、服务、信用、财产等基础信息分类的养老服务综合信息化平台。

(二)智慧养老服务的特征

1. 精准化的养老服务供给　智慧养老服务通过数据模型的精确计算,整合相关且可及的医疗服务、健康管理、社交互动、居家生活等资源,为相关部门开展全方位、精准高效的养老服务提供保障。

2. 个性化的养老服务供给　智慧养老服务注重满足老年人个性化的需求。通过大数据分析和人工智能可穿戴设备等技术,对老年人的健康状况生活方式等进行全面的评估预测,提供各类灵活的看病就诊和在线监测等服务,进而实施定制化的服务方案,满足不同老年人的个性化需求。

3. 多方协调的服务供给　智慧养老服务借助互联网等技术,促进养老机构、医疗机构、社区组织、科技企业等多方利益主体实现产业联动的发展模式。通过各方之间的协同合作,整合资源和专业能力,提供全面的养老服务。

(三)智慧养老服务发展现状

1. 智慧养老产业市场不断发展　智慧养老激发养老服务需求,催生银发经济新的消费领域,促进消费结构升级。智慧养老产业 2012 年起步,2017 年进入全国推广阶段,2020 年进入产业发展黄金时期,预计到 2050 年产业市场规模将达 22 万亿元,并形成完善的智慧养老产业结构体系。

2. 智慧养老需求持续增长　我国人口老龄化具有人口规模大、速度快、程度深、地区差异明显的特点,养老服务呈现照护服务需求上升、需求差异大和多元化的发展趋势,为智慧养老发展提供广阔的市场空间。老年人作为智慧养老的主要消费群体,除了对生活起居、医疗保健等生理和安全的信息需求,更有寻求社交情感、自我实现等精神层次的信息需求。通过对老年人养老信息需求的精准分析,为智慧养老产业的发展提供基础。

3. 智慧养老创新速度加快　互联网、物联网、大数据、人工智能等信息技术的发展,推动智慧养老服务升级、产品更新换代。便携式、穿戴式、自助式及智能化设备不断增加,应用智能定位、传感、监测技术对老年人健康状况实时监控,智慧养老应用平台、养老服务大数据分析系统、智慧健康管理系统不断强化,使得为老年人提供精准化、个性化的智慧养老服务成为可能。

二、智慧养老服务产业相关政策法规

(一)智慧养老产业发展的政策法规

随着人口老龄化的不断加剧和老年人需求持续增长,国家层面持续出台相关政策支持智慧养老产业发展,并将智慧养老产业发展上升为国家战略。2011 年,国务院发布《中国老龄事业发展“十二五”规划》(国发〔2011〕28 号),提出做好居家养老网络信息服务工作,加快居家养老信息建设。2013 年,国务院发布《关于加快发展养老服务业的若干意见》(国发〔2013〕35 号),再次提出发展居家网络信息服务,为智慧养老产业提供发展目标和政策指导。2015 年,国务院印发《关于积极推进“互联网 +”行动的指导意见》(国发〔2015〕40 号),首次明确提出促进智慧健康养老产业发展,确定了智慧养老产业作为国家新兴产业的战略定位。2016 年,国务院办公厅发布《关于促进和规范健康医疗大数据应用发展的指导意见》(国办发〔2016〕47 号),加快构建健康医疗大数据产业链,推进健康医疗与养生、养老、家政等服务业协同发展。2020 年 11 月,国务院办公厅发布《关于切实解决老年人运用智能技术困难的实施方案》(国办发〔2020〕45号),聚焦老年人日常生活涉及的出行、就医、消费、文体、办事等7类高频事项和服务场景,提出了20条重点任务,对智慧养老产业产品和服务供给提出了要求。

(二) 智慧养老产业行动计划

为加快智慧健康养老产业发展,培育新产业、新业态、新模式,促进信息消费增长,推动信息技术产业转型升级,2017年工业和信息化部、民政部和卫生计生委发布《智慧健康养老产业发展行动计划(2017—2020年)》(工信部联电子〔2017〕25号),明确提出加快智慧健康养老产业发展,建立智慧养老应用示范基地,并对三年内的智慧养老产业发展做出规划,至2020年基本形成覆盖全生命周期的智慧健康养老产业体系。2021年工业和信息化部、民政部和国家卫生健康委发布《智慧健康养老产业发展行动计划(2021—2025年)》(工信部联电子〔2021〕154号),围绕科技支撑能力显著增强、产品及服务供给能力明显提升、试点示范建设成效日益凸显、产业生态不断优化完善,提出强化信息技术支撑,提升产品供给能力;推进平台提质升级,提升数据应用能力;丰富智慧健康服务,提升健康管理能力;拓展智慧养老场景,提升养老服务能力;推动智能产品适老化设计,提升老年人智能技术运用能力;优化产业发展环境,提升公共服务能力六大重点工作任务,以及智慧健康养老产品供给工程、智慧健康创新应用工程和智慧养老服务推广工程三个专项工程。

(三) 智慧健康养老产品及服务推广目录

工业和信息化部、民政部及国家卫生健康委员会持续开展智慧健康养老产品及服务推广动态遴选工作,目前已发布3版《智慧健康养老产品和服务推广目录》,鼓励企业开发和推广适老产品和服务,共创建了199家示范企业,293个示范街道,80个示范基地和3个示范园区。根据《智慧健康养老产品和服务推广目录(2022年版)》(工信部联电子函〔2023〕176号),智慧健康养老产业分为产品和服务两个大类,其中产品包括健康管理类、老年辅助起居类、养老监护类、中医数智化、家庭服务机器人、适老化改造智能产品和场景化解决方案,服务包括智慧健康服务和智慧养老服务。

第五节　发展老年普惠金融

加快养老普惠金融发展是适应我国人口老龄化基本国情的客观需要。关注老年群体的金融需求,为广大老年群体提供便利、有效、安全的普惠金融服务,让更多老年人便利平等地享受金融服务,提高老年人使用金融服务的获得感、幸福感、安全感,可助力推动养老产业的持续健康发展。

一、老年普惠金融

(一) 普惠金融的概念

普惠金融是指立足机会平等要求和商业可持续原则,以可负担的成本为有金融服务需求的社会各阶层和群体提供适当、有效的金融服务。普惠金融通常是将金融服务提供给容易被金融机构忽视或难以接触到的人群,尤其低收入人群和贫困人口。

普惠金融的目的旨在促进金融包容性和经济发展,以及减少贫困和不平等现象。在我国,普惠金融重点服务的对象为小微企业、农民、城镇低收入人群、贫困人群和残疾人、老年人等特殊群体。普惠金融的内容主要包括提供低成本的金融服务,例如储蓄、信贷、支付、保险等,以及提高金融知识和技能,改善金融基础设施等方面的工作。此类服务可通过金融科技创新,如移动支付、电子银行、区块链等技术手段来实现。

(二) 老年普惠金融的发展

1. 养老产业巨大的市场潜力为普惠金融带来新机遇 全国老龄工作委员会发布的《中国老龄产业发展报告》显示,2014—2050 年,我国老年人口的消费潜力将从 4 万亿元增长到 106 万亿元左右,占国内生产总值(gross domestic product,GDP)的比例将增长至 33%。由此可见,未来养老服务业将成为我国扩大内需的主战场、经济增长的新引擎。我国养老产业市场空间巨大,对于我国扩大消费,促进普惠金融市场发展,构建双循环新发展格局具有重要意义。

金融机构应主动抓住养老产业带来的重大机遇,挖掘养老产业新发展领域和利润增长点,解决业务竞争同质化问题,加快转型升级,积极为老年群体提供金融服务,成为普惠金融未来发展的一个新方向。例如,针对老年人偏好定期存款的需求,结合老年人资产、风险承受能力,研发更多老年人专属普惠金融产品、差异化大额存单产品,使产品惠及更多的老年用户,打造老年服务生态体系,推动构建高品质的老年生活,提供更符合老年人需求的普惠金融服务。

2. 普惠金融承担积累养老财富的社会责任 养老普惠金融能最大限度地关注老年人群稳健、无风险的养老金融需求,解决老年金融服务差、不匹配等问题,为老年人安度晚年积累经济基础。其中,养老普惠金融的一个重要领域即养老保险,鼓励保险公司开发与养老社区对接的各类保险产品,增加养老保障供给,满足老年人群多样化养老需求,放宽投保条件,增强养老保障能力,尤其是利用现代金融工具,提早为养老做准备,包括如何通过经济活动创造价值、对劳动价值的储蓄和保值增值、保持身体健康、缓冲意外或突发事件,完善我国多层次养老保险体系。

同时,加强保险、医疗、民政等相关管理部门间的协调沟通,建立信息交流和管理协作机制,制定相关的标准体系和管理规范,尤其是满足 70 岁以上高龄老年人保险需求,对有慢性病老年人群给予特殊保障,探索开发与基本长期护理保险相衔接的补充型产品,覆盖自付护理费用或补充护理服务项目,研究居家护理、社区护理及机构护理等多样化、个性化保险产品,作为长期护理保险制度的有益补充。

3. 普惠金融促成老年人生活场景与数字金融的融会贯通 当前,数字技术在日常生活应用日益普及,普惠金融可以发挥老年人日常生活场景与数字化金融的融会贯通作用。例如,将养老普惠金融与政务服务相结合,为区域内老年人发放政府养老服务卡,供持卡老年人免费参观、游览市内景点、公园,享受长者食堂及居家养老服务券等优惠,将普惠金融服务与老年人体检就医深度融合,为体弱多病群体提供"有温度"的金融服务,还可以把普惠金融服务融入社区活动、休闲娱乐、餐饮消费等日常生活场景,将网上购物、在线交流有效嵌入老年人日常生活场景,提高社区老年居民生活质量,让普惠金融服务更加贴近老年人的生活与养老需要。

4. 普惠金融成为老年人"数字鸿沟"问题的解决手段 由于农民、城镇低收入人群、老年人文化程度普遍不高,对新技术、新工具、新产品接受程度较低,容易遭受数字金融排斥,难以享受到数字普惠金融带来的生活服务便利,易产生"数字鸿沟"问题。现阶段,传统金融行业对老年人的排斥明显存在,根据中国银行业监督管理委员会 2010 年颁发的《个人贷款管理暂行办法》,只要"具有完全民事行为能力"即十八岁以上的公民皆可成为借款人。但在金融市场中,很多商业类银行都有明文规定不接受六十岁或六十五岁以上公民的贷款申请,五十岁以上的人贷款申请成功率也比较低。在养老保险方面,不少传统保险机构也不愿意接受五十岁以上人群。

基于此,普惠金融应大力发展养老普惠金融,提供专属老年人的数字化服务,聚焦老年客户移动终端、人工智能、手机应用程序等数字技术,融入老年人日常生活场景,有效提高老年人群获取金融服务的便利性,搭建多元融通的服务渠道,尤其在远程开户、线上支付、保障网络转账方面,尽量推出符合老年人习惯和更简单、更方便的数字化金融产品服务,着力打造无障碍服务体系,让老年人听得懂、会使用、敢消费,让更多老年人能够放心安全使用数字普惠金融产品和服务,解决老年人使用不足、效率不高和安全不够问题,缩小"数字鸿沟",将被数字金融体系排斥的老年人群纳入主流金融体系,为老年人群提供更加普惠、绿色、人性化的数字金融服务。

二、老年普惠金融相关政策法规

　　党中央、国务院高度重视发展普惠金融,2013年党的十八届三中全会正式提出"发展普惠金融"。从首次被正式写入《中共中央关于全面深化改革若干重大问题的决定》,至《推进普惠金融发展规划(2016—2020年)》(国发〔2015〕74号)出台,党中央、国务院多次研究部署推动普惠金融发展的政策举措,推动出台了一系列货币信贷、财税政策和差异化监管政策,引导各类金融机构和市场主体加大普惠金融服务力度,普惠金融的发展取得长足进步。

　　为大力推动养老服务供给结构不断优化、持续提高养老服务质量、充分释放养老服务消费潜力,有效满足老年人多样化、多层次养老服务需求,2019年,国务院办公厅颁布《关于推进养老服务发展的意见》(国办发〔2019〕5号),指出要扩大养老服务消费,发展养老普惠金融。具体内容包括:①支持商业保险机构在地级以上城市开展老年人住房反向抵押养老保险业务,在房地产交易、抵押登记、公证等机构设立绿色通道,简化办事程序,提升服务效率。②支持老年人投保意外伤害保险,鼓励保险公司合理设计产品,科学厘定费率。鼓励商业养老保险机构发展满足长期养老需求的养老保障管理业务。③支持银行、信托等金融机构开发养老型理财产品、信托产品等养老金融产品,依法适当放宽对符合信贷条件的老年人申请贷款的年龄限制,提升老年人金融服务的可得性和满意度。④扩大养老目标基金管理规模,稳妥推进养老目标证券投资基金注册,可设置优惠的基金费率,通过差异化费率安排,鼓励投资人长期持有养老目标基金。⑤养老目标基金应当采用成熟稳健的资产配置策略,控制基金下行风险,追求基金资产长期稳健增值。⑥加强养老服务领域非法集资整治工作。加大联合执法力度,组织开展对老年人产品和服务消费领域侵权行为的专项整治行动。严厉查处向老年人欺诈销售各类产品和服务的违法行为。广泛开展老年人识骗防骗宣传教育活动,提升老年人抵御欺诈销售的意识和能力。⑦鼓励群众提供养老服务领域非法集资线索,对涉嫌非法集资行为及时调查核实、发布风险提示并依法稳妥处置。对养老机构为弥补设施建设资金不足,通过销售预付费性质"会员卡"等形式进行营销的,按照包容审慎监管原则,明确限制性条件,采取商业银行第三方存管方式确保资金管理使用安全。

　　2021年,国务院印发《"十四五"国家老龄事业发展和养老服务体系规划》(国发〔2021〕35号),提出有序发展老年人普惠金融服务。主要内容包括:促进和规范发展第三支柱养老保险。支持商业保险机构开发商业养老保险和适合老年人的健康保险,引导全社会树立全生命周期的保险理念。引导商业保险机构加快研究开发适合居家护理、社区护理、机构护理等多样化护理需求的产品。研究建立寿险赔付责任与护理支付责任转换机制,支持被保险人在失能时提前获得保险金给付,用于护理费用支出。支持老年人住房反向抵押养老保险业务发展。积极推进老年人意外伤害保险。鼓励金融机构开发符合老年人特点的支付、储蓄、理财、信托、保险、公募基金等养老金融产品,研究完善金融等配套政策支持。加强涉老金融市场的风险管理,严禁金融机构误导老年人开展风险投资。

为充分发挥中央预算内投资引导带动作用,支持培训疗养机构转型发展普惠养老服务,2022 年,国家发展改革委等部门出台了《养老托育服务业纾困扶持若干政策措施的通知》,提出以下政策措施:①开展普惠养老专项再贷款试点,支持金融机构通过融资信用服务平台网络向普惠养老服务机构提供贷款,根据试点情况,在对政策进行评估完善后进一步扩大试点范围。②引导商业银行等金融机构继续按市场化原则与养老托育领域的中小微企业(含中小微企业主)和个体工商户自主协商,对其贷款实施延期还本付息,努力做到应延尽延,延期还本付息日期原则上不超过 2022 年底。③鼓励地方结合财力实际,给予养老托育服务机构贷款贴息支持,缓解养老托育服务机构融资困难。④鼓励政府性融资担保机构按市场化原则为养老托育服务机构提供融资增信支持,积极为受疫情影响企业提供融资担保支持;支持地方结合财力实际向政府性融资担保机构注资、提供融资担保费用补贴。⑤养老服务机构的综合责任保险承保机构,2022 年对养老服务机构提升理赔效率、应赔尽赔。鼓励地方通过政府购买服务,按照竞争择优原则,为托育服务机构提供相关保险。⑥支持符合条件的养老企业发行公司信用类债券,拓宽养老企业多元化融资渠道。

2023 年,国务院发布《关于推进普惠金融高质量发展的实施意见》(国发〔2023〕15 号)提出,优化普惠金融重点领域产品服务,提升民生领域金融服务质量,完善适老、友好的金融产品和服务,加强对养老服务、医疗卫生服务产业和项目的金融支持;支持具有养老属性的储蓄、理财、保险、基金等产品发展。鼓励信托公司开发养老领域信托产品;注重加强对老年人、残疾人的人工服务、远程服务、上门服务,完善无障碍服务设施,提高特殊群体享受金融服务的便利性;积极围绕适老化、无障碍金融服务以及生僻字处理等制定实施金融标准。完善高质量普惠保险体系,积极发展面向老年人、农民、新市民、低收入人口、残疾人等群体的普惠型人身保险业务,扩大覆盖面;鼓励保险公司开发各类商业养老保险产品,有效对接企业(职业)年金、第三支柱养老保险参加人和其他金融产品消费者的长期领取需求;探索开发各类投保简单、交费灵活、收益稳健、收益形式多样的商业养老年金保险产品;在风险有效隔离的基础上,支持保险公司以适当方式参与养老服务体系建设,探索实现长期护理、风险保障与机构养老、社区养老等服务有效衔接。

复习思考题

1. 简述养老产业的内涵。
2. 简述智慧养老的主要内容。
3. 简述智慧健康养老产品的主要类别。

第十二章

养老服务发展要素政策法规

学习目标

知识目标

掌握养老服务发展各要素的概念和分类,熟悉养老服务发展的科技创新应用、用地用房保障、财政金融支持、人才队伍建设政策。

能力目标

了解养老服务发展支撑要素的相关政策,并能在养老服务创业就业实践中灵活应用。

素质目标

理解国家加大财政投入,完善养老服务发展要素政策环境的重要意义。

课程思政目标

培养学生投身养老产业的服务意识、团队意识、沟通能力和专业水平。

养老服务业的快速发展离不开产业发展要素的有力保障和发展环境的不断优化。为实施积极应对人口老龄化国家战略,推动老龄事业和产业协同发展,党中央和国务院高度重视养老服务,并出台了加快养老服务业发展的政策措施。

第一节 科技创新应用

老年用品产业是老龄产业的重要组成部分。为促进老年用品产业发展,引导老年用品产业高质量发展,2019 年 12 月,工业和信息化部、民政部、国家卫生健康委员会、国家市场监督管理总局和全国老龄工作委员会办公室发布《关于促进老年用品产业发展的指导意见》(工信部联消费〔2019〕292 号),围绕夯实老年用品产业发展基础,提出科技创新发展要求。

一、增强产业创新能力

推动老年用品产业大众创业、万众创新,构建以企业为主体、政产学研用紧密结合的自主创新体系。开展关键共性技术、重点产品的联合攻关,促进老年用品领域基础研究与产业应用的交叉融合。推进产业科技创新平台建设,发挥平台在技术转移、成果转化、技术研发、资源共享、企业孵化等方面的重要作用。加强高层次人才队伍建设,大力培养产业发展急需的创新类人才。积极发展面向老年用品产业创新能力建设的生产性服务业。

关键核心技术主要包括以下内容:①老年服装服饰。加快高性能纤维及复合材料、生物基纤维、凝胶防摔材料、高吸水性树脂材料、柔性可穿戴式智能纺织材料等技术的产业化及应用。②日用辅助产品。加快研发智能家居集成平台用先进技术,重点研发音视频传输、自动控制、安全防范等关键技术,实现一站式智能家居整体解决方案。③养老照护产品。针对洗浴、进食、如厕等老年照护难点问题,突破机器人柔性结构设计、运动意图感知和环境识别、姿态检测与控制等共性关键技术。④康复训练及健康促进辅具。重点突破穿戴式监测、生理微弱信号采集、老年功能障碍评估与干预、神经接口、柔性传感等关键技术。⑤适老化环境改善产品。重点突破智能传感、语音控制、智能场景监测、主动感知及人机交互技术,实时智能环境监测和无障碍改善等安全保障技术。

二、加快构建标准体系

全面梳理和完善老年用品产业相关领域标准体系,面向功能性纺织品、家庭服务机器人、康复训练及健康促进辅具、适老智能家居和家电产品等领域,制(修)订一批关键亟须的产品和技术标准,加大对国际标准的采标力度。鼓励发展具有引领促进作用的团体标准,完善团体标准转化机制,形成政府主导制定与市场自主制定协同发展、协调配套的新型标准体系。

重点标准体系主要包括以下内容:①老年服装服饰。完善重点产品标准,推进服装面料及产品的安全性、功能性的鉴定和评价标准。②日用辅助产品。加快制定生活起居、出行移动、助听、助视、休闲娱乐等老年用品标准。建立适老化智能家电产品通用技术标准。③养老照护产品。根据老年人照护需求,细化养老照护产品分类标准。研究制定辅助进餐、辅助洗浴、辅助如厕、移动换乘等产品标准。④康复训练及健康促进辅具。加快制定老年能力评估和日常活动训练等康复辅具产品标准。⑤适老化环境改善产品。针对环境无障碍改造产品,制定自动升降橱柜等家庭和其他场所的个人移动辅助器具、无障碍设施和家庭无障碍辅具适配标准。

三、强化信息技术支撑

2015 年 7 月,国务院发布《关于积极推进"互联网 +"行动的指导意见》(国发〔2015〕40 号),提出促进智慧健康养老产业发展。随后,《关于全面放开养老服务市场提升养老服务质量的若干意见》(国办发〔2016〕91 号)、《关于推进养老服务发展的意见》(国办发〔2019〕5 号)、《关于促进老年用品产业发展的指导意见》(工信部联消费〔2019〕292 号)等政策,均围绕智慧养老和信息技术在养老领域的应用提出具体要求。2021 年 10 月,工业和信息化部、民政部和国家卫生健康委发布《智慧健康养老产业发展行动计划(2021—2025年)》,进一步就智慧健康养老技术及产品开发做出规定。

(一) 推动智慧健康养老新技术研发

发展适用于健康管理的智能化、微型化、高灵敏度生物传感技术,大容量、微型化电池技术和快速充电技术,高性能、低功耗微处理器和轻量级操作系统。开发适用于养老照护的多模态行为监测技术、跌倒防护技术、高精度定位技术。支持突破康复干预技术、神经调控技术、运动功能康复评估与反馈等核心技术。攻关适用于家庭服务机器人的环境感知、脑机接口、自主学习等关键技术。

(二) 拓展智慧健康养老产品供给

推动多学科交叉融合发展与技术集成创新,丰富智慧健康养老产品种类,提升健康养老产品的智慧化水平。重点发展具有趋势分析、智能预警等功能的健康管理类产品。加强康复训练型、功能代偿型等康复辅助器具类产品的设计与研发。大力发展具有行为监护、安全看护等功能的养老监护类产品。支持发展具有健康状态辨识、中医诊断治疗功能的中医数字化智能产品。支持发展能够提高老年人生活质量的家庭服务机器人。

（三）做强智慧健康养老软件系统平台

加快建设统一权威、互联互通的全民健康信息平台,实现健康数据的有效归集与管理。鼓励企业开发具有多方面、多种类健康管理分析功能及远程医疗服务功能的应用软件及信息系统,提升健康服务信息化水平。推进建设区域智慧健康养老服务综合信息系统平台,依托区域养老服务中心,推进养老补贴、养老服务、行业监管信息化,实现老年人信息的动态管理。鼓励企业面向居家、社区、机构等场景,开发养老服务管理系统、为老服务信息平台,强化物联网、人工智能等基础能力,联动"云管边端",丰富服务种类,提升服务质量,实现服务的流程化、标准化。

（四）完善数据要素体系

鼓励各地建设区域性健康养老大数据中心,建立健全居民电子健康档案、电子病历、老龄人口信息等基础数据库。搭建健康养老数据中台,统一提供治理分析、共享交换、安全开放等全链条数据服务,提升数据的使用效率,强化数据要素赋能作用。鼓励开展健康养老数据挖掘理论与方法研究,促进数据创新应用,实现健康状态实时分析、健康趋势分析、健康筛查等功能,提升老年人行为画像、行为监测、安全监控等技术能力。加强数据加密、数据脱敏、身份认证、访问控制等数据安全技术应用,保障居民的个人信息安全。

（五）建设智慧健康服务体系

依托互联网平台、手机应用程序等,建设预防、医疗、康复、护理、安宁疗护等相衔接的覆盖全生命周期的智慧健康服务体系,推动优质健康医疗资源下沉,提升人民群众的健康素养及健康管理能力。重点发展远程医疗、个性化健康管理、互联网＋护理服务、互联网＋健康咨询、互联网＋健康科普等智慧健康服务。

（六）拓展智慧养老场景

推进物联网、大数据、云计算、人工智能、区块链等新一代信息技术以及移动终端、可穿戴设备、服务机器人等智能设备在居家、社区、机构等养老场景集成应用,丰富养老服务种类,优化养老服务质量,提升养老服务效率。重点面向家庭养老床位、智慧助老餐厅、智慧养老院,打造智慧化解决方案,创新互联网＋养老、"养老服务时间互助平台"互助养老、老年人能力评估等智慧养老服务。

（七）增强智能产品适老化设计

支持企业在产品研发过程中充分考虑老年人的使用需求,推出具备大屏幕、大字体、大音量、大电池容量等适老化特征的手机、电视、音箱等智能产品。鼓励企业持续优化操作界面,简化操作流程,提升智能产品人机交互体验。支持企业研发被动式、集成化的健康管理类智能产品及养老监护类智能产品,实现老年人无感知应用。推动企业加强国际合作,积极借鉴国外适老化设计先进理念。鼓励企业推出适老化产品说明书,方便老年人学习使用。遴选优秀适老化产品及服务,编制智能产品适老化设计典型案例。

（八）开展互联网应用适老化及无障碍改造

围绕老年人获取信息的需求,重点推动新闻资讯、社交通讯、生活购物、金融服务、旅游出行、医疗健康、市政服务等与老年人日常生活密切相关的互联网网站、移动互联网应用适老化改造,切实改善老年人在使用互联网服务时的体验。鼓励企业提供相关应用的"关怀模式""长辈模式",将无障碍改造纳入日常更新维护,提高信息无障碍水平。

（九）搭建科技创新平台

支持企业、高校、科研院所、养老机构联合组建智慧健康养老技术协同创新中心、联合实验室,以健康养老需求为牵引,围绕健康管理、康复辅助、养老监护等重点方向,开展产学研用协同创新,推动关键技术、核心器件、重点产品研发创新,解决行业共性技术供给不足的问题,提升智慧健康养老产业的协同创新能力和成果转化能力。

(十) 构建标准及检测体系

加快构建覆盖基础通用、数据、产品、服务、管理、检测计量等方面的智慧健康养老标准体系。指导和支持标准组织、行业协会等研制行业急需标准,协同推进智能产品、信息系统平台、养老服务和健康服务标准的制定,推动信息系统平台互联互通,促进终端产品的集成应用,鼓励开展优秀标准应用示范。搭建智慧健康养老标准及检测公共服务平台。支持第三方机构面向智能产品,研究制定测试规范和评价方法,开展检验检测及适老化认证服务。

第二节　用地用房保障

为合理规划养老服务设施空间布局,切实保障养老服务设施用地,促进养老服务发展,2019 年 11 月自然资源部发布《关于加强规划和用地保障支持养老服务发展的指导意见》(自然资规〔2019〕3 号),对养老服务用地保障做出具体规定。2024 年 1 月,国务院办公厅发布《关于发展银发经济增进老年人福祉的意见》(国办发〔2024〕1 号),进一步提出要科学编制供地计划,保障养老服务设施和银发经济产业用地需求;新建居住区按照人均用地不少于0.1 平方米的标准分区分级规划设置社区养老服务设施,老旧小区要因地制宜补足配齐,常住人口达到中度以上老龄化的县(市、区)应上调新建居住区配建标准;在确保安全的前提下,支持利用闲置商业、办公、工业、仓储等存量场所改建养老服务设施;经规划实施评估论证的存量空间,可依法适当增加容积率,完善城市服务功能。

一、支持养老服务发展的用地保障

(一) 合理界定养老服务设施用地

1. 明确养老服务设施用地范围　养老服务设施用地是指专门为老年人提供生活照料、康复护理、托管照护、医疗卫生等服务的房屋和场地设施所使用的土地,包括敬老院、老年养护院、养老院等机构养老服务设施的用地,养老服务中心、日间照料中心等社区养老服务设施的用地等。

2. 依法依规确定土地用途和年期　供应养老服务设施用地,应当依据详细规划,对照《土地利用现状分类》国家标准确定土地用途,根据法律法规和相关文件的规定,确定土地使用权出让年期等。养老服务设施与其他功能建筑兼容使用同一宗土地的,根据主用途确定该宗地土地用途和土地使用权出让年期。对土地用途确定为社会福利用地,以出让方式供应的,出让年限不得超过 50 年;以租赁方式供应的,租赁年限不得超过 20 年。

(二) 统筹规划养老服务设施用地空间布局

1. 保障养老服务设施规划用地规模　各地要强化国土空间规划统筹协调作用,落实"多规合一",在编制市、县国土空间总体规划时,应当根据本地区人口结构、老龄化发展趋势,因地制宜提出养老服务设施用地的规模、标准和布局原则。对现状老龄人口占比较高和老龄化趋势较快的地区,应适当提高养老服务设施用地比例。各级自然资源主管部门在组织对国土空间总体规划进行审查时要严格把关,确保养老服务设施用地规模达标、布局合理。

2. 统筹落实养老服务设施规划用地　编制详细规划时,应落实国土空间总体规划相关要求,充分考虑养老服务设施数量、结构和布局需求,对独立占地的养老服务设施要明确位置、指标等,对非独立占地的养老服务设施要明确内容、规模等要求,为项目建设提供审核依据。新建城区和新建居住(小)区要按照相应国家标准规范,配套建设养老服务设施,并与住宅同步规划、同步建设、同步验收。已建成城区养老服务设施不足的,应结合城市功能优化和有机更新等统筹规划,支持盘活利用存量资源改造为养老服务设施,保证老年人就近养老需求。

3. 严格养老服务设施规划许可和核实　市、县自然资源主管部门要严格审查新建住宅项目的建设工程设计方案等,对不符合规划条件、养老服务设施规划设计标准和规范要求的,不予核发建设工程规划许可证,不予通过规划核实。

(三) 保障和规范养老服务设施用地供应

1. 规范编制养老服务设施供地计划　市、县自然资源主管部门应当根据本地区养老服务需求,分阶段供应国土空间总体规划和详细规划确定的养老服务设施用地,并落实到年度建设用地供应计划,做到应保尽保。具备条件的地区,可在建设用地供应计划中明确拟供应养老服务设施用地的宗地位置、面积、用途等。涉及新增建设用地的,在土地利用年度计划中优先予以安排。

2. 明确用地规划和开发利用条件　敬老院、老年养护院、养老院等机构养老服务设施用地一般应单独成宗供应,用地规模原则上控制在 3 公顷以内。出让住宅用地涉及配建养老服务设施的,在土地出让公告和合同中应当明确配建、移交的养老服务设施的条件和要求。鼓励养老服务设施用地兼容建设医卫设施,用地规模原则上控制在 5 公顷以内,在土地出让时,可将项目配套建设医疗服务设施要求作为土地供应条件并明确不得分割转让。

3. 依法保障非营利性养老服务机构用地　市、县自然资源主管部门应结合养老服务设施用地规划布局和建设用地供应计划统筹安排,充分保障非营利性养老服务机构划拨用地需求。以划拨方式取得国有建设用地使用权的,非营利性养老服务机构可凭登记机关发给的社会服务机构登记证书和其他法定材料,向所在地的市、县自然资源主管部门提出建设用地规划许可申请,经有建设用地批准权的人民政府批准后,市、县自然资源主管部门同步核发建设用地规划许可证、国有土地划拨决定书。鼓励非营利性养老服务机构以租赁、出让等有偿使用方式取得国有建设用地使用权,支持政府以作价出资或者入股方式提供土地,与社会资本共同投资建设养老服务项目。

4. 以多种有偿使用方式供应养老服务设施用地　对单独成宗供应的营利性养老服务设施用地,应当以租赁、先租后让、出让方式供应,鼓励优先以租赁、先租后让方式供应。国有建设用地使用权出让(租赁)计划公布后,同一宗养老服务设施用地只有一个意向用地者的,市、县自然资源主管部门可按照协议方式出让(租赁);有两个以上意向用地者的,应当采取招标、拍卖、挂牌方式出让(租赁)。

5. 合理确定养老服务设施用地供应价格　以出让方式供应的社会福利用地,出让底价可按不低于所在级别公共服务用地基准地价的 70% 确定;基准地价尚未覆盖的地区,出让底价不得低于当地土地取得、土地开发客观费用与相关税费之和。以租赁方式供应的社会福利用地,由当地人民政府制定最低租金标准,并在土地租赁合同中明确租金调整的时间间隔和调整方式。

6. 规范存量土地改变用途和收益管理　土地使用权人申请改变存量土地用途用于建设养老服务设施,经审查符合详细规划的,市、县自然资源主管部门应依法依规办理土地用途改变手续。建成的养老服务设施由非营利性养老机构使用的,原划拨土地可继续划拨使用,原有偿使用的土地可不增收改变规划条件的地价款等;不符合划拨条件的,原划拨使用的土地,经市、县人民政府批准,依法办理有偿使用手续,补缴土地出让价款;原有偿使用的土地,土地使用权人可以与市、县自然资源主管部门签订国有建设用地有偿使用合同变更协议或重新签订合同,调整有偿使用价款。

7. 利用存量资源建设养老服务设施实行过渡期政策 鼓励利用商业、办公、工业、仓储存量房屋以及社区用房等举办养老机构,所使用存量房屋在符合详细规划且不改变用地主体的条件下,可在五年内实行继续按土地原用途和权利类型适用过渡期政策;过渡期满及涉及转让需办理改变用地主体手续的,新用地主体为非营利性的,原划拨土地可继续以划拨方式使用,新用地主体为营利性的,可以按新用途、新权利类型、市场价格,以协议方式办理,但有偿使用合同和划拨决定书以及法律法规等明确应当收回土地使用权的情形除外。

8. 支持利用集体建设用地发展养老服务设施 农村集体经济组织可依法使用本集体经济组织所有的建设用地自办或以建设用地使用权入股、联营等方式与其他单位和个人共同举办养老服务设施。符合国土空间规划和用途管制要求、依法取得的集体经营性建设用地,土地所有权人可以按照集体经营性建设用地的有关规定,依法通过出让、出租等方式交由养老服务机构用于养老服务设施建设,双方签订书面合同,约定土地使用的权利义务关系。鼓励盘活利用乡村闲置校舍、厂房等建设敬老院、老年活动中心等乡村养老服务设施。

(四) 加强养老服务设施用地服务和监管

1. 规范养老服务设施登记 单独成宗的养老服务设施用地应当整宗登记,不得分割登记。新建住宅小区配套养老服务设施竣工后办理首次登记的,配套养老服务设施依据有关规定或者约定正式移交后办理转移登记的,营利性养老机构以有偿取得的土地、设施等资产进行抵押、商业银行向产权明晰的民办养老机构发放资产(设施)抵押贷款办理不动产抵押登记的,整合闲置设施改造为养老服务设施需要办理不动产登记的,不动产登记机构应积极予以办理。

2. 严格限制养老服务设施用地改变用途 详细规划确定的养老服务设施用地,未经履行法定修改程序不得随意改变土地用途。养老服务机构因自身原因不再使用养老服务设施用地,属于划拨用地的,由市、县政府收回国有建设用地使用权,根据其取得成本、地上建筑物价格评估结果对原土地使用权人给予补偿;属于有偿方式用地的,可以整体转让继续用于养老服务,原土地有偿使用合同中约定的义务由受让人承担,或者由政府收回国有建设用地使用权并给予合理补偿。

3. 加强养老服务设施规划和用地监管 市、县自然资源主管部门应当在国有建设用地使用权出让合同或划拨决定书中明确配建养老服务设施的面积、开发投资条件和开发建设周期,以及建成后交付、运营、管理、监管方式等。各级自然资源部门要积极参与跨部门养老服务综合监管制度建设,与相关部门建立养老服务设施规划和用地协同监管机制。养老服务机构用地情况应当纳入土地市场信用体系,实施守信激励、失信惩戒。

二、发展养老服务具体活动的用地用房保障

(一) 发展老年助餐服务的用地用房保障

2023 年 10 月,民政部、国家发展改革委、财政部等发布的《积极发展老年助餐服务行动方案》(民发〔2023〕58 号)提出,在新建城区和居住区配套建设养老服务设施、老城区和已建成居住区补齐养老服务设施工作中,同步解决老年助餐服务设施建设或场地使用问题。

支持老年助餐服务设施与社区综合服务设施、便民商业服务设施、生活性服务业资源统筹利用、共建共享。可按规定履行相关国有资产管理程序后,通过调剂、出租、转让等方式将机关和事业单位闲置房产用于开展老年助餐服务。鼓励有条件的地方对将现有设施场地改扩建用于老年助餐服务的,给予相应补贴和支持。

(二) 促进养老托育服务的用地用房保障

《国务院办公厅关于养老托育服务健康发展的意见》(国办发〔2020〕52号)提出,在年度建设用地供应计划中保障养老托育用地需求,并结合实际安排在合理区位。调整优化并适当放宽土地和规划要求,支持各类主体利用存量低效用地和商业服务用地等开展养老托育服务。在不违反国家强制性标准和规定前提下,各地可结合实际制定存量房屋和设施改造为养老托育场所设施的建设标准、指南和实施办法。建立健全"一事一议"机制,定期集中处置存量房屋和设施改造手续办理、邻避民扰等问题。在城市居住社区建设补短板和城镇老旧小区改造中统筹推进养老托育服务设施建设,鼓励地方探索将老旧小区中的国企房屋和设施以适当方式转交政府集中改造利用。支持在社区综合服务设施开辟空间用于"一老一小"服务,探索允许空置公租房免费提供给社会力量,供其在社区为老年人开展助餐助行、日间照料、康复护理、老年教育等服务。支持将各类房屋和设施用于发展养老托育,鼓励适当放宽最长租赁期限。非独立场所按照相关安全标准改造建设托育点并通过验收的,不需变更土地和房屋性质。

(三) 物业服务企业发展居家社区养老服务的用地用房保障

2020年,住房和城乡建设部、国家发展和改革委员会、民政部等部门发布《住房和城乡建设部等部门关于推动物业服务企业发展居家社区养老服务的意见》(建房〔2020〕92号),对推动物业服务企业发展居家社区养老服务做出具体规定。

1. 盘活小区既有公共房屋和设施　清理整合居住小区内各类闲置和低效使用的公共房屋和设施,经业主共同决策同意,可交由物业服务企业统一改造用于居家社区养老服务;政府所有的闲置房屋和设施,由房屋管理部门按规定履行程序后,可交由物业服务企业用于居家社区养老服务。鼓励物业服务企业与房地产开发企业协商,将开发企业自持的房屋改造为养老服务用房,允许按照适老化设计要求优化户均面积、小区车位配比等指标,相关建设工程应符合国家工程建设消防技术标准和消防安全管理要求。

2. 保障新建居住小区养老服务设施达标　新建居住小区应落实居家社区养老服务设施规划建设要求,按照相关政策和标准配套建设居家社区养老服务设施,并与住宅同步规划、同步建设、同步验收、同步交付使用。对缓建、缩建、停建、不建养老服务设施的项目,在整改到位之前不得组织竣工验收。支持利用集体建设用地发展养老服务设施。加强居家社区养老服务设施设计、施工、验收、备案等环节的监督管理,保障设施建设达标。

3. 加强居家社区养老服务设施布点和综合利用　按照集中和分散兼顾、独立和混合使用并重的原则,完善居家社区养老服务设施布点。在老年人较多的若干相邻小区,集中建设老年服务中心,可交由物业服务企业为老年人提供全托、日托、上门、餐饮、文体、健身等方面的服务,提高养老设施使用效率。因地制宜多点布局小型养老服务点,作为居家社区养老服务中心的有效补充,方便小区老年人就地就近接受服务。

4. 推进居家社区适老化改造　支持物业服务企业根据老年人日常生活和社会交往需要,进行增设无障碍通道、加装电梯等设施适老化改造,以及提供地面防滑、加装扶手、消除地面高差等居家社区适老化改造。

(四) 支持医养结合的用地用房保障

2019年10月,国家卫生健康委等部门发布《关于深入推进医养结合发展的若干意见》

(国卫老龄发〔2019〕60号),提出各地在编制国土空间规划时,要统筹考虑医养结合发展,做好用地规划布局,切实保障医养结合机构建设发展用地。非营利性医养结合机构可依法使用国有划拨土地,营利性医养结合机构应当以有偿方式用地。鼓励地方完善社区综合服务设施运维长效机制,对使用综合服务设施开展医养结合服务的,予以无偿或低偿使用。鼓励符合规划用途的农村集体建设用地依法用于医养结合机构建设。

在不改变规划条件的前提下,允许盘活利用城镇现有空闲商业用房、厂房、校舍、办公用房、培训设施及其他设施提供医养结合服务,并适用过渡期政策,五年内继续按原用途和权利类型使用土地;五年期满及涉及转让需办理相关用地手续的,可按新用途、新权利类型、市场价,以协议方式办理用地手续。由非营利性机构使用的,原划拨土地可继续划拨使用。

第三节　财政金融支持

养老产业发展离不开财政金融政策的支持。2024年1月,国务院办公厅发布《关于发展银发经济增进老年人福祉的意见》(国办发〔2024〕1号),提出围绕银发经济优化中央预算内投资相关专项使用范围,支持符合条件的新建养老服务设施搭载信息化管理系统和推广使用智能化人工替代设备;通过地方政府专项债券支持符合条件的银发经济产业项目;用好普惠养老专项再贷款,对符合条件的公益型普惠型养老机构运营、居家社区养老体系建设、纳入相关目录的老年产品制造企业等,按照市场化原则提供信贷支持;鼓励各类金融机构在坚守职能定位、依法依规的前提下,加大对养老服务设施、银发经济产业项目建设的支持力度。

一、财政支持政策

2016年,财政部发布《关于中央财政支持开展居家和社区养老服务改革试点工作的通知》(民函〔2016〕200号),通过中央资金引导,鼓励地方加大政策创新和资金投入力度,统筹各类资源,优化发展环境,形成比较完备的居家和社区养老服务发展环境和推动机制,试点资金以打造居家和社区养老服务发展软环境和软实力为主,硬件设施建设为辅。2021年,国务院印发《"十四五"国家老龄事业发展和养老服务体系规划》(国发〔2021〕35号),要求民政部本级和地方各级政府用于社会福利事业的彩票公益金要加大倾斜力度,自2022年起将不低于55%的资金用于支持发展养老服务。2023年10月,民政部、财政部发布《关于组织开展中央财政支持经济困难失能老年人集中照护服务工作的通知》,提出通过中央财政困难群众救助补助资金渠道安排资金,对入住养老机构的经济困难失能老年人给予救助,并对收住经济困难失能老年人的养老机构结合绩效考核结果予以适当补助;救助对象为已纳入最低生活保障范围,且经评估为完全失能等级并自愿入住养老机构的老年人;各地要结合辖区养老机构基本服务成本确定养老机构收住经济困难失能老年人的最高收费标准,原则上不得高于当地集中供养特困人员基本生活标准及全护理照料标准的总和。

二、税费优惠政策

2015年,国家发展改革委、民政部发布《关于规范养老机构服务收费管理促进养老服务业健康发展的指导意见》(发改价格〔2015〕129号),明确所有养老机构用电、用水、用气、用热按居民生活类价格执行；政府及相关部门要严格按照国家统一规定，对非营利性养老机构建设免征有关行政事业性收费，对营利性养老机构建设要减半征收有关行政事业性收费，对养老机构提供养老服务也要适当减免行政事业性收费。2019 年 6 月，为支持养老、托育、家政等社区家庭服务业发展，财政部、税务总局、发展改革委、民政部、商务部、卫生健康委发布《关于养老、托育、家政等社区家庭服务业税费优惠政策的公告》提出，为社区提供养老、托育、家政等服务的机构，提供社区养老、托育、家政服务取得的收入，免征增值税；提供社区养老、托育、家政服务取得的收入，在计算应纳税所得额时，减按 90% 计入收入总额；承受房屋、土地用于提供社区养老、托育、家政服务的，免征契税；用于提供社区养老、托育、家政服务的房产、土地，免征不动产登记费、耕地开垦费、土地复垦费、土地闲置费；用于提供社区养老、托育、家政服务的建设项目，免征城市基础设施配套费；确因地质条件等原因无法修建防空地下室的，免征防空地下室易地建设费；为社区提供养老、托育、家政等服务的机构自有或其通过承租、无偿使用等方式取得并用于提供社区养老、托育、家政服务的房产、土地，免征房产税、城镇土地使用税。

三、金融支持政策

2016 年 3 月，中国人民银行、民政部发布《关于金融支持养老服务业加快发展的指导意见》（银发〔2016〕65 号），提出积极应对人口老龄化，大力推动金融组织、产品和服务创新，改进完善养老领域金融服务，加大对养老服务业发展的金融支持力度，促进社会养老服务体系建设。

（一）大力完善促进居民养老和养老服务业发展的多层次金融组织体系

1. 创新专业金融组织形式　支持有条件的金融机构优化整合资源，提高养老领域金融服务水平。鼓励金融机构将支持养老服务业、发展个人养老相关的金融业务和战略转型相结合，探索建立养老金融事业部制。支持金融机构在符合条件的地区或分支机构组建服务养老的金融发展专业团队、特色分（支）行等多种形式的金融服务专营机构，提升金融服务专业化水平。

2. 支持各类金融组织开展养老领域金融业务　鼓励银行、证券、保险、基金等各类金融机构积极应对老龄化社会发展要求，优化内部组织架构和管理体制，增强养老领域金融服务能力。鼓励金融租赁公司开发适合养老服务业特点、价格公允的产品，提供融资租赁等金融服务。鼓励信托公司利用信托制度优势，积极开发各类附带养老保障的信托产品，满足居民养老领域金融服务需求，支持养老服务业发展。

3. 积极培育服务养老的金融中介体系　鼓励金融机构创新与融资担保机构合作模式，以政府性融资担保机构为主，引导各类融资担保机构加大对养老服务业的支持力度。积极引导征信机构、信用评级机构面向养老服务业开展征信、评级服务，鼓励银行与征信机构、信用评级机构合作，实施对养老服务机构的分类扶持。支持发展与养老领域金融创新相适应的法律、评估、会计等中介服务机构，鼓励金融机构与养老信息和智慧服务平台合作，运用"互联网+"大数据资源，提供更高效的金融服务。

（二）积极创新适合养老服务业特点的信贷产品和服务

1. 完善养老服务业信贷管理机制　鼓励银行业金融机构根据养老服务业发展导向和经营特点，专门制定养老服务业信贷政策，开发针对养老服务业的特色信贷产品，建立适合养老服务业特点的授信审批、信用评级、客户准入和利率定价制度，为养老服务业提供差异化信贷支持。鼓励银行业金融机构与民政部门、行业协会等合作开展养老信贷专项培训，提升信贷服务专业化水平。

2. 加快创新养老服务业贷款方式 鼓励银行业金融机构创新承贷主体,对企业或个人投资设立的养老服务机构,在风险可控的前提下,可以向投资企业或个人作为承贷主体发放贷款。对符合条件的个人投资设立小型养老服务机构,或招用员工比例达到政策要求的小微养老服务企业,积极利用创业担保贷款政策给予支持。对建设周期长、现金流稳定的养老服务项目,鼓励银行业金融机构适当延长贷款期限,灵活采取循环贷款、年审制、分期分段式等多种还款方式。

3. 拓宽养老服务业贷款抵押担保范围 鼓励银行业金融机构探索以养老服务机构有偿取得的土地使用权、产权明晰的房产等固定资产为抵押,提供信贷支持。鼓励银行业金融机构积极开展应收账款、动产、知识产权、股权等抵质押贷款创新,满足养老服务企业多样化融资需求。有条件的地区在风险可控、不改变养老机构性质和用途的前提下,可探索养老服务机构其他资产抵押贷款的可行模式。

(三)推动完善养老保险体系建设

1. 完善多层次社会养老保险体系 进一步完善由基本养老保险、企业年金、职业年金、商业养老保险等组成的多层次、多支柱的养老保险体系。推进公平、统一、规范的城乡居民基本养老保险制度建设,发挥社会保险保障基本生活的重要作用。大力拓展企业年金、商业团体养老保险等企业补充养老保险,促进企业补充养老保险进一步向中小企业覆盖。推动商业养老保险逐步成为个人和家庭商业养老保障计划的主要承担者、企业发起的养老健康保障计划的重要提供者、社会保险市场化运作的积极参与者,支持有条件的企业建立商业养老健康保障计划,促使商业保险成为社会养老保障体系的重要支柱。

2. 加快保险产品和服务方式创新 开展个人税收递延型商业养老保险试点,继续推进老年人住房反向抵押养老保险试点,发展独生子女家庭保障计划,丰富商业养老保险产品。积极开发长期护理保险、健康保险、意外伤害保险等保险产品,助推养老、康复、医疗、护理等服务有机结合。鼓励有条件的地区由政府使用医保基金账户结余统一为参保人购买护理保险产品,探索建立长期护理保险制度,积极探索多元化保险筹资模式,保障老年人长期护理服务需求。支持保险公司发展农民养老健康保险、农村小额人身保险等普惠保险业务。大力发展养老机构综合责任保险,为养老机构运营提供风险保障。

3. 创新保险资金运用方式 积极借鉴国际经验,在符合投向要求、有效分散风险的前提下,推动基本养老保险基金、全国社会保障基金、企业年金基金、职业年金基金委托市场化机构多种渠道开展投资,实现资金保值增值,提升服务能力。发挥保险资金长期投资优势,以投资新建、参股、并购、租赁、托管等方式,兴办养老社区和养老服务机构。鼓励保险公司在风险可控的前提下,通过股权、债权、基金、资产支持计划、保险资产管理产品等多种形式,为养老服务企业及项目提供中长期、低成本的资金支持。

(四)提高居民养老领域的金融服务能力和水平

1. 增强老年群体金融服务便利性 鼓励金融机构优化网点布局,进一步向养老社区、老年公寓等老年群体较为集中的区域延伸服务网点,提高金融服务的可得性。支持金融机构对营业网点进行亲老适老化改造,加强助老设备、无障碍设施建设,开辟老年客户服务专区,提供敬老服务专窗、绿色通道等便捷服务,为老年客户营造便捷、安全、舒适的服务环境。鼓励银行业金融机构优化老年客户电话银行服务流程。

2. 积极发展服务居民养老的专业化金融产品 鼓励银行、证券、信托、基金、保险等各类金融机构针对不同年龄群体的养老保障需求,积极开发可提供长期稳定收益、符合养老跨生命周期需求的差异化金融产品。大力发展养老型基金产品,鼓励个人通过各类专业化金融产品投资增加财产性收入,提高自我养老保障能力。加快老年医疗、健身、娱乐、旅游等领域消费信贷、信托产品创新。鼓励银行业金融机构探索住房反向抵押贷款业务。鼓励金融机构积极探索代际养老、预防式养老、第三方付费养老等养老模式和产品,提高居民养老财富储备和养老服务支付能力。

3. 不断扩展金融服务内容 金融机构要积极介入社会保障、企业年金、养老保障与福利计划等业务,做好支付结算、账户管理、托管和投资等基础服务。鼓励银行业金融机构发行为老年群体提供特定服务的银行卡等非现金支付工具,适当减免开卡工本费、年费、小额账户管理费等费用,探索提供商户优惠、医疗健康、休闲娱乐、教育咨询、法律援助等配套增值服务。加强老年金融消费者教育和权益保护,加大理财产品等新型金融业务的宣传和普及力度,拓展老年人金融知识,银行业金融机构对老年人办理大额转账等业务应及时提醒查阅,在面向老年人销售保险、理财产品时,应严格遵守有关规定,不得误导销售或错误销售。

第四节 养老服务人才队伍建设

养老服务人才是指具有一定养老服务专业知识和专门技能,为在居家、社区、机构等不同场景养老的老年人提供生活照料、康复服务、紧急救援、精神慰藉、心理咨询等多种形式服务的专门人员,是养老服务从业人员中的骨干力量,主要包括养老服务技能人才、养老服务专业技术人才和养老服务经营管理人才。

加强养老服务人才队伍建设,有利于引领和带动整个养老从业人员队伍素质的提升,是实施积极应对人口老龄化国家战略和新时代人才强国战略、推动新时代新征程养老服务高质量发展的重要举措。为贯彻落实党的二十大精神和《中共中央国务院关于加强新时代老龄工作的意见》《"十四五"国家老龄事业发展和养老服务体系规划》等部署要求,加强养老服务人才队伍建设,2024 年 1 月 29 日,民政部等部门联合发布了《关于加强养老服务人才队伍建设的意见》。

一、拓宽养老服务人才来源渠道

(一)引导人才到养老服务领域就业创业

结合养老服务岗位特点拓宽用工渠道,落实就业创业扶持政策,支持符合条件的人才到养老服务领域就业创业,对到农村等养老服务基础薄弱地区的加大支持力度。发挥院校培养养老服务人才主渠道作用,支持引导更多职业院校(含技工院校,下同)和普通本科高校养老服务相关专业毕业生对口从事养老服务工作。支持养老服务机构积极参加百万就业见习岗位募集计划,开发针对性就业见习岗位。支持多渠道引进社会工作、康复服务、老年营养、心理咨询等方面专业技术人才及经营管理人才,提升居家社区机构养老服务综合能力和技术水平。支持人口老龄化程度较高、养老服务人才供给不足地区与劳务输出大省开展劳务协作,注重吸纳脱贫人口和防止返贫监测对象到养老服务岗位就业,促进养老服务人才跨地区有序流动。针对农村地区养老服务人才短缺实际,加大政策支持力度,引导更多有能力、有意愿的村民和农村低龄老年人参与提供养老服务,吸引更多养老服务人才返乡入乡就业创业。

(二)支持跨行业跨领域人才流动

支持养老服务机构与家政服务、物业服务等机构开展合作,引导相关人才转型从事养老

笔记栏

护理相关工作。支持医务人员到医养结合机构(同时具备医疗卫生资质和养老服务能力的医疗卫生机构或养老机构)执业,并在职称评定等方面享受与其他医疗卫生机构人员同等待遇。支持养老服务机构依照有关规定引进医务人员,事业单位性质的养老服务机构要加大公开招聘力度。积极吸纳退休的医生、护士到养老服务机构内设的医疗机构执业或提供技术指导、技能培训。广泛培养服务于老年人生活照料、健康维护、精神慰藉、法律援助、休闲娱乐等方面的志愿者队伍,鼓励低龄健康老年人积极参与,把老有所为和老有所养相结合,为增加养老服务人才资源提供有益补充。

二、提升养老服务人才素质能力

(一) 加强专业教育培养

大力发展养老服务职业教育,结合行业发展需求,支持职业院校开设养老护理、养老服务与管理、康复、老年营养、老年社会工作、老年用品研发制造等相关专业,特别是要侧重失能失智照护等急需紧缺领域,完善学科体系,优化专业布局,扩大招生规模。整合优质高职资源,稳步发展养老服务职业本科教育。加强普通高校本科及以上层次养老服务人才培养,加大对养老服务相关专业建设的支持力度,支持相关专业硕士、博士学位授权点建设,为养老服务行业培养输送更多高层次人才。积极推动养老服务人才培养培训模式创新,鼓励职业院校、普通高校与养老服务机构互设实习实训基地、培养培训基地,积极探索中国特色学徒制,提高"订单式"培养质量。鼓励符合条件的养老服务机构参与举办养老服务类职业院校。支持养老服务机构依托职业院校共建产教融合实训基地,中央预算内投资按照"十四五"教育强国推进工程有关要求予以支持。鼓励支持农村地区养老服务机构采取委托培养、联合培养等产教融合方式,引导职业院校相关专业毕业生到农村地区从事养老服务。

(二) 强化技术技能培训

强化用人单位主体责任,采取集中轮训、岗位练兵、网络培训等多种方式,持续提升养老服务人才能力素质。以实际操作技能和职业道德培训为重点,全面推行就业岗前培训。持续实施职业技能提升培训,将法律知识、职业道德、从业规范、质量意识、健康卫生等要求贯穿养老服务人才职业生涯全过程。支持建设一批以养老服务技能人才为主要培养方向的国家级高技能人才培训基地。鼓励相关院校为养老服务人才学历和非学历继续教育提供机会。用人单位要保障本单位职工参加继续教育的权利。用人单位安排职工参加继续教育的,应保障其学习期间的相关待遇,建立继续教育与工作考核、岗位聘用、职称评聘等挂钩的激励机制。开展养老服务人才培训提升行动,重点对养老护理员、养老院院长、老年社会工作者等进行培训。探索对村级睦邻(邻里)互助点、农村幸福院等的养老服务从业人员开展职业技能培训。

三、健全养老服务人才评价机制

(一) 拓宽职业发展通道

以养老护理员为试点,完善养老服务技能人才职业技能等级制度,支持具备条件的养老服务企业在现有养老服务技能人才职业技能等级设置基础上,结合实际适当增加或调整技能等级,在高级技师等级之上增设特级技师和首席技师技术职务(岗位),在初级工之下补设学徒工,形成由学徒工、初级工、中级工、高级工、技师、高级技师、特级技师、首席技师构成的新八级工职业技能等级(岗位)序列,培养更多高级别职业技能等级的养老服务技能人才。建立养老服务职业技能等级与相应职称、学历的双向比照认定制度,推进学历教育、非学历教育学习成果与职业技能等级学分转换互认。根据行业发展需要,推进养老服务职业体系建设,加强新职业开发和新工种设置,同步制(修)订相关国家职业标准或行业企业评价规范,为职业技能培训评价提供基本依据。畅通养老服务专业技术人才职业发展通道和评价办法。

> 📖 **拓展阅读**
>
> ### 江苏发布全国首个养老护理专业技术职称体系
>
> 2023年7月,江苏省专业技术人员职称(职业资格)工作领导小组印发《江苏省养老护理专业技术资格条件(试行)》,在全国率先建立养老护理专业技术职称体系。根据《江苏省养老护理专业技术资格条件(试行)》,考虑养老护理与卫生健康工作的关联性和融通性,将养老护理专业技术资格作为卫生系列的二级子系列,设初级、中级、副高级三个层次,对应名称依次为养老护理师、主管养老护理师、副主任养老护理师。在评审条件方面,综合考虑养老护理人才的学历资历、专业能力和业绩成果,在注重养老服务理论水平的同时突出一线护理实绩。在评价标准方面,根据养老护理工作特点,倡导理论与实践相结合,突出学历条件、护理水平、工作时长以及参与行业标准制定、项目运营管理等方面的评价标准。

(二)推进职业水平评价

以养老护理员为试点,加快完善养老服务技能人才职业技能等级社会化认定机制,规范职业技能等级认定机构遴选确定、考核认定和证书颁发。养老服务行业主管部门会同人力资源社会保障部门统筹社会培训评价资源,征集遴选符合资质的单位机构,报经人力资源社会保障部门备案成为职业技能等级认定机构,由其按照国家职业标准相关要求,开展考核认定工作。职业技能等级证书由人力资源社会保障部统一制定编码规则和证书样式,实现全国范围内查询验证。支持符合条件的用人单位自主开展养老服务技能人才职业技能等级评价。推进养老服务领域"学历证书+若干职业技能等级证书"制度实施。职业技能等级认定结果要与岗位使用有效衔接,并作为薪酬分配的重要参考。加强对第三方评价机构和用人单位评价活动的监督管理,定期组织评估,公开评估结果,按照"谁评价、谁负责、谁发证"的原则,落实评价机构和用人单位主体责任。支持养老服务机构积极吸纳使用社会工作专业人才,鼓励现有养老服务从业人员积极参加社会工作者职业资格评价和学历教育。鼓励在养老服务机构工作的老年社会工作者积极参加高级社会工作师评价并取得职业资格,更好发挥高层次人才示范带动作用。

四、重视养老服务人才使用管理

(一)优化岗位配置

引导各类养老服务机构根据功能定位、目标群体、服务特色等,优化管理、专业技术、工勤技能等岗位配置。推动养老服务机构按照评定等级落实养老服务技能人才配比要求,特别是服务失能失智老年人的照护人才配比。根据需要设置医疗、康复、社会工作、营养、心理咨询等专业技术岗位,配备具有相应职业资格的专业技术人才。支持配强养老院院长和人力资源、财务、质量等方面管理岗位,积极拓展养老顾问等岗位,探索引进职业经理人,着力打造一批懂养老、会运营、擅管理的养老服务经营管理人才,引领提升机构质量管理、规范运营、风险防控能力。依规配齐消防安全、食品安全、物业保障、维修维护、信息管理等工勤岗位。

（二）健全人才使用机制

进一步畅通养老服务机构中的技能骨干向专业技术岗位或管理岗位的流动渠道。鼓励技师以上养老服务技能人才在岗位上发挥技能、管理班组、带徒传技。鼓励在养老服务机构等级评定、质量评价、补贴支持等工作中，加大取得职业技能等级证书的养老服务技能人才配置情况所占评价权重，并将其作为养老服务机构参与政府购买服务、项目合作招投标的重要评价指标。鼓励养老服务机构通过内设专业社会工作科室、设置专门岗位或与社会工作服务机构、乡镇（街道）社工站合作等方式，支持社会工作专业人才为老年人提供心理疏导、社会融入、资源链接等服务。事业单位性质的养老服务机构原则上设置以专业社会工作岗位为主体的专业技术岗位。到 2025 年，推动实现每千名老年人、每百张养老机构床位均拥有 1 名社会工作者。鼓励养老服务机构设立志愿服务站点，合理安排服务岗位，招募志愿者为老年人提供常态化志愿服务。

（三）加强人才规范管理

大力开展养老服务人才职业道德教育和养老服务机构诚信经营教育，督促养老服务机构制定员工守则，引导其养成良好品行、提升服务水平，培育安全可靠、值得信赖的养老服务市场环境。发挥养老服务领域行业组织自律作用，制定行业职业道德准则，规范职业行为，积极协调解决养老服务纠纷。建立健全养老服务人才失信惩戒和守信褒扬机制，大力培树诚信经营、爱岗敬业、技能突出、尊老爱老的行业先进典型，依法依规从严惩处欺老虐老、非法集资诈骗等侵害老年人合法权益的行为。对于涉嫌严重违法失信的，依法依规开展失信惩戒。

五、完善养老服务人才保障激励措施

（一）提高薪酬保障水平

坚持多劳者多得、技高者多得，引导养老服务机构建立基于岗位价值、能力素质、业绩贡献的薪酬分配制度，切实提高养老服务人才薪酬待遇。指导有条件的地区调查发布养老服务人才市场工资价位信息，引导养老服务机构综合考虑从业年限、劳动强度、技能水平等因素，合理确定养老服务人才工资水平，并将工资分配向从事一线工作的员工倾斜。按规定落实养老服务从业人员职业培训补贴、职业技能补贴等政策。强化养老服务机构规范用工意识，依法与员工签订劳动合同或聘用合同，严格按规定参加社会保险。鼓励养老服务机构为员工购买人身意外伤害险或补充医疗保险；积极引进科技助老产品和服务，减轻员工劳动强度、改善工作条件。支持各地探索将养老服务高技能人才纳入城市直接落户范围，其配偶、子女按有关规定享受公共就业、教育、住房等保障服务。养老服务机构劳务派遣人员享受与养老服务机构劳动者同工同酬权利，并按规定享受相应政策待遇。

（二）加大褒扬激励力度

按照国家有关规定开展养老服务先进单位和先进个人表彰活动，表彰对象向基层养老服务机构和一线员工倾斜。定期举办国家级养老护理职业技能竞赛，在全国技能大赛、全国民政行业职业技能竞赛中可设置养老护理等赛项，获奖者按规定享受相应待遇。推动省、市、县开展相关职业技能竞赛活动，完善并落实获奖选手奖励、技能等级晋升等政策。支持符合条件的养老服务技能人才按程序申报建设技能大师工作室。鼓励各地组织开展"最美养老服务工作者"学习宣传活动，大力宣传养老服务人才先进事迹和职业精神，提升养老服务人才职业尊崇感和社会认同度。

复习思考题

1. 简述智慧健康服务体系建设的重点发展项目。
2. 简述按照居民生活类价格执行的养老机构费用项目。
3. 简述养老服务人才的分类。

第十三章

老龄公益慈善事业和涉老社会组织政策法规

笔记栏

ER-13-1

PPT 课件

学习目标

知识目标

掌握公益事业捐赠、慈善活动和涉老社会组织的相关管理规定,熟悉养老志愿服务、彩票公益金支持养老服务的相关政策,了解常见的涉老社会组织分类、特征与作用。

能力目标

树立投身公益慈善活动、参与养老志愿服务的意识并付出实际行动;能在实践中灵活运用涉老社会组织相关规定。

素质目标

具备孝老敬老助老思维,培育崇尚和谐互助的社会氛围。

课程思政目标

促进青年志愿者践行社会主义核心价值观,积极参与养老志愿服务。

公益慈善事业是社会文明进步的重要标志,是第三次分配的主要形式。当前我国社会对公益慈善事业关注度越来越高,参与度也越来越高。老龄公益慈善事业和志愿服务的发展离不开完善的政策法规支撑。随着人口老龄化程度的加深,我国各类涉老社会组织快速发展,成为养老服务的重要力量,在社会治理中发挥重要作用。我国先后出台相关政策法规,规范社会组织管理,激发社会组织活力,为新时期涉老社会组织发展指明了方向。

第一节　老龄公益慈善

目前我国登记认定的慈善组织超过 1.3 万家,慈善捐赠规模稳步增长,慈善制度不断完善,公益慈善在养老服务中发挥积极作用。党的二十大报告明确指出,要引导、支持有意愿有能力的企业、社会组织和个人积极参与公益慈善事业,建设人人有责、人人尽责、人人享有的社会治理共同体,为公益慈善事业发展提供指导。

一、老龄公益慈善事业

《老年人权益保障法》第三十五条规定,国家鼓励慈善组织以及其他组织和个人为老年人提供物质帮助。上述法律规定为养老服务的多方参与提供了法律依据。国家其他政策规

161

笔记栏

定中也对公益慈善支持养老做了相关安排。2017年国务院办公厅公布《关于制定和实施老年人照顾服务项目的意见》（国办发〔2017〕52号）提出，建立多渠道资金筹措机制，积极引导社会组织和企事业单位以结对帮扶、设立公益基金、开展公益捐赠等多种形式参与和支持老年人照顾服务工作。2021年中共中央、国务院《关于加强新时代老龄工作的意见》提出，要鼓励各类公益性社会组织或慈善组织加大对老龄事业投入。2021年国务院《"十四五"国家老龄事业发展和养老服务体系规划》（国发〔2021〕35号）提出，积极开展"银龄行动"，支持老年人参与文明实践、公益慈善、志愿服务、科教文卫等事业。围绕关爱老年人开展慈善募捐、慈善信托等慈善活动，依法加强对慈善组织和慈善活动的扶持和监管。

二、公益事业捐赠

（一）公益事业捐赠的相关概念

1. 公益事业　根据《公益事业捐赠法》，公益事业是指非营利的下列事项：①救助灾害、救济贫困、扶助残疾人等困难的社会群体和个人的活动；②教育、科学、文化、卫生、体育事业；③环境保护、社会公共设施建设；④促进社会发展和进步的其他社会公共和福利事业。

2. 公益事业捐赠和受赠主体　《公益事业捐赠法》第二条提出，自然人、法人或者其他组织自愿无偿向依法成立的公益性社会团体和公益性非营利的事业单位捐赠财产，用于公益事业的，适用《公益事业捐赠法》。因此，捐赠主体可以是自然人、法人或其他组织。其中，自然人指具有民事权利能力和民事行为能力的公民个人，不仅包括境内的公民个人，也包括外国人、华侨以及港澳台同胞；法人指依法成立，有必要的财产和经费，有自己的名称、组织机构和场所，具有民事权利能力和民事行为能力，依法独立享有民事权利和承担民事义务的组织；其他组织是指除自然人、法人以外的各类社会组织，包括境内以及境外的各类民间组织、非政府组织、国际组织以及外国政府等。

受赠人只限于依法成立的公益性社会团体以及公益性非营利的事业单位。其中，公益性社会团体是指依法成立的，以发展公益事业为宗旨的基金会、慈善组织等社会团体；公益性非营利的事业单位是指依法成立的，从事公益事业的不以营利为目的的教育机构、科学研究机构、医疗卫生机构、社会公共文化机构、社会公共体育机构和社会福利机构等。在发生自然灾害时或者境外捐赠人要求县级以上人民政府及其部门作为受赠人时，县级以上人民政府及其部门可以接受捐赠。

（二）捐赠人的权利义务

1. 捐赠人的权利　按照《公益事业捐赠法》，捐赠人具有自愿权、自主权、知情权和监督权。

（1）自愿权：捐赠应当是自愿和无偿的，禁止强行摊派或者变相摊派，不得以捐赠为名从事营利活动；对捐赠人进行公开表彰，应当事先征求捐赠人的意见。

（2）自主权：捐赠人可以选择符合其捐赠意愿的公益性社会团体和公益性非营利的事业单位进行捐赠；捐赠财产的使用应当尊重捐赠人的意愿，符合公益目的，不得将捐赠财产挪作他用；捐赠人对于捐赠的公益事业工程项目可以留名纪念，捐赠人单独捐赠的工程项目或者主要由捐赠人出资兴建的工程项目，可以由捐赠人提出工程项目的名称，报县级以上人民政府批准。

（3）知情权：捐赠人有权向受赠人查询捐赠财产的使用、管理情况，并提出意见和建议，对于捐赠人的查询，受赠人应当如实答复；捐赠的公益事业工程项目竣工后，受赠单位应当将工程建设、建设资金的使用和工程质量验收情况向捐赠人通报。

(4)监督权:捐赠人可以与受赠人就捐赠财产的种类、质量、数量和用途等内容订立捐赠协议;受赠人与捐赠人订立了捐赠协议的,应当按照协议约定的用途使用捐赠财产,不得擅自改变捐赠财产的用途;如果确需改变用途的,应当征得捐赠人的同意,捐赠人有权决定捐赠的数量、用途和方式;捐赠人捐赠财产兴建公益事业工程项目,应当与受赠人订立捐赠协议,对工程项目的资金、建设、管理和使用作出约定。

2. 捐赠人的义务　根据《公益事业捐赠法》,捐赠应当遵守法律、法规,不得违背社会公德,不得损害公共利益和其他公民的合法权益;捐赠的财产应当是捐赠人有权处分的合法财产;捐赠人应当依法履行捐赠协议,按照捐赠协议约定的期限和方式将捐赠财产转移给受赠人。

(三) 受赠人的权利义务

1. 受赠人的权利

(1)受赠财产的给付请求权:《民法典》第六百六十条规定,经过公证的赠与合同或者依法不得撤销的具有救灾、扶贫、助残等公益、道德义务性质的赠与合同,赠与人不交付赠与财产的,受赠人可以请求交付。

(2)受赠财产的保护权:《公益事业捐赠法》第七条规定,公益性社会团体受赠的财产及其增值为社会公共财产,受国家法律保护,任何单位和个人不得侵占、挪用和损毁。

(3)受赠财产的处置权:《公益事业捐赠法》第十七条规定,对于不易储存、运输和超过实际需要的受赠财产,受赠人可以变卖,所取得的全部收入,应当用于捐赠目的。第十一条规定,县级以上人民政府及其部门可以将受赠财产转交公益性社会团体或者公益性非营利的事业单位,也可以按照捐赠人的意愿分发或者兴办公益事业,但是不得以本机关为受益对象。

2. 受赠人的义务

(1)合理管理和使用受赠财物:受赠人接受捐赠后,应当向捐赠人出具合法、有效的收据,将受赠财产登记造册,妥善保管;公益性社会团体应当严格遵守国家的有关规定,按照合法、安全、有效的原则,积极实现捐赠财产的保值增值;受赠人应当依照国家有关规定,建立健全财务会计制度和受赠财产的使用制度,加强对受赠财产的管理。

(2)定向使用受赠财产:公益性社会团体应当将受赠财产用于资助符合其宗旨的活动和事业;对于接受的救助灾害的捐赠财产,应当及时用于救助活动;公益性非营利的事业单位应当将受赠财产用于发展本单位的公益事业,不得挪作他用;受赠人与捐赠人订立了捐赠协议的,应当按照协议约定的用途使用捐赠财产,不得擅自改变捐赠财产的用途,如果确需改变用途的,应当征得捐赠人的同意。

(四) 捐赠财产的优惠措施

为了鼓励和提倡捐赠财产用于公益事业,对其给予优惠措施。

1. 捐赠财产的企业　公司和其他企业依照《公益事业捐赠法》的规定捐赠财产用于公益事业,依照法律、行政法规的规定享受企业所得税方面的优惠。

2. 捐赠财产的自然人和个体工商户　自然人和个体工商户依照《公益事业捐赠法》的规定捐赠财产用于公益事业,依照法律、行政法规的规定享受个人所得税方面的优惠。

3. 捐赠财产的境外个人和组织　境外向公益性社会团体和公益性非营利的事业单位捐赠的用于公益事业的物资,依照法律、行政法规的规定减征或者免征进口关税和进口环节的增值税。

4. 捐赠的工程项目　对于捐赠的工程项目,当地人民政府应当给予支持和优惠。

三、慈善活动

(一) 慈善活动相关概念

1. 慈善活动　根据《慈善法》第三条,慈善活动是指自然人、法人和非法人组织以捐赠财产或者提供服务等方式,自愿开展的下列公益活动:①扶贫、济困;②扶老、救孤、恤病、助残、优抚;③救助自然灾害、事故灾难和公共卫生事件等突发事件造成的损害;④促进教育、科学、文化、卫生、体育等事业的发展;⑤防治污染和其他公害,保护和改善生态环境;⑥符合本法规定的其他公益活动。

2. 慈善组织　《慈善法》第八条规定,慈善组织,是指依法成立、符合本法规定,以面向社会开展慈善活动为宗旨的非营利性组织,可以采取基金会、社会团体、社会服务机构等组织形式。同时,第九条强调慈善组织应当符合下列条件:①以开展慈善活动为宗旨;②不以营利为目的;③有自己的名称和住所;④有组织章程;⑤有必要的财产;⑥有符合条件的组织机构和负责人;⑦法律、行政法规规定的其他条件。

(二) 慈善活动的管理体制

县级以上人民政府应当统筹、协调、督促和指导有关部门在各自职责范围内做好慈善事业的扶持发展和规范管理工作。

《慈善法》第六条规定,国务院民政部门主管全国慈善工作,县级以上地方各级人民政府民政部门主管本行政区域内的慈善工作;县级以上人民政府有关部门依照慈善法和其他有关法律法规,在各自的职责范围内做好相关工作。第九十二条规定,县级以上人民政府民政部门应当依法履行职责,对慈善活动进行监督检查,对慈善行业组织进行指导。为促进慈善活动发展,《慈善法》第七十七条规定,县级以上人民政府应当根据经济社会发展情况,制定促进慈善事业发展的政策和措施。县级以上人民政府有关部门应当在各自职责范围内,向慈善组织、慈善信托受托人等提供慈善需求信息,为慈善活动提供指导和帮助。

(三) 慈善组织管理

1. 慈善组织设置程序　设立慈善组织,应当向县级以上人民政府民政部门申请登记,民政部门应当自受理申请之日起三十日内作出决定。符合慈善法规定条件的,准予登记并向社会公告;不符合慈善法规定条件的,不予登记并书面说明理由。

已经设立的基金会、社会团体、社会服务机构等非营利性组织,可以向办理其登记的民政部门申请认定为慈善组织,民政部门应当自受理申请之日起二十日内作出决定。符合慈善组织条件的,予以认定并向社会公告;不符合慈善组织条件的,不予认定并书面说明理由。

有特殊情况需要延长登记或者认定期限的,报经国务院民政部门批准,可以适当延长,但延长的期限不得超过六十日。

2. 慈善组织管理的基本原则　慈善组织应当建立健全内部治理结构,明确决策、执行、监督等方面的职责权限,开展慈善活动;慈善组织应当执行国家统一的会计制度,依法进行会计核算,建立健全会计监督制度,并接受政府有关部门的监督管理;慈善组织应当每年向办理其登记的民政部门报送年度工作报告和财务会计报告;慈善组织终止,应当进行清算。

(四) 慈善募捐的管理

1. 慈善募捐的概念　慈善募捐,是指慈善组织基于慈善宗旨募集财产的活动,包括面向社会公众的公开募捐和面向特定对象的定向募捐。

2. 公开募捐的管理　根据《慈善法》第二十二条、第二十三条和第二十四条相关规定,慈善组织开展公开募捐,应当取得公开募捐资格,并获得公开募捐资格证书,同时制定募捐方案。开展公开募捐,可以采用如下方式:在公共场所设置募捐箱;举办面向社会公众的义演、义赛、义卖、义展、义拍、慈善晚会等;通过广播、电视、报刊、互联网等媒体发布募捐信息以及其他公开募捐方式。

3. 定向募捐的管理　根据《慈善法》第二十八条、第二十九条,慈善组织应当在发起人、理事会成员和会员等特定对象的范围内进行定向募捐,并向募捐对象说明募捐目的、募得款物用途等事项,不得采取或变相采取公开募捐的方式。

(五)慈善捐赠的管理

1. 慈善捐赠的概念　慈善捐赠,是指自然人、法人和其他组织基于慈善目的,自愿、无偿赠与财产的活动。

2. 捐赠人的权利　主要包括:①捐赠人基于慈善目的,自愿无偿赠与财产。②捐赠人可以通过慈善组织捐赠,也可以直接向受益人捐赠;捐赠人公开承诺捐赠或者签订书面捐赠协议后经济状况显著恶化,严重影响其生产经营或者家庭生活的,经向公开承诺捐赠地或者书面捐赠协议签订地的县级以上人民政府民政部门报告并向社会公开说明情况后,可以不再履行捐赠义务。③捐赠人有权查询、复制其捐赠财产管理使用的有关资料,慈善组织应当及时主动向捐赠人反馈有关情况。④慈善组织违反捐赠协议约定的用途,滥用捐赠财产的,捐赠人有权要求其改正;拒不改正的,捐赠人可以向县级以上人民政府民政部门投诉、举报或者向人民法院提起诉讼。

3. 捐赠人的义务　主要包括:①捐赠人捐赠的财产应当是其有权处分的合法财产。②捐赠人捐赠的实物应当具有使用价值,符合安全、卫生、环保等标准。③捐赠人捐赠本企业产品的,应当依法承担产品质量责任和义务。④捐赠人组织经营性活动并承诺将全部或者部分所得用于慈善目的时,应当在举办活动前与受赠人签订捐赠协议,活动结束后按照捐赠协议履行捐赠义务,并将捐赠情况向社会公开。⑤捐赠人与慈善组织约定捐赠财产的用途和受益人时,不得指定或者变相指定捐赠人的利害关系人作为受益人;捐赠人应当按照捐赠协议履行捐赠义务。

4. 受赠人的权利　捐赠人违反捐赠协议逾期未交付捐赠财产,有下列情形之一的,慈善组织或者其他接受捐赠的人可以要求交付,捐赠人拒不交付的,慈善组织和其他接受捐赠的人可以依法向人民法院申请支付令或者提起诉讼:①捐赠人通过广播、电视、报刊、互联网等媒体公开承诺捐赠的;②捐赠财产用于扶贫、济困、扶老、救孤、恤病、助残、优抚,救助自然灾害、事故灾难和公共卫生事件等突发事件造成的损害,并签订书面捐赠协议的。

5. 受赠人的义务　慈善组织接受捐赠,应当向捐赠人开具由财政部门统一监(印)制的捐赠票据;慈善组织接受捐赠,捐赠人要求签订书面捐赠协议的,慈善组织应当与捐赠人签订书面捐赠协议。

(六)慈善服务的管理

1. 慈善服务的概念　慈善服务是指慈善组织和其他组织以及个人基于慈善目的,向社会或者他人提供的志愿无偿服务以及其他非营利服务。

2. 慈善服务的管理　慈善组织开展慈善服务,可以自己提供或者招募志愿者提供,也可以委托有服务专长的其他组织提供;慈善组织招募志愿者参与慈善服务,需要专门技能的,应当对志愿者开展相关培训,并公示与慈善服务有关的全部信息,告知服务过程中可能发生的风险。

第二节 彩票管理

一、彩票的概念

彩票是国家为筹集社会公益资金,促进社会公益事业发展而特许发行、依法销售,自然人自愿购买,并按照特定规则获得中奖机会的凭证。目前我国彩票管理的主要行政法律法规、规章包括:《彩票管理条例》《彩票管理条例实施细则》《民政部彩票公益金使用管理办法》《中央集中彩票公益金支持社会福利事业资金使用管理办法》等。

二、彩票公益金支持养老服务

(一)福利彩票公益金支持养老服务的相关政策

随着人口老龄化程度的不断加深,福利彩票公益金在养老服务中发挥着重要作用。2013年,国务院发布的《加快发展养老服务业的若干意见》(国发〔2013〕35号)规定,民政部本级彩票公益金和地方各级政府用于社会福利事业的彩票公益金,要将50%以上的资金用于支持发展养老服务业,并随老年人口的增加逐步提高投入比例。2019年4月,国务院办公厅发布《关于推进养老服务发展的意见》(国办发〔2019〕5号)提出,民政部本级和地方各级政府用于社会福利事业的彩票公益金,要加大倾斜力度,到2022年要将不低于55%的资金用于支持发展养老服务。2022年2月21日,国务院发布《"十四五"国家老龄事业发展和养老服务体系规划》(国发〔2021〕35号),再次强调福利彩票公益金用于支持养老服务的比例要不低于55%。

(二)中央专项彩票公益金支持养老服务的相关政策

自2012年起,我国开始使用中央专项彩票公益金支持养老服务发展,截至2021年共投入90.93亿元,并先后支持了农村养老服务、养老公共服务、居家和社区基本养老服务提升等项目。2013年,民政部、财政部发布《关于做好2013年度中央专项彩票公益金支持农村幸福院项目管理工作的通知》(民函〔2013〕236号),提出为农村老年人提供就餐、文化娱乐等照料服务,推动建立形式多样、方便适用的农村居家和社区养老服务网络。2016年7月,民政部、财政部下发《关于中央财政支持开展居家和社区养老服务改革试点工作的通知》(民函〔2016〕200号)要求,安排中央专项彩票公益金通过以奖代补方式,选择一批地区开展居家和社区养老服务综合试点,鼓励地方探索居家和社区养老服务发展的可行模式。2021年,中央财政继续通过中央专项彩票公益金支持实施居家和社区基本养老服务提升行动项目,支持项目地区按规定实施家庭养老床位建设,提供居家养老上门服务。同年,为规范和加强中央专项彩票公益金支持居家和社区基本养老服务提升行动项目资金管理,财政部、民政部制定了《中央专项彩票公益金支持居家和社区基本养老服务提升行动项目资金管理办法》(财社〔2021〕56号)。

三、彩票管理的相关政策规定

(一)彩票管理部门职责

我国彩票管理涉及财政、税务、公安机关、市场监督、体育、民政等部门。

1. 彩票监督管理组织　国务院财政部门负责全国的彩票监督管理工作。省、自治区、直辖市人民政府财政部门负责本行政区域的彩票监督管理工作。

笔记栏

2."民""体"分管　国务院民政部门、体育行政部门按照各自的职责分别负责全国的福利彩票、体育彩票管理工作。省、自治区、直辖市人民政府民政部门、体育行政部门按照各自的职责分别负责本行政区域的福利彩票、体育彩票管理工作。

3.彩票管理相关部门　县级以上各级人民政府公安机关和县级以上市场监督管理部门,在各自的职责范围内,依法查处非法彩票,维护彩票市场秩序。

4.发行销售管理部门　国务院民政部门、体育行政部门依法设立的福利彩票发行机构、体育彩票发行机构,分别负责全国的福利彩票、体育彩票发行和组织销售工作。省、自治区、直辖市人民政府民政部门、体育行政部门依法设立的福利彩票销售机构、体育彩票销售机构,分别负责本行政区域的福利彩票、体育彩票销售工作。

(二)彩票发行与销售管理

1.彩票发行　《彩票管理条例》第五条、第七条规定,未经国务院特许,禁止发行其他彩票;彩票发行机构申请开设、停止福利彩票、体育彩票的具体品种或者申请变更彩票品种审批事项的,应当经国务院民政部门或者体育行政部门审核同意,依照规定的程序报国务院财政部门批准。

2.彩票销售　《彩票管理条例》第十五条规定,彩票发行机构、彩票销售机构可以委托单位、个人代理销售彩票;彩票发行机构、彩票销售机构应当与接受委托的彩票代销者签订彩票代销合同。《彩票管理条例》第十七条规定,彩票销售机构应当在彩票发行机构的指导下,统筹规划彩票销售场所的布局;彩票销售场所应当按照彩票发行机构的统一要求,设置彩票销售标识,张贴警示标语。

(三)彩票公益金的使用管理

根据2021年财政部发布的《彩票公益金管理办法》(财综〔2021〕18号),彩票公益金是按照规定比例从彩票发行销售收入中提取的,专项用于社会福利、体育等社会公益事业的资金。彩票公益金纳入政府性基金预算管理,结余结转按有关规定执行。

2021年,财政部、民政部发布《中央集中彩票公益金支持社会福利事业资金使用管理办法》(财社〔2021〕60号)明确,项目资金的使用应当遵循福利彩票"扶老、助残、救孤、济困"的发行宗旨,主要用于资助为老年人、残疾人、儿童等特殊群体提供服务的社会福利项目,以及符合宗旨的其他社会公益项目;项目资金分为民政部项目支出和补助地方项目资金两部分,补助地方项目资金用于老年人福利类、残疾人福利类、儿童福利类、社会公益类支持资金的比例由民政部商财政部确定,其中老年人福利类项目预算总额不得低于项目资金总额的55%。

第三节　涉老社会组织

随着人口老龄化进程不断加快,老年群体成为一股不可忽视的力量,在社会生活中扮演着重要角色。养老具有市场性、群众性等多重属性,需要社会力量作为重要补充。为维护老年人的尊严、独立和权利,我国和世界上很多国家一样,成立涉老社会组织,积极发挥其在老龄化社会中的重要作用。

一、老年社会组织的分类、特征与作用

老年社会组织,在我国也被看作老龄工作最基层单位,是最基本、最重要的老年人组织,如与老龄工作相关的企业、学校、医院、社会团体等。目前,我国老年社会组织在社会生活中发挥了积极作用,是政府调控和市场进行资源优化之间的"第三部门"之一。

（一）社会组织的分类

根据《社会组织名称管理办法》，社会组织包括社会团体、民办非企业单位和基金会。

1. 社会团体　根据《社会团体登记管理条例》，社会团体是指中国公民自愿组成，为实现会员共同意愿，按照其章程开展活动的非营利性社会组织。

2. 民办非企业单位　根据《民办非企业单位登记管理暂行条例》，民办非企业单位是指企业事业单位、社会团体和其他社会力量以及公民个人利用非国有资产举办的，从事非营利性社会服务活动的社会组织。

3. 基金会　根据《基金会管理条例》，基金会是指利用自然人、法人或者其他组织捐赠的财产，以从事公益事业为目的，按照规定成立的非营利性法人。按照募捐范围，可分为面向公众募捐的基金会和不得面向公众募捐的基金会；公募基金会按照募捐的地域范围，可分为全国性公募基金会和地方性公募基金会。

（二）老年社会组织特征

老年社会组织基于公益目的而设立，旨在满足老年群体需求。其特征表现为以下几个方面。

1. 非营利性　老年社会组织不以成员获取盈余分配为目的，允许从事经营活动赚取利润，但必须将收益用于公益或共益目的，禁止向成员分配收益；终止时，不得向出资人、设立人或者会员分配剩余财产，而应按章程规定或者权力机构的决议用于公益目的，无法处理的情况下，可由主管机关转给宗旨相同的法人，并需向社会公告。

2. 特定的宗旨　老年社会组织需要为实现某一事物的期望状态而确立努力方向，即特定宗旨，成员为了实现特定宗旨而结合在一起。

3. 规范的规章制度　老年社会组织需要制定具有成员共同适用的、规范的书面规章制度或者章程，以实现特定宗旨，保证社会组织成员的活动。该章程规定组织的性质、目标、任务、机构、纪律、管理形式、成员资格、权利和义务等内容；为成员的角色规定相应的行为准则，通过一定奖惩机制使成员个体的行为能够符合组织的要求。

4. 成员管理　老年社会组织的建立和存在需要由一定数量的成员组成。每个成员在进入组织时要经过申请、考核等程序。组织成员的行为应与其所处地位的角色分工相适应，根据角色安排去行动。

（三）老年社会组织作用

在中国式现代化国家治理体系中，政府、企业、社会组织与公众等多元主体共同参与是构建共建共治共享社会治理格局的必然要求。老年社会组织既能够通过广泛吸纳公众参与公共事务来达成共治，又可通过提升各类公共服务可及性来实现共享，对于老龄化社会治理共同体的建设具有不可替代的作用。

1. 社会团结　老年社会组织是经过行政部门批准的合法机构，是自我管理、自我服务和自我教育的社会团体。它们开展有益于老年人身心健康的活动，兴办老年经济实体和参与社会公益活动，维护老年人的合法权益，解决了大量的老龄社会问题，对社会团结和稳定起到有益的作用。

2. 桥梁纽带　我国老年社会组织大多与国家行政部门有直接的联系，可以及时反映和解决社会上存在的老龄问题，并且可以使老年人及时了解国家的方针政策。老年社会组织的功能之一就是通过制度化的合法渠道保持老年人与政府之间的联系。

3. 示范引领　老年社会组织可为老年人提供组织与活动的依托和场所，组织老年人力资源，建立老年经济实体和老年福利与服务设施，使老年人在一定程度上实现社会角色的继续与社会价值的创造，提高老年人参与社会、实现自身价值和自我保障的能力，为老有所为起到示范和带动作用。老年社会组织还可以组织文化层次较高的老年人发挥一技之长，对我国教育、科学、文化的发展继续做出贡献。

二、涉老群团组织

（一）群团组织的概念

群团组织是"群众性团体组织"的简称，是我国社会团体的一种。2006 年中组部、人事部印发的《工会、共青团、妇联等人民团体和群众团体机关参照〈中华人民共和国公务员法〉管理的意见》(组通字〔2006〕28 号)指出，群团组织是人民团体和群众团体的统称。

（二）主要涉老群团组织

2018 年 3 月，中共中央印发《深化党和国家机构改革方案》，中央机构编制委员会办公室管理机构编制的群团组织有 22 家，其中主要涉老群团组织包括中华全国总工会、中国共产主义青年团中央委员会、中华全国妇女联合会、中国残疾人联合会等。

1. 中华全国总工会　积极参与有关老龄工作政策的制定；关心离退休职工的生活，积极向有关方面反映离退休职工的意见和要求，切实维护离退休职工的合法权益；指导各级工会组织开展各种形式的活动，努力促进离退休职工"五个老有"的实现；积极协助有关部门推动离退休职工的社区管理工作。

2. 中国共产主义青年团中央委员会　配合各成员单位，在青少年中广泛开展尊老敬老教育活动；组织青年志愿者和少先队员开展多种形式的为老服务，促进青少年与老年人增加沟通，相互理解，共同参与社会发展。

3. 中华全国妇女联合会　依法维护老年妇女合法权益，参加和促进老年妇女权益的政策制定和落实，为老年妇女营造健康的社会环境，充分发挥老年妇女在社会中的作用。

4. 中国残疾人联合会　参加和促进老年残疾人权益的政策制定和落实，推进老年残疾人康复、教育、劳动就业、托养、维权、文化体育、社会保障、无障碍环境建设、科技信息化应用、老年残疾人服务标准化建设和老年残疾预防等工作，完善老年残疾人社会保障制度和关爱服务体系，改善老年残疾人参与社会生活的环境和条件。

三、涉老社会组织管理相关政策法规

老年社会组织的设立依据主要有《社会团体登记管理条例》《民办非企业单位登记管理暂行条例》《基金会管理条例》等行政法规。另外，《民法典》也有与社会组织相关的规定。这些规定直接或间接涵盖了社会组织法人类型、财产属性、内部治理、活动准则以及作用发挥等方面。

（一）《民法典》相关规定

《民法典》将社会组织纳入到非营利法人类型中，明确社会组织形式为社会团体、基金会和社会服务机构。其对社会团体、基金会、社会服务机构的设立，对社会组织的治理、社会组织终止时分配剩余财产等作出了明确规定。

1. 社会组织设立　《民法典》第八十七条规定，为公益目的或者其他非营利目的成立，不向出资人、设立人或者会员分配所取得利润的法人，为非营利法人。非营利法人包括事业单位、社会团体、基金会、社会服务机构等。这条规定对"非营利法人"进行了定义，将社会团体、基金会、社会服务机构等社会组织纳入非营利法人类型。这意味着在民事基本法中明确了社会组织的组织形式、组织属性、法律地位。

《民法典》第九十一条规定，设立社会团体法人应当依法制定法人章程。社会团体法人应当设会员大会或者会员代表大会等权力机构。社会团体法人应当设理事会等执行机构。

笔记栏

理事长或者会长等负责人按照法人章程的规定担任法定代表人。本条规定了社会团体法人设立需要具备的条件,如制定章程、组织机构等。

《民法典》第九十二条规定,具备法人条件,为公益目的以捐助财产设立的基金会、社会服务机构等,经依法登记成立,取得捐助法人资格。本条对捐助法人资格获得进行了主体界定。社会服务机构在现行行政法规中称为"民办非企业单位",与基金会并列成为捐助法人。

《民法典》作为上位法,对现行《民办非企业单位登记管理暂行条例》进行完善,将"民办非企业单位"变为"社会服务机构"表述,突出提供社会服务的特性,明确了个体制和合伙制的民办非企业单位不属于社会服务机构的范畴,不是社会组织。因为现实中"在非营利外衣下实施营利"的个人型和合伙型民办非企业单位,存在产权不清、责任连带、组织财产独立性不强、非营利性难以保证的情况。所以,社会组织监管部门根据《民法典》进一步建立健全治理规则,从登记入口、日常监管、社会监督、执法检查等环节,实施严密的集资管理、负责人管理、项目管理、剩余财产处置在内的无缝监管制度,避免社会服务机构违规牟利行为。

《民法典》第九十三条规定,设立捐助法人应当依法制定法人章程。捐助法人应当设理事会、民主管理组织等决策机构,并设执行机构。理事长等负责人按照法人章程的规定担任法定代表人。捐助法人应当设监事会等监督机构。本条规定了捐助法人设立需要具备的条件,如章程、组织机构(决策机构、执行机构、监事会)和法定代表人,这里对捐助法人增加了监事会的规定,这与《民法典》对社会团体法人设立规定有所不同。

2. 社会组织的治理要求

(1)坚持分类指导的理念:《民法典》基于捐助法人公益性和财产监管的特殊要求,明确了监事会为基金会、社会服务机构等捐助法人的必设机构,以强化其内部监督。而对社会团体,可允许其根据自身特点,区分公益性、互益性特征及登记层级等,自主选择是否设立监事会。

(2)提升章程的治理地位:明确章程在社会组织内部治理中的核心地位和作用,通过在章程中明确党建领导机制,细化社会组织法人治理机构及职责,明确法定代表人的人选、届次和负责人的责任,切实提升社会组织依章程办会理念和自律诚信办会能力。

(3)加强对重点问题的治理:对于社会组织存在负责人独断专行、内部人控制等问题,建立负责人问责制度和信用管理制度;对于社会组织陷入僵局问题,建立纠纷解决机制;对于捐助法人关联交易等问题,建立信息公开制度;对于社会组织滥设、疏于管理分支机构的问题,明确设立原则、程序和法律责任。

(4)强化对"僵尸组织"的治理:按照《民法典》规定的法人终止情形,建立非营利法人破产制度;降低注销成本,探索简易注销制度;通过吊销登记证书、纳入异常名录和严重违法失信名单等方式,加速"僵尸组织"市场出清,促进社会组织布局优化。

3. 社会组织终止时的剩余财产分配　《民法典》第九十五条规定,为公益目的成立的非营利法人终止时,不得向出资人、设立人或者会员分配剩余财产。剩余财产应当按照法人章程的规定或者权力机构的决议用于公益目的;无法按照法人章程的规定或者权力机构的决议处理的,由主管机关主持转给宗旨相同或者相近的法人,并向社会公告。这条规定了对于以"公益目的成立的非营利法人"终止时,如何分配剩余财产的处理方式,建立与"慈善组织认定"制度相衔接对应的机制。

(二) 社会组织行政法规的相关规定

老年社会组织既有社会团体,也有民办非企业单位、基金会,需要遵守相应的行政法规规定,分别是《社会团体登记管理条例》《民办非企业单位登记管理暂行条例》《基金会管理条例》。老年社会组织依据上述三部行政法规应做到以下内容。

1. 遵守法律法规　应当遵守宪法、法律、法规和国家政策,不得反对宪法确定的基本原则,不得危害国家的统一、安全和民族的团结,不得损害国家利益、社会公共利益以及其他社会组织和公民的合法权益,不得违背社会道德风尚。不得从事营利性经营活动。

2. 履行登记义务　国务院民政部门和县级以上地方各级人民政府民政部门是社会团体、民办非企业单位登记的管理机关。国务院有关部门和县级以上地方各级人民政府的有关部门、国务院或者县级以上地方各级人民政府授权的组织,是有关行业、业务范围内社会团体、民办非企业单位的业务主管单位;法律、行政法规对其的监督管理另有规定的,依照有关法律、行政法规的规定执行。

需要注意的是,基金会的登记管理机关是国务院民政部门和省、自治区、直辖市人民政府民政部门,国务院有关部门或者国务院授权的组织,是国务院民政部门登记的基金会、境外基金会代表机构的业务主管单位。省、自治区、直辖市人民政府有关部门或者省、自治区、直辖市人民政府授权的组织,是省、自治区、直辖市人民政府民政部门登记的基金会的业务主管单位。这里不含省级以下政府及其有关部门。

3. 接受监督管理　《社会团体登记管理条例》《民办非企业单位登记管理暂行条例》《基金会管理条例》在结构上均有共性的内容,如"管辖,登记(成立、变更、注销),监督管理,罚则"等规定。但是基金会是运作财产的组织,《基金会管理条例》对基金会的财产管理和使用作出了更高的要求,就其组织机构、财产的管理和使用、法律责任进行专章规定,以保障对基金会的财产运作进行监督管理。如《基金会管理条例》在"财产的管理和使用"章中规定,公募基金会每年用于从事章程规定的公益事业支出,不得低于上一年总收入的70%;非公募基金会每年用于从事章程规定的公益事业支出,不得低于上一年基金余额的8%。在"法律责任"章中规定,基金会、基金会分支机构、基金会代表机构或者境外基金会代表机构有"未按照本条例的规定完成公益事业支出额度的"情形,则由登记管理机关给予警告、责令停止活动;情节严重的,可以撤销登记。还规定,基金会理事会违反《基金会管理条例》和章程规定决策不当,致使基金会遭受财产损失的,参与决策的理事应当承担相应的赔偿责任;基金会理事、监事以及专职工作人员私分、侵占、挪用基金会财产的,应当退还非法占用的财产;构成犯罪的,依法追究刑事责任。

四、城乡社区(村)老年协会建设

(一) 老年协会的概念、职责

城乡社区(村)老年协会是社区(村)老年人自我管理、自我教育、自我服务的老年群众自愿组合的组织。老年协会在社区(村)党政组织领导下开展工作,业务工作接受上级老龄工作部门的指导。城乡社区(村)老年协会是基层老龄工作的重要组织载体,是党和政府联系广大老年群众的桥梁和纽带。老年协会主要职责包括:做好老年人思想政治工作,代表和维护老年人的合法权益,组织开展为老服务和老年互动活动,倡导积极健康老龄理念,依法组织老年人参与城乡社区建设等。

(二) 积极引导、扶持基层老年协会

2012年全国老龄办发布《关于加强基层老年协会建设的意见》(全国老龄办发〔2012〕1号),重点明确了基层老年协会建设的指导思想、基本原则和目标任务。各地不断加大对城乡社区老年协会的扶持力度,促进城乡社区老年协会健康有序发展。2013年,国务院印发《关于加快发展养老服务业的若干意见》(国发〔2013〕35号),要求充分发挥老年协会作用,

笔记栏

组织开展邻里互助、志愿服务,解决周围老年人实际生活困难。2014 年,全国老龄办启动基层老年协会"乐龄工程",动员社会力量,帮助基层老年协会改善条件,提高为老年人服务能力。2015 年,全国老龄办、民政部印发《关于进一步加强城乡社区老年协会建设的通知》(全国老龄办发〔2015〕23 号),从做好登记管理、加强设施建设、加大扶持力度、鼓励社会力量参与、开展业务培训等方面提出了具体、可操作性强的实施措施,有力推动城乡社区老年协会建设。2021 年,中共中央、国务院《关于加强新时代老龄工作的意见》明确提出,发挥中国老龄协会作用,提升基层老年协会能力,为基层老年协会发展指明了方向。同年,国务院印发《"十四五"国家老龄事业发展和养老服务体系规划》(国发〔2021〕35 号),提出实施基层老年协会规范化建设行动,通过发挥基层党组织作用、引入专业社会组织、做好登记备案工作等措施,打造一批规范化、专业化基层老年协会。

> **拓展阅读**
>
> ### 民政部批准成立的有关养老方面的社会组织
>
> 全国性老年社会组织有:中国社会福利与养老服务协会,中国老龄产业协会,中国老年学和老年医学学会,中国老龄事业发展基金会,中国社会福利基金会,中国老年大学协会,中国老年保健协会,中国成人教育协会老年教育与服务专业委员会,高校第三年龄大学联盟,全国养老行业产教融合共同体,中国报业协会全国老年报分会等。

复习思考题

1. 根据《公益事业捐赠法》,受赠主体包括哪些?
2. 简述慈善活动的管理体制。
3. 简述志愿服务组织的概念和组织形式。
4. 社会组织的组织形式有哪些?

主要参考书目

［1］吴祖谋，李双元 . 法学概论 [M]. 14 版 . 北京 : 法律出版社 , 2021.

［2］刘利君 . 老年人权益的法律保障 [M]. 2 版 . 北京 : 北京大学出版社 , 2022.

［3］葛蔼灵，冯占联 . 中国养老服务的政策选择 [M]. 北京 : 中国财政经济出版社 , 2019.

［4］朱晓卓 . 老年人服务与管理政策法规 [M]. 北京 : 海洋出版社 , 2017.

［5］朱晓卓 . 家院互融——机构养老向社区居家延伸研究 [M]. 南京 : 东南大学出版社 , 2018.

［6］全国人大内司委内务室，全国人大常委会法工委社会法室，民政部政策法规司，等 . 中华人民共和国老年人权益保障法读本 [M]. 北京 : 华龄出版社 , 2013.

［7］肖金明 . 老年人权益保障立法研究 [M]. 济南 : 山东大学出版社 , 2015.

［8］邹文开，赵红岗，杨根来 . 全国健康养老保障政策法规和标准大全 [M]. 北京 : 化学工业出版社 , 2017.

［9］许虹，李冬梅 . 养老机构管理 [M]. 杭州 : 浙江大学出版社 , 2015.

［10］郭丽君 . "医养结合"养老服务体系 [M]. 北京 : 科学出版社 , 2019.

［11］雷晓康，朱松梅 . 医养结合概论 [M]. 北京 : 清华大学出版社 , 2021.

［12］郭玲玲，朱晓卓 . 家庭照护 [M]. 南京 : 东南大学出版社 , 2022.

［13］赵曼 . 社会保障学 [M]. 3 版 . 北京 : 高等教育出版社 , 2018.

［14］孙德光，董克用 . 社会保障概论 [M]. 2 版 . 北京 : 中国人民大学出版社 , 2004.

［15］杨燕绥 . 医疗保险管理 [M]. 北京 : 中国协和医科大学出版社 , 2022.

［16］全国老龄工作委员会办公室，中国老龄协会 . 中国老年人优待法规政策选编 [M]. 北京 : 华龄出版社 , 2019.

复习思考题
答案要点

模拟试卷